Cynthia Bourgeault

Jesus: Meister der Weisheit

ⲛ̄ⲧⲉⲓⲙⲉⲓⲛⲉ ⲁⲩⲱ ⲁϥⲧⲁⲁⲩ ⲛⲁϥ
ϩⲛ̄ⲟⲩⲙⲩⲥⲧⲏⲣⲓⲟⲛ ⲁⲩⲱ ϩⲛ̄ⲧⲟⲩⲛⲟⲩ
ⲁϥⲣ̄ⲁⲧⲟⲩⲱⲛϩ ⲉⲃⲟⲗ ⲙ̄ⲡⲉϥⲙ̄ⲧⲟ ⲉⲃⲟⲗ
ⲁⲩⲱ ⲁϥⲉⲓ ϣⲁ ⲛⲉϥϣⲃⲣ̄ⲙⲁⲑⲏⲧⲏⲥ ⲁϥⲧⲁ-
ⲟⲩⲟ ⲉⲣⲟⲟⲩ ⲛ̄ⲛⲉⲛⲧⲁⲡⲥⲱⲣ̄ ϫⲟⲟⲩ ⲛⲁϥ
ⲓ̄ⲥ̄ ⲡⲉⲭ̄ⲣ̄ⲥ̄ ϩⲁⲙⲏⲛ

ⲕⲁⲧⲁ ⲓ̄ⲱϩⲁⲛⲛⲏⲛ
ⲛ̄
ⲁⲡⲟⲕⲣⲩⲫⲟⲛ

ⲛⲁⲉⲓ ⲛⲉ ⲛ̄ϣⲁϫⲉ ⲉⲑⲏⲡ ⲉⲛⲧⲁ ⲓ̄ⲥ̄ ⲉⲧⲟⲛϩ̄
ϫⲟⲟⲩ ⲁⲩⲱ ⲁϥⲥϩⲁⲓ̈ⲥⲟⲩ ⲛ̄ϭⲓ ⲇⲓⲇⲩⲙⲟⲥ
ⲓ̈ⲟⲩⲇⲁⲥ ⲑⲱⲙⲁⲥ ⲁⲩⲱ ⲡⲉϫⲁϥ ϫⲉ ⲡⲉ-
ⲧⲁϩⲉ ⲉⲑⲉⲣⲙⲏⲛⲉⲓⲁ ⲛ̄ⲛⲉⲉⲓϣⲁϫⲉ ϥⲛⲁ-
ϫⲓ ϯⲡⲉ ⲁⲛ ⲙ̄ⲡⲙⲟⲩ· ⲡⲉϫⲉ ⲓ̄ⲥ̄ ⲙⲛ̄ⲧⲣⲉϥ-
ⲗⲟ ⲛ̄ϭⲓ ⲡⲉⲧϣⲓⲛⲉ ⲉϥϣⲓⲛⲉ ϣⲁⲛⲧⲉϥ-
ϭⲓⲛⲉ ⲁⲩⲱ ϩⲟⲧⲁⲛ ⲉϥϣⲁⲛϭⲓⲛⲉ ϥⲛⲁ-
ϣⲧⲣ̄ⲧⲣ̄ ⲁⲩⲱ ⲉϥϣⲁⲛϣⲧⲟⲣⲧⲣ̄ ϥⲛⲁⲣ̄
ϣⲡⲏⲣⲉ ⲁⲩⲱ ϥⲛⲁⲣ̄
ⲣ̄ⲣⲟ ⲉϫⲙ̄ ⲡⲧⲏⲣϥ̄ ⲡⲉϫⲉ ⲓ̄ⲥ̄ ϫⲉ ⲉⲩϣⲁ-
ϫⲟⲟⲥ ⲛⲏⲧⲛ̄ ⲛ̄ϭⲓ ⲛⲉⲧⲥⲱⲕ ϩⲏⲧ ⲧⲏⲩⲧⲛ̄
ϫⲉ ⲉⲓⲥ ϩⲏⲏⲧⲉ ⲉⲥ ⲙⲛ̄ⲧⲉⲣⲟ ϩⲛ̄ ⲧⲡⲉ ⲉ-
ⲉⲓⲉ ⲛ̄ϩⲁⲗⲏⲧ ⲛⲁⲣ̄ ϣⲟⲣⲡ ⲉⲣⲱⲧⲛ̄ ⲛ̄ⲧⲉ-
ⲧⲡⲉ ⲉⲩϣⲁⲛϫⲟⲟⲥ ⲛⲏⲧⲛ̄ ϫⲉ ⲥϩⲛ̄ ⲑⲁ-
ⲗⲁⲥⲥⲁ ⲉⲉⲓⲉ ⲛ̄ⲧⲃ̄ⲧ ⲛⲁⲣ̄ ϣⲟⲣⲡ ⲉⲣⲱⲧⲛ̄
ⲁⲗⲗⲁ ⲧⲙⲛ̄ⲧⲉⲣⲟ ⲥⲙ̄ ⲡⲉⲧⲛ̄ϩⲟⲩⲛ ⲁⲩⲱ
ⲥⲙ̄ ⲡⲉⲧⲛ̄ⲃⲁⲗ ϩⲟⲧⲁⲛ ⲉⲧⲉⲧⲛ̄ϣⲁⲛ
ⲥⲟⲩⲱⲛ ⲧⲏⲩⲧⲛ̄ ⲧⲟⲧⲉ ⲥⲉⲛⲁⲥⲟⲩⲱ

Jesus
Meister der Weisheit

Was er wirklich lehrte über die Verwandlung unseres Herzens

Aus dem Englischen
von Helga Jacobsen und
Robert Cathomas

Chalice Verlag

Die Originalausgabe erschien
2008 bei New Seeds Books, Boston,
unter dem Titel *The Wisdom Jesus*

Deutsche Erstausgabe

Umschlag: unter Verwendung von Adobe Stock / Kotkoa;
Frontispiz Seite 2: Beginn des Thomasevangeliums,
Manuskript, viertes Jahrhundert / Wikimedia Commons;
Frontispiz Seite 245: Beginn des Judasevangeliums,
Codex Tchacos, Blatt 33 / Wikimedia Commons

Buchgestaltung: Robert Cathomas
Herstellung: BoD – Books on Demand GmbH
Printed in Germany

ISBN 978-3-942914-44-4

Inhalt

Für
Gregg Anderson

Danke für die dreißig Jahre,
in denen du den Raum gehalten hast

Dank

Ich bedanke mich von Herzen bei Nancy Smith, der Cheflektorin des Verlags Sounds True, die mir als Erste den Vorschlag machte, aus meinen über die Jahre aufgezeichneten Seminarnotizen und Vorträgen eine Reihe von Unterrichts-CDs mit dem Titel »Begegnung mit der Weisheit Jesu« zusammenzustellen. Die Aufnahmen fanden in einem intensiven dreitägigen Marathon im November 2004 statt, und im April des darauffolgenden Jahres gab die aus sechs CDs bestehende Unterrichtsreihe ihr Debüt. Das vorliegende Buch ist eine Überarbeitung und Erweiterung dieses Materials; (falls Sie lieber im Audioformat lernen, können Sie die Reihe unter https://www.soundstrue.com/store/encountering-the-wisdom-jesus-109.html abrufen). Nancys Sachkenntnis, Feinfühligkeit und Weitblick sind ein untrennbarer Teil dieser Arbeit; sie ist deren offizielle Geburtshelferin. Und wie immer danke ich dem ganzen Team von Sounds True für seine vorbildliche Professionalität, Unterstützung und Großzügigkeit.

Ebenso danke ich meinem lieben Freund Robert Plynn, dem emeritierten Dekan der anglikanischen Kathedrale in Calgary, Alberta, der mir riet, das Material als Buch herauszugeben, und der den entscheidenden Schritt unternahm, damit es dazu kommen konnte: Er war es, der die Transkriptionen organisierte. Danken möchte ich auch Ellen Lea, welche die zwölf Unterrichtsstunden geduldig in einhundertacht eng beschriebene, praktisch fehlerfreie Transkriptseiten verwandelte. Ich bin nicht nur dankbar, sondern verblüfft!

Dann danke ich Dave O'Neal, meinem Lektor bei Shambhala Publications, der mit seinem fein abgestimmten Urteilsvermögen und stetigen Zuspruch das transkribierte Material zu einem Manuskript aufbaute.

Rami Shapiro und Lynn Bauman, langjährigen Freunden und Kollegen, danke ich dafür, dass sie das Manuskript gründlich durchlasen und mit hilfreichen Kommentaren und Erläuterungen zur Stelle waren. Mein Dank geht auch an Ed Bastian und meine Fakultätskollegen am Spiritual Paths Institut, die mir halfen, die Weisheit Jesu einem breiteren, interspirituell interessierten Publikum vorzustellen. Und auch an Ken Wilber für seine brillanten Paradigmen sowie an Sherif Baba Chatalkaya für sein grenzenloses Herz.

Weiter danke ich meinen vielen Studentinnen und Studenten, insbesondere an der Wisdom School in Aspen, Colorado, die mir im Verlauf der Jahre beim Durcharbeiten jedes Teils dieses Materials geholfen haben. Und meinen treuen Freunden in der Contemplative Society in Victoria, British Columbia, deren Gebete und finanzielle Unterstützung dieses Projekt ermöglichten.

Schließlich möchte ich meinen besonderen Dank dem Right Reverend Robert J. O'Neill aussprechen, meinem Bischof hier in Colorado, dessen stetige Unterstützung während der vergangenen fünf Jahre die entscheidende Zutat in der Entfaltung meiner eigenen Stimme als Schriftstellerin war. In diesen Zeiten der spirituellen Gärung, in denen wir kaum noch wissen, ob wir Geburtshelferinnen oder Sterbebegleiterinnen für die traditionellen Formen des institutionellen Christentums sind, führte mich Bischof O'Neill mit Klarheit, Mitgefühl und Vorstellungskraft. Er erneuert mein Vertrauen, dass das Christentum aus dieser Zeit des Trennens von Spreu und Weizen mit einer tiefergehenden und authentischeren Bindung an den Weg ihres auferstandenen Meisters hervorgehen wird.

Teil eins

Die Lehren Jesu

I

Jesus als ein Erkenntnismoment

Der Suchende
soll nicht aufhören zu suchen, bis er findet.
Und wenn er findet, wird er in Erschütterung geraten;
und wenn er erschüttert ist, wird er in Verwunderung geraten,
und er wird König über das All werden.
Der Herrschende aber wird ruhen.[1]

DIESE WORTE LESEN WIR IM THOMASEVANGELIUM, DAS IM Jahr 1945 unter anderen Schriftrollen in Nag Hammadi in der ägyptischen Wüste entdeckt wurde und heute weitgehend als authentische Lehre Jesu anerkannt ist. Das Zitat in dieser Version ist wahrscheinlich länger als jenes, welches Sie aus der Bibel kennen. Anders als in den kanonischen Evangelien, die sich auf »Wer sucht, der findet« beschränken, beschreibt Jesus hier mehrere zusätzliche Schritte, um uns zu erklären, was die Suche *wirklich* bedeutet. Nach Hinweisen suchen, um zu finden – ja; doch stürzt uns dieses Finden häufig auch in Verwirrung und Desorientierung, wenn die neuen Informationen am Käfig unseres alten Paradigmas rütteln. Erst wenn Sie Raum für das schaffen können, was dieser Evangelist »Wunder« nennt, wird sich um Sie herum nach und nach ein neues Universum zusammenfügen und Sie finden Halt auf einer neuen Grundlage. Allerdings nur bis zur nächsten Runde.

Thomas' Worte sind hier angebracht, weil wir uns in diesem Buch auf eine Entdeckungsreise durch ein spirituell ergiebiges Territorium machen wollen, das sich gerade deshalb als besonders herausfordernd erweisen kann, weil es zum Greifen nah ist. Wir

1. Thomasevangelium, NHC II:2, Logion 2, nach der Übersetzung aus: *Die Bibel der Häretiker: Die gnostischen Schriften aus Nag Hammadi*, eingeleitet, übersetzt und kommentiert von Gerd Lüdemann und Martina Janßen, Stuttgart: Radius-Verlag, 1997, Seite 131.

werden uns Jesus auf eine neue Art nähern, einen neuen Blick auf ihn werfen als einen Meister einer alten spirituellen Tradition, die ich *Weisheit* nenne. Dies ist insbesondere deswegen so anspruchsvoll, weil die meisten von uns meinen, wir wüssten bereits etwas über diesen Jesus. Natürlich stimmen wir nicht alle darin überein, *was* wir wissen. Doch wenn Sie als Christ aufgewachsen sind, sind Sie ganz sicher mit den Hauptzügen der Geschichte vertraut – dass er der einzige Sohn Gottes war, dass er mit einer Aufgabe des Lehrens und Heilens in diese Welt kam, dass er gekreuzigt wurde, für unsere Sünden gestorben, wiederauferstanden und zum Himmel aufgefahren ist und uns jetzt bittet zu glauben. Was zu glauben? Nun, all das, was ich soeben aufgezählt habe.

Das Christentum, wie wir es kennen, kann ziemlich abstumpfend sein. Zum einen bildet es eine Art kulturellen Hintergrund, eine Brille, durch die wir alles betrachten. Zum anderen leben wir es aus einer hundertprozentigen Rückschau heraus. Wir kennen die Geschichte. Wir wissen, wie sie ausgeht. Wir wissen, wer die Gewinner sind und um wen es sich bei der siegreichen Mannschaft handelt. An unseren großen Feiern zu Weihnachten und zu Ostern und anlässlich der kleineren Feste während des Jahres zelebrieren wir diese Geschichte immer und immer wieder. Wenn Sie in die katholische oder episkopale Kirche gehen, werden Sie die Geschichte in Form des Nizäischen Glaubensbekenntnisses jeden Sonntag aufs Neue rezitieren: »Wir glauben an den einen Gott, den Vater, den Allmächtigen, den Schöpfer alles Sichtbaren und Unsichtbaren. Und an den einen Herrn Jesus Christus, den Sohn Gottes, der als Einziggeborener aus dem Vater gezeugt ist, das heißt: aus dem Wesen des Vaters, Gott aus Gott, Licht aus Licht, wahrer Gott aus wahrem Gott, gezeugt, nicht geschaffen, eines Wesens mit dem Vater, durch den alles geworden ist, was im Himmel und was auf Erden ist« und so weiter. Christen tun dies seit dem vierten Jahrhundert. In erster Linie nähern wir uns unserem Lehrer durch das, was wir über ihn glauben. Und falls Sie Fundamentalist oder evangelikaler Überzeugung sind, wissen Sie, dass die ganze Geschichte in der Heiligen Schrift steht: Die Bibel beinhaltet die komplette und Göttlich autorisierte Biografie von Jesus und liefert die vollständige Anleitung zu dem, was Sie tun sollen, um seine Schülerin oder sein Schüler zu werden. All das, was Sie für Ihre persönliche Erlösung brauchen, finden Sie genau hier.

Was ich hingegen am Ausgangspunkt unserer Erkundung einwerfen möchte, ist, dass all dieses ›Wissen‹ über Jesus uns eigentlich im Wege steht. Dass wir unser Christentum zu einhundert Prozent aus der Rückschau heraus leben, bringt uns zumindest in zweierlei Hinsicht in Schwierigkeiten. Zunächst einmal führt es dazu, dass wir uns in einem falschen Gefühl von Sicherheit wähnen: nämlich, dass wir zum Gewinner-Team gehören, dass wir als Christen mit Jesus vertraut sind und ihn erkennen würden, wenn er auftauchte. Aber noch problematischer ist, dass diese hundertprozentige Rückschau uns des wichtigsten Instruments beraubt, das wir bräuchten, um heutzutage den Weg Jesu finden und leben zu können und uns mit dieser Person zu verbinden, die wir scheinbar so gut kennen. Dieses Instrument ist unsere eigene Kraft der inneren Erkenntnis, worüber ich sogleich noch sehr viel mehr zu sagen haben werde.

Aber bereits an dieser Stelle bietet sich uns möglicherweise eine günstige Gelegenheit. Wir leben heute in einer Ära, in der der christliche Monolith zerfällt. Einige behaupten, er sei bereits zerbrochen. Das etablierte Christentum ist dabei, an Boden (und Mitgliedern) zu verlieren. Querbeet – zwischen den Konfessionen wie innerhalb der Glaubensrichtungen – scheint die Vorwärtsbewegung zu einem Halt gekommen zu sein in der starken Polarisierung zwischen dem linken und dem rechten Flügel, zwischen liberalen und fundamentalistischen Antworten auf die Wirklichkeit. Wir beobachten, wie sich christliche Gemeinschaften über Themen wie die Segnung homosexueller Beziehungen, die Ordination von Frauen oder das Recht auf Abtreibung in Stücke reißen, während die Aufforderung der Evangelien, sich um die Armen zu kümmern und für die Wahrheit einzutreten, zunehmend in den Hintergrund gerät. In dieser Institution, die noch vor fünfzig Jahren faktisch (oder auch nur eingebildet) ein Synonym für eine sich anständig und richtig benehmende Gesellschaft war, finden wir heute enorm viel Qual und Kampf. Gleichzeitig tauchen da draußen eine Menge neuer Informationen auf: ganze Evangelien, von denen wir zuvor keine Ahnung hatten, wie etwa das Thomasevangelium, das man unter den sogenannten gnostischen Handschriften entdeckt hat, den versteckten altchristlichen Texten, die 1945 bei Nag Hammadi gefunden wurden. Und diese neusten Entdeckungen geben Anlass zu vielerlei Spekulation und Revision, einiges davon sehr solide, anderes ausgesprochen schwammig.

Mit anderen Worten: Wir leben genau jetzt in einer Ära, die von manchen als die Zeit eines großen Paradigmenwechsels bezeichnet wird und in der sich eine vielleicht nie zuvor dagewesene Möglichkeit eröffnet, die Kernfragen ganz neu zu stellen: »Was meinen wir mit ›Christentum‹? Durch welche Brille schauen wir? Wer ist der Meister, zu dem wir uns in unserem Leben bekennen und für den wir eintreten, wenn wir uns ›Christen‹ nennen?«

Der Blickwinkel, den ich in diesem Buch einnehme, besteht darin, Jesus zuallererst und zuvorderst als einen Weisheitslehrer zu begreifen, als einen Menschen (für den Moment lasse ich das ganze Thema der Göttlichen Herkunft beiseite), der ganz offensichtlich aus einer alten Tradition namens »Weisheit« hervortritt und darin wirkt, einer Tradition, die manchmal auch als *sophia perennis* [»immerwährende Weisheit«] bezeichnet wird und die tatsächlich das Quellgebiet aller großen religiösen Traditionen der heutigen Welt ist. Sie befasst sich mit der Transformation des ganzen Menschen. Transformation von was in was? Nun, fürs Erste von unseren animalischen Instinkten und unserer Egozentrik hin zu Liebe und Mitgefühl, von einer wertenden und dualistischen Weltsicht hin zu einer nicht dualistisch geprägten Akzeptanz. Das war die Botschaft, die Jesus, scheinbar aus dem Nichts heraus, zu predigen und zu lehren gekommen ist, eine Botschaft, die in seiner eigenen Zeit eine radikale war und bis heute genauso radikal geblieben ist. Ich denke hier an eines meiner liebsten Zitate, das dem britischen Schriftsteller G.K. Chesterton zugeschrieben wird: »Das Christentum ist kein Fehler; es wurde einfach noch nicht ausprobiert.« Haben wir in diesem großen kulturellen Monolithen, den wir »Christentum« nennen und der den Kurs der Geschichte des Westens seit mehr als zweitausend Jahre mit bestimmt hat, wirklich bereits die Kraft entfacht, um diesen Jesus tiefgreifend zu verstehen und ihm auf diesem radikalen Weg zu folgen, auf den er uns ruft?

Mir ist klar, dass wir hier ein unsicheres Gebiet durchqueren. Einiges von dem Stoff, den ich präsentieren möchte, wird Ihre Vorstellungen herausfordern, auch Ihre am meisten gehegten und gepflegten. Es ist ein neuer Weg, die Teile zusammenzufügen. Wenn wir uns gemeinsam auf diese Reise ins Unbekannte machen, ist es wichtig, dass Sie Ihrer Reiseführerin vertrauen. Also werde ich beginnen, indem ich etwas darüber erzähle, wer ich bin und wie ich auf diesem Weg an den Punkt gelangte, an dem ich mich nun befinde.

Die offizielle Version lautet, dass ich eine episkopale Priesterin bin und eine Schriftstellerin und geistige Exerzitien anleite. Und weil ich eine Frau bin, bedeutet das auch, dass meine jüngere Geschichte innerhalb der Kirche voller Kämpfe und Streit verlief. Ich gehörte nicht zu jener allerersten Gruppe von Frauen, die in der episkopalen Kirche ordiniert wurden (was inoffiziell im Jahr 1974 und nach offizieller Lesart 1975 geschah), aber seit meiner Ordination 1979, nur zwei Jahre nachdem die Kirche sich zu diesem Weg verpflichtet hatte, zähle ich sehr wahrscheinlich zu den ersten paar Hundert Frauen. In einigen anderen Glaubensgemeinschaften ist dies noch immer unvorstellbar. Ich durchlebte also eine Zeit des Aufruhrs und des Ausprobierens, in deren Verlauf meine Kirche einen großen Bewusstseinswandel durchmachte. Ich bin ein kontemplativer Mensch, und damit meine ich gemäß der christlichen Tradition, dass meine spirituelle Praxis auf regelmäßigem Meditieren, dem schweigenden Beten und dem stillen Lesen in der Heiligen Schrift beruht. Ich habe eng mit [dem 2018 verstorbenen] Vater Thomas Keating zusammengearbeitet, der im Saint Benedict's Monastery, der Trappistenabtei in Snowmass, Colorado, das zentrierende Gebet der Sammlung lehrte. Seit mehr als zwei Jahrzehnten ist dies nun meine Meditationspraxis, und das Meiste, was ich aus meinem Inneren heraus über unseren christlichen Lebenswandel und unsere Tradition weiß, habe ich durch sie und eine weitere alte monastische Disziplin namens *lectio Divina* (Göttliche Lesung) gelernt.

Seit Mitte der 1980er-Jahre bin ich auch eine ernsthafte Studentin weltweiter Weisheitstraditionen. Ich habe an der Gurdjieff-Arbeit teilgenommen,[2] mich dem Sufismus (dem mystischen Zweig

2. Georges Iwanowitsch Gurdjieff (1866–1949) war einer der einflussreichsten und – was seine Herkunft, seine Methoden und seine Mission betrifft – der wohl rätselhafteste spirituelle Lehrer des zwanzigsten Jahrhunderts. Die Wirkung seiner einzigartigen Lehre auf moderne spirituelle Bewegungen wie auch auf bestimmte Bereiche der Psychologie war einschneidend und nachhaltig. Auch seine Kritiker gestehen dieser höchst charismatischen Figur ein eindrückliches Wissen über die menschliche Psyche zu, dessen Quellen teilweise im Dunkeln liegen, aber deutliche Verwandtschaft zu nahöstlichen Lehren wie etwa dem Sufismus oder der Gnostik aufweisen. Mit schockierender Deutlichkeit zeigte er, dass das Selbstbild des modernen Menschen als ein freies, willensstarkes, vernunftgesteuertes und psychisch unabhängiges Wesen zu großen Teilen auf einer Selbsttäuschung beruht. Gurdjieffs Lehren des sogenannten Vierten Weges, er selbst bezeichnete sie als »esoterisches Christentum«, sollten den Schüler oder die Schülerin durch

des Islams) gewidmet und mich ein wenig mit Vedanta- und Kabbala-Studien beschäftigt, und ich gehöre zum Kern der Fakultätsmitglieder einer wundervollen neuen Organisation namens Spiritual Paths Institute in Santa Barbara, Kalifornien, in der Lehrer aller großen Glaubenstraditionen zusammenkommen, um Einsichten und kontemplative Praktiken miteinander zu teilen. Dieses umfassendere Eintauchen hat mich in meiner Überzeugung bestärkt, dass Jesus zunächst einmal und vor allem als ein Lehrer der inneren Transformation gekommen ist. Das ändert nichts an dem Jesus, mit dem Sie vielleicht eher vertraut sind – dem Sohn Gottes, der zweiten Person der Dreifaltigkeit –, allerdings ergänzt es ihn um den Akzent einer stärkeren Beachtung dessen, was er tatsächlich lehrte, und wirft ein neues Licht darauf, wie wir dies aus unserem Inneren heraus authentisch leben können. Jesus kam nicht einfach aus dem Nichts, sondern gehört vielmehr zu einem Strom lebendiger Weisheit, der seit mindestens fünftausend Jahren durch die menschliche Entwicklung fließt.

Das ist die rein äußerliche Geschichte darüber, wer ich bin und welche Referenzen und welchen Hintergrund ich für dieses Unterfangen mitbringe. Die eigentliche Erzählung ist jedoch innerlicher, wie immer bei solchen Geschichten. In allererster Linie bin ich eine Sucherin, und auf meiner eigenen Reise war das Wichtigste, das ich zu lernen hatte, dass es nicht darum geht, *was* man sucht, sondern *wie* man sucht. Ich wuchs in den 1950er-Jahren im östlichen Pennsylvania auf, wurde offiziell gemäß der Lehre der Christian Science erzogen, doch erhielt ich meine früheste Bildung in einer Quäker-Schule, in die ich geschickt wurde. Diese beiden Strömungen religiöser Erfahrung sind so ziemlich das genaue Gegenteil voneinander. Die Christliche Wissenschaft ist eine sehr intellektuelle Religion, die einen lehrt und dazu ermahnt, den Geist auf die universalen metaphysischen Prinzipien zu richten, um selbst fähig zu werden, das nachzumachen, was Jesus in seinem Heilen

intensive »Arbeit an sich selbst« in die Lage versetzen, diese Ganzheit auch wirklich zu erlangen. Zu seinen engsten Studenten und Exponenten zählten neben der französisch-schweizerischen Ballettlehrerin Jeanne de Salzmann (1889–1990) der russische Mathematiker und Schriftsteller P.D. Ouspensky (1878–1947), der russische Komponist und Pianist Thomas de Hartmann (1885–1956) und dessen Ehefrau Olga de Hartmann (1885–1979), der schottische Psychiater und Autor Maurice Nicoll (1884–1953) sowie der englische Universalgelehrte, Mathematiker und Philosoph John G. Bennett (1897–1974) [Anmerkung der deutschen Übersetzer].

tat. Das Quäkertum hingegen – ganz besonders während dieser tiefen, stillen Gottesdienste, die vom Kindergarten bis zum Ende der Grundschule zu meinem Leben gehörten – war einfach ein nicht programmiertes, unmittelbares Erleben des Ins-Wasser-geworfen-Werdens, hinein in die direkte Präsenz Gottes. Einmal in der Woche, donnerstagmorgens, marschierte man mit uns fünfundsechzig Schülerinnen und Schülern im Alter von fünf bis zwölf Jahren in das heruntergekommene Versammlungshaus im Kolonialstil neben unserer Schule und forderte uns auf, einfach nur still in der Gegenwart Gottes zu sitzen. Wenn uns der Geist anstieß, war es uns erlaubt, aufzustehen und ein kurzes Gebet, einen Bibelvers oder einen Gedankengang vorzutragen. Anweisungen, wie wir das zu tun hatten, erhielten wir nie; man ging einfach davon aus, dass wir in dem Moment, in dem wir die Stille betraten, schon instinktiv wüssten, was als Nächstes zu tun war, so wie ein Entenküken weiß, wie es sich im Wasser zu verhalten hat.

Über weite Strecken meiner Kindheit wuchs ich also mit diesen beiden höchst widersprüchlichen Strömungen religiöser Erfahrung auf, die ich nicht miteinander in Einklang zu bringen wusste. Als ich dann um die zwölf Jahre alt war, versöhnten sie sich auf eine Art und Weise, die dermaßen unerwartet kam, dass ich es niemals vergessen habe. Wahrscheinlich gab dies den grundlegenden Anstoß zu meiner eigenen religiösen Reise. In unserem Nachbarhaus lebten Dan und Betsy Hoopes mit ihren vier Kindern, die meine Spielkameraden waren. Im Herbst, als ich die sechste Klasse besuchte, begannen Dan Hoopes' Nieren zu versagen – anfangs in kleinen Schritten, dann in einem alarmierenden Tempo. Er wurde mit der Ambulanz ins Krankenhaus gefahren und sofort auf die Intensivstation gebracht. Bald darauf riefen meine Eltern meinen Bruder und mich in ihr Schlafzimmer und teilten uns traurig mit, dass Dan sterben werde. Als junges Mitglied der Christlichen Wissenschaft stürzte mich dies in eine Krise, da ich, so gut ich es als Kind verstehen konnte, hart an meiner Christlichen Wissenschaft gearbeitet und versucht hatte zu »wissen«, dass Dans Krankheit einfach nur eine unwirkliche Behauptung des sterblichen Verstandes war und alles wieder gut werden würde. Doch nun starb er trotzdem und alles schien vergebens. Ich schlich nach draußen, um über die Situation nachzudenken, und suchte im Park gegenüber unserem Wohnhaus Zuflucht. Es schneite heftig an diesem Abend spät im November oder Anfang Dezember. Ich war wütend auf Gott.

»Was stimmt hier nicht? Liegt es an mir oder an Dir? Warum hat es nicht funktioniert? Wie kann so etwas geschehen?«

Und dann, plötzlich, fühlte ich mich wie von goldenem Licht durchflutet, ganz ähnlich, wie ich es bei den Treffen der Quäker erlebt hatte, und ich hörte eine Stimme deutlich sagen: »Schhhh... Dan wird sterben... und alles wird gut.« Obwohl ich die Botschaft als solche nicht begreifen konnte, verstand ich das warme, goldene Licht, entspannte mich und wurde ruhig. In diesem Moment entdeckte ich, dass es etwas in mir gab, das wusste. Ich wusste nicht, *was* genau es wusste, aber ich wusste, *dass* es wusste. Es lag tiefer in meinem Inneren als all die Gebote, die mir im Religionsunterricht meiner Kindheit eingebläut worden waren, und es erkannte ganz einfach die Stimme der Wahrheit, als es sie vernahm, und überließ sich ihrer Präsenz.

Das bringt mich zurück zum Thema, mit dem ich begonnen habe: dass wir unser Christentum in einer hundertprozentigen Rückschau leben. Wenn wir dies tun, liegt das wirkliche Problem darin, dass wir in »gewöhnliches Wissen« eingelullt werden (wie es der zeitgenössische spirituelle Lehrer A.H. Almaas nennt),[3] in dem nichts spirituell Echtes geschehen kann. Nähern wir uns der Geschichte in einer Haltung von: »Das habe ich schon mal gehört; ich weiß, was es bedeutet«, schlafen wir ein, anstatt uns selbst zu erlauben, wachgeschreckt zu werden. Es ist dann, wie im Thomasevangelium, bloß der »Suchet, und ihr werdet finden«-Teil ohne die Erschütterung, Verwunderung und Neuausrichtung – und auch ohne den »Herrschenden«. Denn alles spirituelle Schlafwandeln dieser Art lässt den zentralen ersten Schritt aus, jenen Augenblick, in dem das Herz seinen eigenen Weg finden muss, nicht durch äußere Abhängigkeiten, sondern durch eine offene Unmittelbarkeit von Präsenz. Nur dort – in der »Höhle des Herzens«, wie es die Mystiker gerne ausdrücken – kommt ein Mensch in Kontakt mit seinem eigenen direkten Wissen. Und nur aus diesem direkten inneren Wissen heraus wird »der Herrschende« geboren, die eigene innere Autorität.

Lassen Sie uns einen verrückten Sprung machen und uns vorstellen, wir befänden uns an den Ufern des Sees Genezareth vor zweitausend Jahren und ohne die geringste Vorstellung davon, wie

3. A.H. Almaas: *Spacecruiser Inquiry: True Guidance for the Inner Journey,* Boston: Shambhala, 2002, Seite 66. Deutsch: *Forschungsreise ins innere Universum,* Freiamt: Arbor Verlag, 2007.

die Geschichte ausgehen wird. Ein neuer Lehrer ist auf der Bildfläche erschienen, und offenbar weiß niemand genau, woher er das hat, was er da lehrt. Es heißt, er sei ein Anhänger von Johannes dem Täufer gewesen, doch er predigt eine ganz andere Botschaft als Johannes – und eine völlig andere als die Rabbis in den Synagogen –, und die Leute sind geteilter Meinung über ihn. Einige sagen: »Dies ist das Verblüffendste, Seltsamste, Abenteuerlichste und Echteste, was ich je gehört habe.« Und andere sagen: »Aber Moment mal! Mein Rabbi behauptet, er breche das Gesetz, er heile am Sabbat, er missachte das Gesetz und die Propheten. Man sollte sich besser vor ihm in Acht nehmen. Er ist gefährlich.« Nehmen wir an, diese beiden Meinungen ringen miteinander in Ihrem Kopf, während Sie zum See Genezareth hinuntergehen. Wenn Sie nun diesen Mann zum ersten Mal vor sich sehen, woher wissen Sie, ob er vertrauenswürdig ist? Ob Sie ihm Ihr Herz schenken oder lieber Abstand halten wollen? Er trägt keine goldene Krone (und auch keinen Dornenkranz). Er sieht aus wie jeder andere, abgesehen vom intensiven Licht in seinen Augen, das Sie zu ihm hinzieht. Und wenn Sie dann in diesen Lichtkreis eintreten, worauf werden Sie zurückgeworfen? Auf Ihr eigenes nacktes inneres Wissen. Nun stehen Sie genau demselben gegenüber, dem ich an jenem Abend im Park ins Auge sah.

»Wer aber sagt *ihr,* dass ich sei?«, fragt Jesus immer wieder in den Evangelien. Was eigentlich so viel bedeutet wie: »Wer oder was in euch erkennt mich?« Es ist die entscheidende Frage.

Einer meiner wichtigsten persönlichen Mentoren auf dem Weg ist Vater Bruno Barnhart, der viele Jahre lang Prior des Benediktiner-Kamaldulenser-Klosters in Big Sur, Kalifornien, war. Er lebt dort noch immer als Betbruder und Schriftsteller und wird für seine mystische Leuchtkraft bewundert. Für mich war er die erste Person, welche die Teile wirklich zusammensetzte: nämlich dass jene zentrale Zutat, über die ich soeben gesprochen habe, die *Erkenntniskraft* ist. Dabei handelt es sich um die Fähigkeit, einer spirituellen Erfahrung im eigenen Sein grundsätzliche Wahrheit zuzugestehen. Die Evangelien sind darauf aufgebaut – wie auch die frühe Kirche –, weil die mächtige, befreiende Energie des Christus-Ereignisses überschwappt, weiterfließt und sich von Erkenntnis zu Erkenntnis bewegt. In seinem wunderbaren Buch *Second Simplicity* erklärt Vater Bruno, was er damit meint:

> Wenn wir Jesus durch die Evangelien begleiten, erleben wir, wie es zu einer dramatischen Begegnung nach der anderen kommt. Eine Person nach der anderen erlebt eine geheimnisvolle Kraft in Jesus, die von diesem Moment an den Lauf ihres Lebens verändert. Wenn wir im Augenblick der Lektüre ganz gegenwärtig sind, erleben wir selbst die befreiende Kraft dieses Erwachens. Beispiele dazu kommen uns schnell in den Sinn: etwa die beiden Jünger im ersten Kapitel Johannes, die fragen: »Rabbi, wo wohnst du?« »Kommt und seht!« Dann, nur wenig später in derselben Johannes-Erzählung, erleben Peter und Nathanael ihre Erweckung durch die Begegnung mit Jesus. Vielleicht erinnern wir uns an die Reaktionen auf Jesus in den synoptischen Evangelien: die des blinden Mannes auf der Straße nach Jericho, die des Vaters des gelähmten Sohnes, die des Zenturios, dessen Diener krank ist, die des Diebes am Kreuz neben Jesus, die des Zenturios, der bei Jesu Tod anwesend ist. Immer wieder spüren wir den Durchbruch des Lebens, die Wellenfront des Wunders.[4]

Sie mögen nun sagen: »Aber selbstverständlich wäre es einfach, Jesus zu erkennen. Er ist derjenige, der von den Toten auferstanden ist.« Und vielleicht nehmen Sie an, dass sich diese frühchristlichen Jüngerinnen und Jünger wegen der Wiederauferstehung um Jesus geschart haben. Einmal fragte ich in einer Kirche, in der ich Dienst tat, eine Gruppe von Leuten: »Würde es für Sie denn irgendeinen Unterschied machen, wenn die Auferstehung nicht stattgefunden hätte, wenn Jesus nicht von den Toten auferstanden wäre?« Ich gebe zu, dass es eine Fangfrage war, und ich erhielt exakt die Antwort, die ich erwartet hatte: theologische Tiraden basierend auf dem Nizäischen Glaubensbekenntnis. Aber *natürlich* würde es einen Unterschied machen: Weil die Wiederauferstehung beweist, dass Jesus der einzige Sohn Gottes ist, dass es keinen Zweiten wie ihn gibt, dass Gott in ihm und durch ihn Himmel und Erde miteinander versöhnt und die Fundamente für eine neue Schöpfung gelegt hat, dass dies der Dreh- und Angelpunkt der Erlösungsgeschichte ist und dergleichen mehr. Aber der Punkt, auf den nicht

4. BRUNO BARNHART: *Second Simplicity: The Inner Shape of Christianity*, Mahwah, NJ: Paulist Press, 1999, Seite 48.

eingegangen wurde – und dies ist wirklich ein springender Punkt –, ist, dass für diese ersten Jüngerinnen und Jünger, für diejenigen, die ihm als Erste zuhörten und Ja zu ihm sagten, *das Ergebnis noch gar nicht abzusehen war.* Kreuzigung wie Auferstehung standen erst noch bevor. Wie konnten sie also wissen, dass dieser Lehrer, dessen Wesen inmitten ihrer Aufgewühltheit und manchmal ihrer selbst zum Trotz ihre Herzen zu erfüllen begann, schon allzu bald gekreuzigt, sterben und wiederauferstehen würde? All dies stand ihnen erst noch bevor. Was also veranlasste sie, zu Jesus Ja zu sagen? Es muss sich sehr von dem unterschieden haben, was heute, zwanzig Jahrhunderte später, unser übliches Verständnis der Situation ist. Wir mögen Ja sagen zu Jesus, weil wir nun wissen, dass er der Sohn Gottes ist, dass er gestorben und wiederauferstanden ist, und weil wir im Einssein mit ihm hoffen, es ihm gleichzutun. Sie aber wussten es damals nicht. Was war es also, das Ja sagte?

Ich möchte auf diese Frage tiefer eingehen, indem ich unser Augenmerk auf eine der interessantesten und bedeutsamsten Figuren, die Ja sagten, richte: die samaritische Frau am Brunnen, deren Geschichte wir im vierten Kapitel des Johannesevangeliums nachlesen können. Wir sollten uns daran erinnern, dass Samaria und Judäa benachbarte israelische Königreiche waren. Obwohl es sich bei den Samaritern und den Juden um semitische Völker, Nachkommen der ursprünglichen zwölf Stämme Israels, handelte, lagen sie seit Jahrzehnten miteinander im Streit, was dazu führte, dass Juden normalerweise nicht mit Samaritern sprachen. Und ganz gewiss sprachen jüdische Männer nicht mit samaritischen Frauen. So liegt bereits im Konstrukt der Geschichte etwas sehr Auffälliges und Sonderbares. Um die Mittagszeit gelangt also Jesus an einen Brunnen in Samaria (wo man auf Reisen von Galiläa nach Jerusalem vorbeikommt) und bittet dort eine Frau, ihm Wasser aus dem Schacht zu reichen. Hier nun der Dialog, der sich daran anschließt (Johannes 4.6–15):

> Jesus war müde von der Reise und setzte sich daher an den Brunnen; es war um die sechste Stunde. Da kam eine Frau aus Samarien, um Wasser zu schöpfen. Jesus sagte zu ihr: »Gib mir zu trinken«! Seine Jünger waren nämlich in die Stadt gegangen, um etwas zum Essen zu kaufen. Die Samariterin sagte zu ihm: »Wie kannst du als Jude mich, eine Samariterin, um etwas zu trinken bitten?« Die Juden verkehren

> nämlich nicht mit den Samaritern. Jesus antwortete ihr: »Wenn du wüsstest, worin die Gabe Gottes besteht und wer es ist, der zu dir sagt: ›Gib mir zu trinken!‹, dann hättest du ihn gebeten und er hätte dir lebendiges Wasser gegeben.« Sie sagte zu ihm: »Herr, du hast kein Schöpfgefäß und der Brunnen ist tief; woher hast du also das lebendige Wasser? Bist du etwa größer als unser Vater Jakob, der uns den Brunnen gegeben und selbst daraus getrunken hat, wie seine Söhne und seine Herden?« Jesus antwortete ihr: »Wer von diesem Wasser trinkt, wird wieder Durst bekommen; wer aber von dem Wasser trinkt, das ich ihm geben werde, wird niemals mehr Durst haben; vielmehr wird das Wasser, das ich ihm gebe, in ihm zu einer Quelle werden, deren Wasser ins ewige Leben fließt.« Da sagte die Frau zu ihm: »Herr, gib mir dieses Wasser, damit ich keinen Durst mehr habe und nicht mehr hierherkommen muss, um Wasser zu schöpfen!«[5]

Es ist eine spannende und wuchtige Begegnung. Bei genauem Hinhören nehme ich als Erstes eine Art gegenseitiger Unerschrockenheit wahr. Offensichtlich sieht Jesus von Beginn an etwas in dieser Frau, sodass er sie sogar anspricht. Und alles andere als eingeschüchtert, nimmt sie seinen Aufschlag an und spielt prächtig zurück. Als er vom Wasser spricht, fordert sie ihn heraus, doch nachdem er den Einsatz erhöht und vom buchstäblichen Wasser (das Wasser in dem Brunnen dort, das mit dem Eimer zu schöpfen ist) auf das lebendige Wasser zu sprechen kommt, kann sie ihm problemlos folgen. Und als er sagt: »Mit dem Wasser, das ich dir gebe, wird es dich nie wieder dürsten«, erfasst sie die Bedeutung ganz genau; sie begleitet ihn bei seinem Sprung. Wir haben es hier mit einem faszinierenden Austausch zu tun. Es existiert eine Verbindung und ein inneres Sehen von Herz zu Herz. Er sieht, wer sie ist; sie sieht, wer er ist. Und im Licht dieses gegenseitigen Erkennens stärken sie sich weiter und bringen einander zu einer größeren Selbstenthüllung, bis schließlich, einige Zeilen später, Jesus zu ihr sagt: »Aber die Stunde kommt und sie ist schon da, zu der die wahren Beter den Vater anbeten werden im Geist und in der Wahrheit; denn so will der Vater angebetet werden.« Die Frau antwortet: »Ich weiß, dass der Messias kommt, der Christus heißt. Wenn er

5. Falls nicht anders vermerkt, stammen alle Bibelzitate aus der deutschen Einheitsübersetzung [A.d.Ü.].

kommt, wird er uns alles verkünden.« Jesus sagt: »Ich bin es, der mit dir spricht.«

Was für ein außergewöhnlicher Moment! Es ist das erste Mal in diesem Evangelium, dass Jesus jemandem seine wahre Identität zu erkennen gibt. Etwas, das er in ihr sieht, gibt ihm das Vertrauen, seine ungeschützte Verletzlichkeit zeigen zu können; und etwas, das sie in ihm sieht, lässt sie vertrauen und seiner Führung folgen, höher und höher, tiefer und tiefer in sich selbst, weit mehr wissend als sie es gemäß gewöhnlichem Wissen wissen könnte, unmittelbar wissend in ihrem Herzen. Diese Qualität von Bewusstsein kommt nicht von außerhalb des Augenblicks. Vielmehr erwächst es in dem Moment selbst durch die Qualität und Kraft der Herzensverbindung; es ist eine Übertragung aus dem Inneren (in den Worten von Psalm 42: »eine Tiefe ruft die andere« oder »Flut ruft Flut«), unverfälscht und klar, die Basis jeden wahren Glaubens.

Bruno Barnhart sagt einige wunderschöne Worte, mit denen er ein paar Absätze später in *Second Simplicity* über die Natur dieser Übertragung spricht. Auch er dachte über die seltsame Energie des Austauschs zwischen Jesus und dieser ihm unbekannten Frau am Brunnen nach und hält fest:

> Dieser Jesus, dem wir hier begegnen, ist ein Licht im Zentrum der Welt, ein Feuer an der Schwelle zur Welt. Als eine wechselnde Energiequelle bewegt er sich unterhalb der Bilder von ihm. Er erweckt das, was im Kern meines eigenen Wesens liegt. Die Reihe von Jesu Heilungen in den Evangelien ist die Geschichte des Wachstums zu Leben und Bewusstsein, zu Frieden und Erfüllung, zu der werdenden Person, die ich bin.[6]

Dann schließt er mit der bemerkenswerten Aussage: »Das Wissen von Jesus Christus ist ein vereinigendes Wissen; es ist das Leuchten meines eigenen wahren und ewigen Seins.« Mit anderen Worten, um Psalm 36 zu zitieren: »In Deinem Licht schauen wir das Licht.« Jesus Christus, der vor der samaritischen Frau steht, wird zum Spiegel, in dem sie nicht nur das Angesicht Gottes erkennt, sondern auch ihr eigenes wahres Gesicht.

All die Menschen in den Evangelien, die von Jesus nur durch Hörensagen erfuhren, durch das, was jemand anderes über ihn

6. Bruno Barnhart: *Second Simplicity,* Seite 49.

dachte, durch das, was ihnen erzählt wurde, durch das, was sie von ihm zu erhalten hofften, all diese Menschen verließen ihn wieder. Sie gehen auch heute noch. Diejenigen, die bleiben – und noch immer bleiben –, sind die Menschen, die ihm im Augenblick begegnet sind: im unmittelbaren, wechselseitigen Erkennen der Herzen und in der elementaren Energie, die sich aus dieser Begegnung heraus immer weiter ergießt. Es ist tatsächlich die Urquelle.

2

Jesus im Kontext

ES GIBT EINE ANGEBLICH WAHRE GESCHICHTE ÜBER EINEN Schulvorstand mitten im Bibelgürtel von Tennessee, der darüber stritt, ob an seiner Schule ein Fremdsprachenlehrplan aufgestellt werden sollte oder nicht. Nach einer hitzigen Diskussion endete die Debatte damit, dass sich ein Vorstandsmitglied erhob und sagte: »Auf gar keinen Fall! Wenn für Jesus Christus Englisch gereicht hat, dann tut es das auch für meinen Sohn.«

Natürlich können wir darüber lachen, aber in dieses Gelächter mischt sich eine Spur von Nervosität; für die meisten von uns ist es lediglich ein gradueller Unterschied, kein grundsätzlicher. Die Mehrheit der Christen fühlen sich weiterhin wesentlich wohler mit dem Rezitieren des Vaterunsers oder des dreiundzwanzigsten Psalms in der alten Version der King-James-Bibel als in den vielen nun verfügbaren neueren Übersetzungen (noch meine gebildete Großmutter bestand darauf, dass das Gebet heiliger klinge, wenn es mit *thees* and *thous* gesprochen wird). An einem Sonntagmorgen, als ich das Vaterunser in dem von Jesus gesprochenen aramäischen Original betete, waren einige der Mitglieder meiner Kirchengemeinde offensichtlich verstört. »Es klang *islamisch*«, sagte eine besorgte Frau zu mir.

Jesus war ein nahöstliches Ereignis. Es ist wichtig, dass wir uns das vor Augen halten. Als der Meteor seines Wesens in Zeit und Raum stürzte, landete er in Palästina, nicht im England von Königin Elisabeth. Natürlich strahlte es von Palästina in alle Richtungen hin aus. Eine Linie führte mit dem Apostel Paulus durch die Türkei und die griechisch-römischen Landstriche nach Westen. Das ist die Linie, in der wir uns am besten auskennen. Doch die Energie bewegte sich auch in Richtungen, von denen wir wesentlich weniger wissen. Eine der Linien führte über den Südwesten nach Afrika, übersprang von dort aus die Straße von Gibraltar und reiste weiter über die Westküste Frankreichs in die keltischen Hochburgen der Bretagne und Irlands. Und eine weitere Linie strahlte nach Osten aus, hinein nach Persien, Indien und sogar bis China. Und ganz gewiss blieb die Energie auch dort, im Nahen und Mittleren Osten, in Ländern, die heute vor allem islamisch geprägt sind: im Irak, in Syrien und in der Türkei. Alle diese dem Jesus-Ereignis entspringenden Energieströme besaßen ihre einzigartigen Aromen – und diese unterscheiden sich sehr von demjenigen, das wir in unserem eigenen Strom kennen.

Noch vor fünfzig Jahren schien das ganze Bild ein wesentlich einfacheres zu sein. Wir hatten die Bibel (und für die meisten war dies die King-James-Version); wir hatten unsere Tradition; wir hatten unsere Glaubensbekenntnisse; wir hatten unsere Regeln; wir hatten unsere, das heißt die für uns stimmige, Handlung der Geschichte. Was uns über diese Kanäle übermittelt wurde, war orthodox; alles andere war Häresie. Und ja, manche Christen betrachteten gewisse Dinge aus unterschiedlichen Blickwinkeln: Es gab Katholiken und Protestanten; und wenn diese miteinander ins Gespräch zu kommen versuchten, nannte man das »Ökumene«. Noch heute denkt die Mehrheit der Nordamerikaner, dass Christen nur in zwei Geschmacksrichtungen vorkommen: katholisch oder protestantisch. Viele von uns haben wahrscheinlich von den griechisch- und russisch-orthodoxen Kirchen gehört – obwohl diese bereits so ziemlich die Grenze des bekannten christlichen Universums bilden. Doch was ist mit der äthiopischen Kirche? Mit der orientalisch-orthodoxen? Mit den Nestorianern? Mit dem syrischen Christentum? Mit der malabarischen Kirche? Mit den chinesischen Christen aus Xi'an mit ihren ausgesprochen buddhistisch-aromatisierten Versionen der Lehren Jesu?[7] Was wissen wir von all diesen anderen christlichen Einflussströmungen?

7. Für weitere Informationen über dieses faszinierende Thema siehe Ray Riegert und Thomas Moore [Hrsg.]: *The Lost Sutras of Jesus: Unlocking the Wisdom of the Xian Monks,* Berkeley, Kalifornien: Seastone, 2003.

Ablehnung ist immer einfach – wir brauchen bloß den Kopf zu schütteln und zu sagen: »Das ist alles gnostisch.« Wir lieben es, den Begriff »gnostisch« zu hassen. Wir wissen zwar nicht so genau, was er wirklich bedeutet, doch eins wissen wir ganz sicher: Alles, was das Etikett »gnostisch« trägt, ist weder biblisch noch orthodox. Später in diesem Kapitel werde ich versuchen, die Wörter »gnostisch« und »Gnostizismus« etwas näher zu beleuchten. Für den Augenblick reicht es zu sagen, dass, wenn wir diese Begriffe dermaßen abschätzig verwenden, wir unsere tief verwurzelte Gewohnheit offenbaren, die christliche Welt durch eine exklusiv westliche Brille zu betrachten – und natürlich heißt dies in Tat und Wahrheit: durch eine *römische* Brille. Diese ist vor allem dadurch gekennzeichnet, dass sie erstens dazu neigt, Einheit mit Einheitlichkeit zu verwechseln, und zweitens Ordnung und Autorität eine hohe Priorität beimisst. Welch große Rolle diese beiden Tendenzen über Jahrhunderte hinweg in der westlichen Kirche gespielt haben, wissen wir.

Apropos Orthodoxie: Viele Christen meinen, das Wort »orthodox« bedeute »richtiger Glaube«. Bei ihnen dreht sich dabei alles um Katechismen und Glaubensbekenntnisse: die richtigen Dinge über Jesus zu glauben und so zu glauben, wie die Kirche uns zu glauben lehrt. Zwar leitet sich das Wort etymologisch tatsächlich vom griechischen *ortho* (richtig) und *dokeo* (denken) ab – anders gesagt: es bedeutet »richtig denken«. Aber intuitiv ziehe ich es vor, den Teil *dox* vom Wort *doxa* abzuleiten, was »Herrlichkeit« oder »Ehre« bedeutet (wie etwa in »Ehre sei dem Vater und dem Sohn und dem Heiligen Geist«, bekannt als Doxologie). In diesem Fall würde »orthodox« so viel heißen wie »richtige Verherrlichung« (oder »richtige Lobpreisung«); und obschon dies linguistisch, sagen wir, *unorthodox* sein mag, vermittelt es die spirituelle Atmosphäre eines Großteils des nicht-römischen Christentums (oder anders ausgedrückt: der anderen zweihundertsiebzig Grad des Jesus-Ereignishorizonts) viel besser. Insbesondere die Christen des Nahen Ostens hatten ein starkes Gespür dafür, dass man Glaube nicht allzu eng fassen darf, so als ob die Engel nur auf einer Nadelspitze tanzen würden. Menschen kommen mit ganz unterschiedlichen Hintergründen und allen möglichen spirituellen Reifegraden, und dementsprechend flackert ihr Glaube. Doch was wirklich den Leib Christi zusammenhalten sollte, ist *richtige Anbetung,* die Fähigkeit, über all diese unterschiedlichen Ansichten hinauszugehen und dem

Meister, dessen Leben das menschliche Herz verändert, mit einer Stimme (wenn auch vielleicht in variierenden Harmonien) Ehre und Danksagung zuteilwerden zu lassen. Was auch immer die buchstäbliche Bedeutung des Begriffs »orthodox« sein mag, dieses ist seine authentische spirituelle Bedeutung.

Wie bereits gesagt, haben wir im Westen diese geistige Großzügigkeit schon sehr früh verloren. Wegen des auf Kontrolle ausgerichteten Fokus unserer westlichen Brille fällt es uns schwer, die Schwingungsbreite, Mannigfaltigkeit und Inklusionsfähigkeit des frühen Christentums zu verstehen (und erst recht zu akzeptieren). Es ist wichtig, ein wenig von dieser umfassenderen Sichtweise zurückzugewinnen, bevor es überhaupt möglich wird, uns Jesus als einen Meister der Weisheit vorzustellen, weil einige der Ideen, die ich zur Darlegung dieser Auffassung vorbringen werde, etwas unorthodox sind, falls man an einer protestantischen, evangelikalen, westlichen Definition der Bedeutung von »orthodox« festhalten will. Doch wenn wir es uns erlauben, an den reichen Schatz von neuen Informationen und Erkenntnissen, die nun vor uns liegen, offen heranzugehen, werden wir anfangen zu erkennen, innerhalb was für einer engen Schublade wir bisher lebten.

Im Nachklang von Nag Hammadi

Es ist keine Übertreibung, wenn wir sagen, dass die westliche Karte des uns bekannten christlichen Universums seit Mitte des zwanzigsten Jahrhunderts weit aufgeblasen wurde. Aus mindestens vier Richtungen hat es neue Beweise hereingeweht, die uns zeigen, wie überfällig eine grundlegende Neubewertung unsers Verständnisses des Jesus-Ereignisses ist. Obwohl sich einige konservative Christen noch immer gegen diesen Ausblick sträuben, sind doch die meisten der etablierten Bibelwissenschaftler an Bord gekommen. Es sind dort draußen einfach zu viele neue Hinweise zutage getreten, als dass man sie ignorieren könnte.

Zuoberst auf der Liste dieser aktuellen Informationsquellen steht ein ganzes neues Bündel ursprünglichen Schriftmaterials, das in der ersten Hälfte des zwanzigsten Jahrhunderts vor allem in Ägypten gefunden wurde. Am atemberaubendsten ist der Nag-Hammadi-Kodex, eine echte Fundgrube frühchristlicher heiliger Schriften, von denen viele bis dahin unbekannt waren, beziehungsweise *von* denen man zwar wusste, jedoch angenommen hatte, sie seien für immer verloren gegangen. Diese unschätzbaren Schriftrollen, in einem großen Tonkrug in einer Höhle nahe Nag Hammadi am oberen Nil sorgfältig aufbewahrt, wurden in den letzten Tagen des Zweiten Weltkriegs entdeckt. In einer großartigen internationalen Intrigengeschichte wurden sie aus Ägypten herausgeschmuggelt, anschließend für eine Weile in der privaten Manuskriptsammlung von Carl Gustav Jung treuhänderisch aufbewahrt und schließlich einem internationalen Konsortium von Bibelwissenschaftlern übergeben, die damit begannen, sie zu prüfen und herauszugeben. Diese Arbeit wird bis zum heutigen Tag fortgeführt, und noch immer bringt sie gelegentlich Schlagzeilen in den Medien hervor.[8]

Es versteht sich von selbst, dass die ersten Fragen lauteten: »Was sind diese Schriften? Wie sind sie dorthin gelangt?« Wissenschaftlicher Konsens besteht darin, dass sie aller Wahrscheinlichkeit nach von einer unbekannten Klostergemeinschaft im späten vierten Jahrhundert in Sicherheit gebracht worden waren, also zu einer Zeit, als sich das christlich-theologische Klima tiefgreifend veränderte. In jenen frühen Jahrhunderten, in denen noch viel in Bewegung war und die Inhalte des Neuen Testaments noch nicht festgenagelt waren, bildeten diese Texte einen Teil der Heiligen Schrift, sozusagen der »Bibel«, dieses Klosters; doch sie schafften es nicht unter die immer enger werdenden Kriterien der Orthodoxie. Im Jahr 367 befahl Bischof Athanasius von Alexandrien den Mönchen, all jene Schriften zu zerstören, die nicht zu den ausdrücklich kanonischen gezählt wurden. Untröstlich über diesen Gedanken, versiegelten die Mönche ihren Schatz in einer großen tönernen »Zeitkapsel«, damit die Inhalte in einer weiseren und milderen Zeit aufs Neue wertgeschätzt werden könnten.

Die Nag-Hammadi-Sammlung ist ein riesiger Fund, sowohl hinsichtlich ihres Umfangs als auch ihrer Bedeutung. Unter den vielen wichtigen frühen Texten, die hier entdeckt wurden, ist das bedeutendste wahrscheinlich das Thomasevangelium, das uns einen radikal neuen Blick auf Jesus und die Metaphysik hinter sei-

8. Helle Aufregung entstand zum Beispiel, als im Jahr 2006 das Judasevangelium publiziert wurde, eines der zuvor unveröffentlichten Manuskripte aus der Nag-Hammadi-Sammlung. Im diametralen Gegensatz zu den kanonischen Evangelien besagt dieser Text, dass Judas mit dem Segen Jesu und dessen voller Unterstützung handelte, als er ihn nach dem Letzten Abendmahl den Behörden auslieferte. Der Aufruhr unter den Christen war vorherzusehen.

nen Lehren erlaubt (in Kapitel 5 werde ich sehr viel mehr zu Thomas sagen). Wissenschaftler sind seit einigen Jahrzehnten damit beschäftigt, diese Texte dahingehend einzuschätzen und zu beurteilen, inwieweit sie unser Bild des Frühchristentums ändern – was sie tatsächlich in hohem Maße tun.

Der zweite Einfluss, der unser Bild erweiterte, war ein relativ neues Feld der wissenschaftlichen Forschung, die sogenannten »syrischen Studien«, die ihren Höhepunkt in den 1960er-Jahren hatten und damals ein ziemliches Hightech-Unterfangen waren. Wissenschaftler entdeckten, dass man beim Abkratzen der Oberfläche bestimmter späterer Manuskripte (vor allem liturgischer Zeremonien), die bei syrischsprachigen Christen in Gebrauch waren, ein lebendiges Zeugnis mündlicher Überlieferungen finden konnte, die aus der frühesten christlichen Zeit stammten – lange bevor sich die Kirche um ihre byzantinische Basis der Orthodoxie herum konsolidierte. Da Jesus selbst aus dieser Strömung aufgetaucht war (das Syrische ebenso wie das von Jesus gesprochene Aramäisch sind Teil des semitischen Sprach- und Kulturstroms), waren diese Überlieferungen von großer Bedeutung. Überraschenderweise scheint die Mehrheit dieser alten, wiederhergestellten Texte eng mit der Taufzeremonie verbunden zu sein, und als Wissenschaftler begannen, die den Texten zugrundeliegende Theologie genauer zu betrachten, machten sie große Augen: Es war ein drastisch anderes Bild davon, wer Jesus war und worum es in seiner Mission ging.

Der dritte bedeutende Einfluss kam ebenfalls aus der Wüste und zwar etwa zur selben Zeit, als man die Nag-Hammadi-Sammlung fand. In der Nähe der Siedlung Qumran im Westjordanland wurde ein Versteck von Schriften entdeckt, die heute allgemein als »die Schriftrollen vom Toten Meer« bekannt sind. Hierbei handelt es sich nicht um christliche Texte. Wissenschaftler identifizierten sie als der Gemeinschaft der Essener zugehörig, einer mystischen jüdischen Sekte, die ihr Lager in Qumran aufgeschlagen und sich rigorosen asketischen Übungen unterzogen hatte, um sich für die bevorstehende Rückkehr des Messias vorzubereiten. Diese Schriften sind für unser Verständnis von Jesus deshalb so wichtig, weil die meisten Wissenschaftler heute davon ausgehen, dass es dieser Nährboden eines jüdischen mystischen Heilserwartens und Endzeitgefühls war, in dem Jesu eigenes Gespür der Berufung sehr direkt geformt wurde. Durch den Fund dieser Schriftrollen können wir Jesus deutlicher in seinem eigenen Kontext begreifen. Es setzt einen deutlich anderen Akzent auf seine Lehren, wenn wir uns klarmachen, wie viel von dem, was er zu sagen hatte, bereits tief in der apokalyptischen Erwartung und Unruhe des Judentums seiner Zeit präsent war.

Und schließlich (dies mag zunächst abwegig erscheinen, aber in Anbetracht einiger Dinge, die ich in Kapitel 1 erwähnt habe, werden Sie sehen, dass dem nicht so ist) liegt eine weitere wichtige Quelle des Einblicks in einer Wiederentdeckung und Wiederzugänglichmachung der eigenen kontemplativen Tradition des Christentums. Die letzten vierzig Jahre waren eine Ära des kontemplativen Wiedererwachens. Christlich Suchende verfügen heute über zwei authentische christliche Meditationsmethoden: das Gebet der Sammlung und die christliche Meditation. Das Gebet der Sammlung (oder »zentrierendes Gebet«), die Praxis, in der auch ich geschult wurde, ist Anfang der 1970er-Jahre von den Trappistenmönchen der Saint Joseph's Abbey in Spencer, Massachusetts, entwickelt und dann vor allem durch Vater Thomas Keating verfeinert und bekannt gemacht worden. Heute wird es von Zehntausenden Menschen weltweit täglich praktiziert. Inzwischen üben auch viele die christliche Meditation, eine dem Gebet der Sammlung verwandte Form stiller Meditation, die ungefähr zur selben Zeit durch den Benediktinerabt Dom John Main entwickelt wurde.

Was bedeutet es, wenn Zehntausende Christen meditieren? Ziemlich viel, da Meditation die universelle und lang erprobte Methode ist, um »den Verstand ins Herz zu bringen.« Mit ihr umgehen wir unsere vorgefassten Erwartungen und mentalen Agenden und öffnen jenen Ort der direkten inneren Erkenntnis, über den ich im vorigen Kapitel gesprochen habe; es ist der Ort, an dem wir den lebendigen Jesus direkt erfahren können. Während der ersten vier Jahrhunderte christlicher Erfahrung praktizierte man es auf diese Weise: Christen verbanden sich mit ihrem lebendigen Meister, der in ihren Herzen gegenwärtig war (der Name dieser Praxis lautete *anamnesis* oder »lebendige Erinnerung«). Das ist die Fertigkeit, wenn Sie solch einen Begriff verwenden wollen, die uns nun durch die Meditation erneut zur Verfügung gestellt wird. Die frühen Kirchenväter sprachen von einem Weg der Wahrnehmung, den sie *epinoia* nannten, womit das innere Wissen durch Intuition und direkte Offenbarung gemeint war, nicht das Wissen durch die lineare und didaktische *dianoia* von Logik, Doktrin und Dogma.[9] Sechzehn Jahrhunderte später lernen wir diesen Prozess aufs Neue. Und wenn wir es tun, werden wir durch unsere eigenen Augen zu sehen beginnen, was die Frühchristen sahen. Dieses innere Sehen zieht eine wichtige zweite Richtschnur zu diesen wunderbaren neuen Texten, Quellen und Schätzen, welche uns in den letzten fünf Jahrzehnten geschenkt wurden.

Erlöser oder Lebensspender?

Was ergibt sich aus diesem neuen Bild? Der größte Unterschied zwischen dem uns vertrauten und durch die westliche Brille wahrgenommenen Christentum und dem Christentum, das uns durch diese neuen Quellen erreicht, kann mit zwei Wörtern ausgedrückt werden, die nicht annähernd so dicht beieinander liegen, wie es zunächst einmal klingen mag: der Unterschied liegt zwischen einer *Soteriologie* und einer *Sophiologie.*

Was bedeuten diese beiden Begriffe? »Soteriologie« hat seine Wurzel im griechischen *soter,* was »Erlöser« heißt. Die Christenheit des Westens war immer auf den Erlöser ausgerichtet. Jesus wird als derjenige gesehen, der für unsere Sünden gestorben ist, der uns als

9. Diese beiden Arten des Wissens werden ausführlich erörtert in ELAINE PAGELS: *Beyond Belief: The Secret Gospel of Thomas,* New York: Random House, 2003, Seiten 164–165; deutsch: *Das Geheimnis des fünften Evangeliums: Warum die Bibel nur die halbe Wahrheit sagt,* dtv 2006. Da sie jedoch vor allem eine ausgebildete Kirchenhistorikerin ist und keine Schülerin der christlichen inneren Tradition, stolpert sie über das Wort *epinoia* und erklärt, »es hat keine genaue Entsprechung in der englischen Sprache« und bietet dann stattdessen versuchsweise das Wort »Vorstellung« an. Diejenigen, die vertrauter mit der Sprache der westlichen theosophischen oder visionären Tradition sind, würden ihr gewähltes Wort »Vorstellungskraft« schnell abändern in »Imagination«, womit die Fähigkeit gemeint ist, durch Bilder direkt wahrnehmen zu können. In seinem hervorragenden Buch *Wisdom's Children* klärt ARTHUR VERSLUIS hilfreich auf: »Mit ›Imagination‹ meinen die Theosophen nicht ›Fantasie‹. Fantasie bedeutet Träumerei; Fantasie hat keine Disziplin. [...] Im Gegensatz dazu ist mit ›Imagination‹ nicht die Frage der menschlichen Schöpfung gemeint, sondern die der menschlichen Wahrnehmung« (Albany: State University of New York Press, 1999, Seite 157). Durch disziplinierte Imagination lässt sich direkt in die unsichtbaren Reiche der Wirklichkeit schauen: eine notwendige Fertigkeit für jeden Menschen, der in »lebendiger Erinnerung« mit einem lebenden Meister leben möchte, der den irdischen Augen noch verborgen ist.

Individuen und als Gemeinschaft aus dem Exil und der Entfremdung errettet hat, die der Ungehorsam von Adam und Eva über uns gebracht hat. »Glaubst du daran, dass Christus für unsere Sünden gestorben ist?«, lautet noch immer die große Schlüsselfrage der christlichen Orthodoxie; es ist die Trennlinie zwischen einem Gläubigen und einem Ungläubigen. Dieser Akzent machte sich bereits sehr früh in der Theologie des Westens bemerkbar; er hielt Einzug mit dem Apostel Paulus.

Wahrscheinlich erinnern Sie sich an die Geschichte des Paulus (falls nicht, können Sie sie in den ersten Kapiteln der Apostelgeschichte nachlesen). Vor seiner Bekehrung war er, damals noch als Saulus bekannt, ein erbitterter Gegner des Christentums. Als Pharisäer und Perfektionist war er fest entschlossen, jedes Detail des jüdischen Gesetzes einzuhalten. Persönlich befürchtete er ganz offensichtlich, dass es in seinem Wesen etwas Dunkles und Beschädigtes gebe (gelegentlich erwähnte er dies in seinen Episteln), aber da er keine andere Möglichkeit sah, bemühte er sich, sein Bestes für seine Erlösung zu tun, indem er akribisch das Gesetz befolgte. In diesem Zustand war er also mit der Absicht, Christen zu verfolgen, auf der Straße nach Damaskus unterwegs, als ihm eine mächtige visionäre Begegnung mit dem auferstandenen Jesus zuteilwurde, durch die er Vergebung und Erlösung erfuhr. Dieses dramatische Erlebnis bildete das emotionale Epizentrum all seiner theologischen Reflexionen, und als er auf seinen missionarischen Reisen gen Westen war, trug er es im Geiste mit sich.

Vier Jahrhunderte später wiederholte sich die Geschichte mit einer Figur, deren Einfluss auf den Verlauf des Christentums im Westen nur wenig geringer war: Augustinus von Hippo. Genau wie Paulus war er bestrebt, seine Seele durch das genaue Befolgen eines Weges zu retten – in seinem Fall war es ein Weg der gnostischen inneren Lehren. Und auch er wurde ganz plötzlich aus seiner komplizierten Metaphysik und seinem grüblerischen Selbsthass hinauskatapultiert und hineingeworfen in die strahlende Gegenwart Christi. Augustinus' persönliche Erfahrung des Gegensatzes von menschlicher Dunkelheit und dem Licht Christi fand Ausdruck in seiner Lehre von der Erbsünde. Im Laufe der Zeit wurde dieser Kontrast sogar noch stärker hervorgehoben, bis zu dem Punkt, an dem eine starke Strömung der westlichen Spiritualität von der »völligen Verderbtheit des Menschen« zu sprechen begann. Diese Geisteshaltung hat bis zum heutigen Tag einen starken Einfluss im

Westen; noch immer ist sie die unterschwellige Theologie, mit der viele Christen aufgewachsen sind. Immer wieder bin ich über die Häufigkeit entsetzt, mit der mich während Workshops zum Gebet der Sammlung, wenn ich vom Innewohnen Gottes (»Das Reich Gottes ist in euch«) spreche, irgendjemand aufgebracht korrigiert: »Nein, die Menschen sind zutiefst sündig; nichts von Gott lebt in uns.« Wenn wir nicht an Jesus glauben und unser ganzes Vertrauen auf seine Barmherzigkeit setzen, ist alle Hoffnung verloren – das ist die Einstellung der meisten Christen im Westen.

Die Christenheit im Osten sah die Dinge ganz anders. Nicht die Soteriologie, sondern die Sophiologie war ihre Ausrichtung. Der Begriff »Sophiologie« hat seine Wurzeln im Wort »Weisheit« (was *sophia* auf Griechisch bedeutet.) Das Christentum war in erster Linie ein Weg der Weisheit. Für die frühesten Christen war Jesus nicht der Erlöser, sondern der Lebensspender. Im ursprünglichen Aramäisch von Jesus und seinen Anhängern existierte gar kein Wort für »Erlöser«. »Erlösung« wurde als »Verleihung von Leben« verstanden und »erlöst werden« als »lebendig gemacht werden«.[10] Nachdem er an der Hand von Johannes dem Täufer ins Wasser gestiegen war, tauchte er als *mahyana,* »Lebensspender«, wieder auf. Er kam heraus als der *ihidaya,* der »Ungeteilte« oder der »Vereinte«. Heute würden wir ihn den »Erleuchteten« nennen, eine Person, deren Leben reich, verbunden und fließend ist. Jesu Jüngerinnen und Jünger erkannten in ihm einen Meister des Bewusstseins, der einen Weg aufzeigte, auf dem auch sie zu *ihidaya,* Erleuchteten, werden konnten. Ein sophiologisches Christentum stellt den Weg in den Vordergrund. Es richtet seine Aufmerksamkeit darauf, inwiefern Jesus uns ähnlich ist, und darauf, wie er etwas in sich tat, was auch wir in uns tun sollen. Im Gegensatz dazu betont die Soteriologie eher die Unterschiede zwischen Jesus und uns – »eingeboren, nicht gezeugt«, zu einer höheren Seinsordnung gehörend – und somit die Auffassung, dass er eine einzigartige Stellung als unser Vermittler einnimmt.

10. Für weitere Informationen zu diesem Thema siehe auch meinen Artikel "The Gift of Life: The Unified Solitude of the Desert Fathers" im Magazin *Parabola* 14:2, Sommer 1989, Seiten 27–33. Der Artikel leitet viel von seinem Inhalt aus der detaillierten Untersuchung meiner Kollegin und bemerkenswerten Gelehrten auf dem Gebiet syrischer Studien, Dr. Gabriele Winkler, her, insbesondere aus ihrem Artikel "The Origins and Idiosyncrasies of the Earliest Form of Asceticism" in: *The Continuing Quest for God,* herausgegeben von William Skudlarek OSB, Collegeville, MN: Liturgical Press, 1981.

Auf den ersten Blick mag Ihnen der sophiologische Weg eigenartig vorkommen – als eindeutig vom Üblichen abweichend und vielleicht sogar als häretisch. Doch mit dem Hereinströmen der Zeugnisse aus den restlichen zweihundertsiebzig Grad des christlichen Kreises beginnen wir zu erkennen, dass es der Westen ist, der eine abweichende Position vertitt. Aus dem Thomasevangelium wie aus der ganzen Nag-Hammadi-Sammlung, aus den syrischen Liturgien, von den afrikanischen Wüstenvätern und -müttern, aus der keltischen Poesie und den chinesischen »Jesus-Sutras« kommt dieselbe sophiologische Botschaft zum Vorschein. »Ja«, sagte Jesus, »wie ich bin, könnt und müsst auch ihr werden. Ich werde hier sein, um euch dabei zu helfen. Aber die Arbeit müsst ihr selbst leisten.« Welche theologischen Prämissen über Jesus Sie auch immer glauben wollen, die vorrangige Aufgabe eines Christen oder einer Christin besteht nicht darin, theologischen Prämissen zu glauben, sondern die Gesinnung Jesu anzunehmen.[11]

Die gnostische (G)nemesis

Da wir schon mal beim Thema Sophiologie sind, gestatten Sie mir, auf die notorisch tückischen Begriffe »gnostisch« und »Gnostizismus« einzugehen. Das Wort »gnostisch« ist ganz einfach das Adjektiv zu »Gnosis«, das »Wissen« bedeutet. *Sophia* und *gnosis* sind mehr oder weniger Synonyme. Beide verweisen auf ein integrales, teilhabendes Wissen, das nicht nur im Kopf herumgetragen wird, sondern im ganzen Wesen (tatsächlich lautet das hebräische Synonym dieser Begriffe *da'ath,* dasselbe Wort, das für »Liebe machen« verwendet wird – so wie in »David betrat Batsebas Zelt und ›erkannte‹ sie«). »Gnosis« ist ein vollkommen akzeptables neutestamentarisches Wort: Paulus gebrauchte es wiederholt in seinen Bemühungen, die intime Erfahrung zu beschreiben, Jesus zu (er)kennen und in ihm erkannt zu werden.

In diesem umfassenderen Sinn ist also auch das gesamte sophiologische Christentum gnostisch. Und ganz sicher ist auch Jesus selbst gnostisch.

11. Hier spiele ich auf die tiefgründige mystische Hymne des heiligen Paulus in Philipper 2.5–11 an, die er einleitet mit den Worten: »Denn ihr sollt so gesinnt sein, wie es Christus Jesus auch war« (Schlachter-Bibel). In Kapitel 3 werden wir detaillierter auf diesen Auftrag eingehen.

In Bedrängnis geraten wir, wenn wir diese umfassendere Bedeutung des Wortes »gnostisch« mit einer späteren und spezifisch griechischen Häresie verwechseln, die sich im zweiten und dritten Jahrhundert auf das Christentum auszuwirken begann und bei den frühen Kirchenvätern zu heftigen Ausbrüchen führte. In diesem beschränkteren Gebrauch ist »Gnostizismus« dualistisch, kopflastig-substantiviert (wie der größte Teil der griechischen Philosophie) und metaphysisch komplex; außerdem neigt er dazu, das integrale Wissen mit inneren Informationen zu verwechseln, die häufig durch geheime Initiierungsriten vermittelt wurden. In diesem Sinne ist Sophiologie definitiv *keine* Gnostik.

Um das Thema noch ein wenig weiter zu verkomplizieren: Sie werden manchmal auf Lehren treffen, bei denen sich diese beiden Strömungen zu überlappen scheinen – so zum Beispiel im Evangelium der Maria Magdalena, in welchem teilweise gnostische Sprache verwendet wird, jedoch innerhalb der Grenzen eines ausdrücklich semitisch-spirituellen Kontextes. Die Verwirrung lässt sich von Fall zu Fall auflösen, wenn man erst einmal verstanden hat, dass Gnostizismus die Verdrehung ist, die beim Versuch entsteht, Gnosis (integrales Wissen) in reine Verstandeskonstrukte herunterzubrechen. Die gesamte reiche und authentische Tradition der christlichen Sophiologie nur aufgrund des beängstigenden Wortes »Gnostizismus« abzulehnen (wie dies viele christliche Fundamentalisten zu tun pflegen), heißt, das Kind mit dem Bade auszuschütten.

Weisheit und Weisheitslehrer

Da ich über Jesus als einen Meister der Weisheit spreche, muss ich noch auf ein weiteres Merkmal hinweisen, das den nahöstlichen Kontext vom westlichen unterscheidet. Im Nahen Osten ist »Weisheitslehrer« ein anerkannter geistiger Beruf. Dies ist im Westen nicht der Fall. Ich erinnere mich noch an die Zeit meines Priesterseminars, als mir beigebracht wurde, dass es in der jüdischen Tradition nur zwei Kategorien religiöser Autoritäten gebe: Man könne entweder Priester oder Prophet sein. Vielleicht ist dies tatsächlich die Art und Weise, in der die Tradition bei uns im Westen gefiltert wurde. Doch innerhalb der spirituellen Traditionen des weiteren Nahen Ostens (inklusive des Judentums als solchem) gab es noch eine dritte, wenn auch inoffizielle Kategorie, die ich die *moschel moschelim* oder »Weisheitslehrer« nenne, also diejenigen, die die alten Überlieferungen der Transformation des Menschen lehrten. Diese Lehrer der Transformation, zu denen ich die Autoren der hebräischen Weisheitsliteratur wie Ekklesiastes (oder Prediger beziehungsweise Kohelet), Hiob und die Sprüche rechne, könnten die frühen Vorläufer des Rabbi gewesen sein, dessen Aufgabe es war, das Gesetz und die Überlieferungen des Judentums zu interpretieren (und der häufig seine eigenen Neuerungen von beidem schuf). Das Kennzeichen dieser Weisheitslehrer war, dass sie sich markanter Sprichwörter, Rätsel und Gleichnisse bedienten anstelle prophetischer Verkündigungen oder Göttlicher Erlasse. Sie redeten mit den Menschen in der Sprache des Volkes, in der Sprache der Geschichten, nicht in der Sprache des Gesetzes.

Wie können wir wissen, dass Jesus als Weisheitslehrer betrachtet wurde? Abgesehen von der Tatsache, dass die Menschen, von denen in den Evangelien berichtet wird, ihn spontan als »Rabbi« ansprechen, kann ich meine Sicht damit untermauern, dass ich ganz einfach die Frage stelle: »Welche literarische Form verbinden Sie mit den Lehren Jesu?« Die meisten Menschen werden sofort antworten: »Die Gleichnisse.« Das ist korrekt – und Gleichnisse sind ein Weisheitsgenre. Sie gehören zum *maschal,* dem jüdischen Zweig der universellen Tradition von sakralen Gedichten, Geschichten, Sprüchen, Rätseln und Gesprächen, mittels derer Weisheit übermittelt wird. Eine Person, die in Gleichnissen lehrt, lehrt im Rahmen einer Weisheitstradition. Und wir werden in Kürze sehen, dass Jesus nicht bloß *in* der Tradition lehrte, sondern sie in all ihren Aspekten heranzog. Doch bevor wir die außerordentlichen Feinheiten zu würdigen vermögen, mit denen er sein Verständnis der menschlichen Transformation darlegte, müssen wir zunächst etwas über die Strömung erfahren, innerhalb derer er wirkte.

Unter den Christen gab es schon immer eine starke Neigung, Jesus zu einem Priester machen zu wollen, zu »unserem großen Hohepriester«, um die mächtige Metapher der neutestamentlichen Briefe an die Hebräer zu verwenden. Dieses Bild des in herrliche, heilige Roben gekleideten Christus Pantokrator (des »Herrn aller Schöpfung«) dominierte die Ikonografie in der östlichen wie auch in der westlichen Christenheit. Aber Jesus war kein Priester. Er hatte nichts mit der Tempelhierarchie in Jerusalem zu tun und er hielt respektvollen Abstand zu den meisten rituellen Bräuchen.

Auch war er kein Prophet im damaligen Sinne des Wortes: ein Bote, der dem Volk Israel gesandt wurde, um es vor drohenden politischen Katastrophen zu warnen und es zu überzeugen, sein Herz wieder Gott zuzuwenden. Jesus war nicht am politischen Schicksal Israels interessiert und er akzeptierte auch nicht die Rolle des Messias, die man ihm ständig aufzudrängen versuchte. Seine Botschaft war nicht die der Buße und der Rückkehr zum Bund. Vielmehr hielt er sich eng an das Kernthema der immerwährenden Weisheit: die Transformation des menschlichen Bewusstseins. Er stellte jene zeitlosen und zutiefst persönlichen Fragen: Was bedeutet es zu sterben, bevor man stirbt? Wie stellt man es an, sein kleines Leben zu verlieren, um das größere zu finden? Ist es möglich, auf diesem Planeten in einer Großzügigkeit, Fülle, Angstlosigkeit und Schönheit zu leben, die Gott selbst widerspiegelt? Dies sind die Weisheitsfragen und sie stecken das gesamte Feld ab, um das es Jesus geht. Wenn man heutzutage nach einer vergleichbaren Kategorie zur Funktion Jesu Ausschau hält, ist die naheliegendste Entsprechung womöglich diejenige des Sufi-Scheichs, der eine dreifache Rolle wahrnimmt: die des Weisheitslehrers, des spirituell Ältesten und des direkten Vermittlungskanals für den Segen (*baraka*). Der Scheich ist eine ausgesprochen nahöstliche Kategorie und sie bewahrt wahrscheinlich den Mantel, den Jesus selbst einmal trug, am besten.

Jesus war kein Hinterwäldler

Am Schluss unserer Betrachtungen zur Revision des Gesamtbildes muss noch etwas zur Sprache gebracht werden, das uns hilft, die Brille, durch die wir auf Jesus schauen, neu zu justieren. In unserer westlichen Tradition tendieren wir stark dazu, Jesus als einfachen Handwerker zu sentimentalisieren. Aber ist er etwa nicht in einem kleinen Ort in Galiläa als bescheidener Zimmermannssohn aufgewachsen? Irgendwie sind wir in dieser Fantasie verfangen, weil sie unsere Vorstellung unterstreicht, dass er das, was er wusste und konnte, direkt von Gott gelernt hatte. Wenn wir die Bibel jedoch sorgfältig lesen, lässt sich diese Ansicht nicht aufrechterhalten.

Zuerst einmal müssen wir die Bedeutung der Tatsache würdigen, dass Jesus in Galiläa und nicht in Jerusalem aufwuchs. Wir denken uns Jerusalem gerne als das kulturelle Zentrum und stellen uns vor, aus dem galiläischen Land hinauf nach Jerusalem zu gehen, sei vergleichbar mit einer Reise aus den Appalachen nach New York City. In Wirklichkeit war es jedoch genau andersherum. Weit davon entfernt, eine kulturelle Provinz zu sein, war Galiläa in Tat und Wahrheit die kosmopolitischere Umgebung, da es an der Seidenstraße lag, der großen Handelsroute, welche die Länder und Kulturen des Mittelmeers seit der Frühzeit mit denen Zentralasiens und Chinas verband. Die Seidenstraße führte mitten durch die Stadt Kapernaum, wo Jesus lange studierte und unterrichtete. In dieser Gegend kam er höchstwahrscheinlich mit den unterschiedlichsten Einflüssen in Berührung, die man heute als das New Age seiner Zeit verstehen könnte. Und offensichtlich saugte Jesus spirituelle Ideen auf wie ein Schwamm. Auch wenn er ganz unzweifelhaft eine eigenständige Figur war, wirkte er nicht in einem kulturellen Vakuum. Seine Lehren zeigen eindeutige Überschneidungen mit der großen Strömung der *sophia perennis,* die auch durch andere spirituelle Traditionen fließt, vor allem durch den Buddhismus und die persische Lichtmystik.[12]

Zum Zweiten wissen wir, dass er lesen konnte. Wir erfahren dies direkt aus der Heiligen Schrift, wo wir ihn, in Lukas 4.16, im großen Ereignis seines öffentlichen Debüts in die Synagoge gehen sehen, wo er aus den Schriftrollen des Propheten Jesaja vorliest und danach verkündet: »Heute hat sich dieses Schriftwort erfüllt.« Wahrscheinlich sprach er mehrere Sprachen. Sicher wissen wir, dass er aramäisch und hebräisch sprach, und wir können (angesichts seines Gesprächs mit Pontius Pilatus) mit ziemlicher Gewissheit ableiten, dass er ebenso Latein verstehen konnte und höchst

12. Einige der bedeutsamsten (wie auch persönlich verifizierten) wissenschaftlichen Forschungen zu den nahöstlichen Wurzeln Jesu wurden von meinem Freund und Kollegen Lynn Bauman unternommen, der seine umfangreichen Erkenntnisse leider noch nicht veröffentlicht hat. Bauman lebte in den 1960er- und 1970er-Jahren über ein Jahrzehnt in Persien und arbeitete eng mit dem herausragenden islamischen Lehrer Seyyed Hossein Nasr zusammen, der unterdessen selbst in den Vereinigten Staaten lebt. Aufgrund dieses intensiven Studiums war er in der Lage, das Thomasevangelium auf eine Art und Weise verstehen zu können, wie es meiner Meinung nach bisher kein anderer westlicher Wissenschaftler vermochte. Er erkennt darin die aufkeimende Form einer Lehre, die später im sogenannten »persischen Platonismus« des zwölften Jahrhunderts ihren vollumfänglichen Ausdruck fand. Baumans Ansicht nach sind die dreitausend Jahre alten Verflechtungen jüdischer und persischer Mystik einer der maßgeblichen Einflüsse in Jesu eigenem Auftauchen – und bestanden noch lange nach dessen physischem Weggang von diesem Planeten.

wahrscheinlich auch Griechisch. Er war ein gebildeter Bürger seiner Zeit.

Darüber hinaus wissen wir, dass er aller Wahrscheinlichkeit nach eine Art religiöser Schulung oder Ausbildung genoss. Es hat kontinuierlich Versuche gegeben, ihn mit der bereits erwähnten Gruppe der Essener in Verbindung zu bringen, von deren Lehren und spirituellen Praktiken die Schriftrollen aus Qumran berichten. Die Essener waren eine jüdische, asketische Sekte und rigoros in ihrem Streben nach Buße und Läuterung. Mit großer Wahrscheinlichkeit gehörte Johannes der Täufer dieser Sekte an. Und genauso groß ist die Möglichkeit, dass Jesus bei diesem in die Schule ging. Letztendlich blieb er zwar nicht bei ihm, aber es ist höchst plausibel, dass er sich mit dem Essenertum auseinandergesetzt und sich damit ausgekannt hat.

Natürlich war der vielseitige kulturelle Hintergrund lediglich ein Sprungbrett für seine eigene unabhängige Genialität. Er war nicht nur ein Weisheitslehrer, er war ein Meister der Weisheit. Besonders gern bediente er sich bekannter Sprichwörter und Redewendungen und trieb sie auf die Spitze oder krempelte sie vollständig um. Im Zitat aus dem Thomasevangelium zu Beginn von Kapitel 1 konnten wir bereits einen flüchtigen Blick auf seine Art des Denkens werfen. Anstelle des »Suchet, und ihr werdet finden« präsentiert er ein komplexes sechsfaches Schema der spirituellen Suche, das Verwirrung und Verwunderung als notwendige Schritte auf der Reise der Wiedervereinigung einschließt. Und in einer der bekanntesten aber auch herausforderndsten Unterweisungen bei Lukas bringt er sogar die goldene Regel an ihre äußerste Grenze, indem er über alle Pfade erleuchteten Eigeninteresses hinausweist in der Ermahnung zu einer rückhaltlosen Liebe, die keine Kosten scheut:

> »Euch aber, die ihr zuhört, sage ich: Liebt eure Feinde; tut denen Gutes, die euch hassen! Segnet die, die euch verfluchen; betet für die, die euch beschimpfen! [...] Und wie ihr wollt, dass euch die Menschen tun sollen, das tut auch ihr ihnen! Wenn ihr die liebt, die euch lieben, welchen Dank erwartet ihr dafür? Denn auch die Sünder lieben die, von denen sie geliebt werden. Und wenn ihr denen Gutes tut, die euch Gutes tun, welchen Dank erwartet ihr dafür? Das tun auch die Sünder. Und wenn ihr denen Geld leiht, von denen ihr es zurückzubekommen hofft, welchen Dank erwartet ihr dafür?

> Auch die Sünder leihen Sündern, um das Gleiche zurückzubekommen. Doch ihr sollt eure Feinde lieben und Gutes tun und leihen, wo ihr nichts zurückerhoffen könnt. [...] Seid barmherzig, wie auch euer Vater barmherzig ist! (Lukas 6.27–28, 31–36.)

Seine messerscharfe Brillanz ist offensichtlich, wenn er die vertraute Welt des *maschal* deutlich über die Sicherheitszone der konventionellen Moral hinaus erweitert, hinein in einen Bereich der radikalen Umwertung und Paradoxie. Er verwandelt die Sprichwörter in Gleichnisse – und ein Gleichnis ist, nebenbei bemerkt, nicht dasselbe wie ein Aphorismus oder eine Moralpredigt. Der nächste Cousin des Gleichnisses ist tatsächlich das buddhistische Koan, ein bewusst subversives Paradox, das darauf abzielt, unser gewöhnliches Denken auf den Kopf zu stellen. Mein Kollege Lynn Bauman bezeichnet Parabeln als »spirituelle Handgranaten« – ihre Aufgabe ist es nicht, zu bestätigen, sondern zu entwurzeln. Man kann sich die Wirkung auf seine Zuhörerschaft ausmalen! In den Evangelien hören wir die Menschen immer wieder sagen: »Was ist das, was er lehrt? Niemand zuvor hat so etwas je gesagt. Woher hat er das? Woher kommt er?«

Jesu Antwort auf Fragen dieser Art war immer dieselbe: »Kommt und seht!« Und dies gilt auch für uns, wenn wir uns darauf vorbereiten, ihm auf seinem Hindernislauf zu folgen. Doch um ihn nicht aus dem Blick zu verlieren, ist es hilfreich zu wissen, woher er kommt. Aus seinem authentischen nahöstlichen Kontext taucht er als ein raffinierter, vollkommen stimmiger und sogar kosmopolitischer Lehrer auf, der ein Fach unterrichtet, das von seinen Zuhörerinnen und Zuhörern zwar erkannt wird, das er jedoch so viel kraftvoller und derart keck lehrt, dass er die Menschen sofort aufhorchen lässt. Wenn wir das Aroma dessen, was er lehrt, tatsächlich schmecken, werden wir zu verstehen beginnen, dass es nicht um Sprüche für den Alltag oder um Wege zur Tugendhaftigkeit geht. Er propagiert eine vollkommene Kernschmelze und Neugestaltung des menschlichen Bewusstseins, ein Aufbersten der winzigen Eichel unseres Selbstseins, mit dem wir auf diesem Planeten angekommen sind, zum Eichenbaum unseres vollkommen verwirklichten Menschseins. Dazu treibt er uns an, stichelt uns, verhöhnt uns, ermutigt uns und begleitet uns schließlich. Wie er dies tut, ist das Thema unseres nächsten Kapitels.

3

»Das Reich Gottes ist in euch«

WAS HAT JESUS WIRKLICH GELEHRT? UND SCHON WIEDER steht uns die Übervertrautheit im Weg, die als christliche Kultur in uns herangezüchtet wurde. Ein bekannter Baptistentheologe aus den Südstaaten witzelt, seine gesamte Sonntagsschulbildung lasse sich in dem einen Satz zusammenfassen (den er im breitesten texanischen Akzent zum Besten gibt): »Jesus ist *nett,* und er will, dass auch wir nett sind.«

Viele von uns sind von klein an mit Jesus aufgewachsen. Wir kennen einige seiner Gleichnisse, wie das über den guten Samariter oder den verlorenen Sohn. Manche können sogar ein paar Seligpreisungen auswendig zitieren. Fast alle können das Vaterunser herunterleiern. Aber wie oft hören wir die Lehre als Ganzes gewürdigt? Wenn es um spirituelle Lehrerinnen und Lehrer aus anderen Traditionen geht, erscheint uns die Frage, welchem Weg sie folgen, logisch und angemessen. Was lehrt der Dalai Lama? Was lehrte Krishnamurti? Was ist mit Adyashanti? Doch in Bezug auf Jesus stellen wir diese Fragen nie. Warum eigentlich nicht? Wenn wir unter die Oberfläche seiner Lehren schauen, entdecken wir mehr, als was direkt ins Auge springt. Sehr viel mehr. Und mit »nett sein«, hat das kaum etwas zu tun.

Eines der wichtigsten Bücher, die in letzter Zeit erschienen sind, heißt *Putting on the Mind of Christ* von einem Autor namens Jim Marion, der bemerkenswerterweise kein Theologe ist, sondern ein Anwalt aus Washington.[13] Schon der Titel ist ein Statement an sich und nimmt direkt Bezug auf die wuchtige Aufforderung des heiligen Paulus in Philipper 2.5: »Seid so gesinnt, wie es Christus Jesus war.« Diese Worte rufen uns knapp und bündig dazu auf, das zu tun, was von uns auf diesem Weg erwartet wird: Jesus nicht nur zu bewundern, sondern uns sein Bewusstsein anzueignen.

13. JIM MARION: *Putting on the Mind of Christ,* Charlottesville, VA: Hampton Roads, 2000. Deutsch: *Der Weg zum Christus-Bewusstsein: Eine Landkarte für spirituelles Wachstum in die Tiefe der Seele,* Petersberg: Via Nova, 2003.

Es ist unbestritten, dass das Christentum im Verlauf der vergangenen sechzehn Jahrhunderte den Dingen, die wir *über* Jesus wissen, wesentlich mehr Beachtung geschenkt hat. Im letzten Kapitel sprach ich davon, wie es kam, dass das Wort »orthodox« zunehmend übersetzt wurde als »den richtigen Glauben haben.« In dieser unverhohlenen Aufforderung (zu lernen, welches diese Glaubenssätze sind, und ihnen zuzustimmen) schwingt eine unterschwellige Botschaft mit: nämlich, dass die angemessene Art und Weise, uns mit Jesus in Verbindung zu setzen, in einer Reihe von Überzeugungen liegt. Im fundamentalistischen Christentum ist diese Botschaft sogar noch zugespitzt bis zu dem Punkt, an dem der Glaube im Grunde eine Unterschrift zu werden scheint auf einer gepunkteten Linie unter einer Liste von Glaubensparagrafen. Der Glaube *an* Jesus kann nicht mehr von dem Glauben *über* ihn unterschieden werden.

Doch so funktionierte es damals in der Frühkirche sicherlich nicht – und das kann es auch niemals, wenn das, wonach wir suchen, eine lebendige Beziehung mit diesem Meister der Weisheit ist. Jim Marions Buch bringt uns zur richtigen Fragestellung zurück – zur zentralen Herausforderung, vor die uns das Christentum stellen müsste. Wie können wir die Gesinnung Christi übernehmen? Wie können wir durch seine Augen schauen? Wie können wir durch sein Herz fühlen? Wie können wir lernen, mit derselben Ganzheit und heilenden Liebe auf die Welt zu antworten? Es sind diese Fragen, um die es in der christlichen »Orthodoxie« wirklich geht. Nicht der richtige Glaube steht im Zentrum, sondern die richtige Praxis.

Marion nähert sich dieser Frage aus einer sehr interessanten Perspektive. Er weist darauf hin, dass Jesus in seinen Lehren wiederholt vom »Reich Gottes« spricht. Sie können sich ganz einfach selbst davon überzeugen, indem Sie kurz durch die Evangelien blättern; die Worte springen Ihnen überall entgegen: »Das Reich Gottes ist dieses«, »Das Reich Gottes ist jenes«, »Das Reich Gottes ist in euch«, »Das Reich Gottes ist nah.« Was auch immer dieses Reich Gottes sein mag, auf jeden Fall ist es von grundlegender Bedeutung für das, was Jesus zu lehren versucht.

Was also bedeutet es für uns? Bibelwissenschaftler haben über diese Frage gestritten, seit es Bibelwissenschaftler gibt. Viele Christen, insbesondere diejenigen mit einer eher evangelikalen Überzeugung, nehmen an, dass es sich beim Reich Gottes um den Ort handelt, zu dem man geht, wenn man stirbt – zumindest, wenn man ein guter Mensch gewesen ist. Das Problem bei dieser Interpretation ist allerdings, dass Jesus selbst ihr ausdrücklich widerspricht, indem er sagt: »Das Reich Gottes ist *in euch*« (das heißt: hier) und es ist »*nah*« (das heißt: jetzt). Es ist nicht später, sondern *leichter* – aus einer feineren Qualität oder Erfahrungsdimension, die uns in genau diesem Augenblick zugänglich ist. Wir sterben nicht dort hinein; wir erwachen hinein.

Der andere Ansatz, der von Menschen immer wieder verfolgt wurde, besteht in dem Versuch, das Reich Gottes mit einer irdischen Utopie gleichzusetzen. Das Reich Gottes wäre demnach ein Reich des Friedens und der Gerechtigkeit, in dem die Menschen in Harmonie und einer fairen Verteilung der ökonomischen Güter zusammenleben sollten. Seit Tausenden von Jahren haben Propheten und Visionäre darum gerungen, ihre jeweilige Fassung dieser anderen Art von Reich Gottes zu erschaffen, doch irgendwie scheinen sich diese irdischen Utopien nie sehr lange zu halten. Aber auch diesen Ansatz wies Jesus ausdrücklich zurück. Als seine Anhänger ihn zum Messias ausrufen wollten, zum Göttlich gesalbten König Israels, der das Reich von Gottes Gerechtigkeit auf Erden anbrechen lassen würde, schauderte Jesus davor zurück und machte nachdrücklich und unmissverständlich klar: »Mein Reich ist nicht von dieser Welt.«

Wo also ist es denn dann? Jim Marions wunderbar einsichtiger und zeitgemäßer Vorschlag lautet, dass das Reich Gottes eine Metapher für einen *Bewusstseinszustand* ist; es ist kein Ort, an den man *hingeht,* sondern ein Ort, von dem man *herkommt.* Es ist eine völlig neue Art, die Welt zu sehen, eine transformierte Bewusstheit, die diese Welt buchstäblich in einen anderen Ort verwandelt. Marion sagt insbesondere, dass »das Reich Gottes« der von Jesus bevorzugte Weg ist, einen Zustand zu beschreiben, den wir heutzutage als »non-duales Bewusstsein« oder »vereinigendes Bewusstsein« bezeichnen würden. Das Merkmal dieses Bewusstseins ist, dass es keine Trennung sieht – nicht zwischen Gott und den Menschen und nicht zwischen dem einen und dem anderen Menschen. Und dieses sind in der Tat die beiden Kernlehren Jesu, die allem, was er sagt und tut, zugrunde liegen.

Keine Trennung zwischen Gott und den Menschen. Wenn Jesus über diese Einheit redet, spricht er nicht in einem östlichen Sinn über eine Gleichwertigkeit des Seins, also derart, dass ich in und aus mir Göttlich bin.[14] Was ihm vorschwebt, ist vielmehr ein vollständiges wechselseitiges Innewohnen: Ich bin in Gott, Gott ist in Ihnen, Sie sind in Gott, wir sind ineinander. Sein schönstes Bild dafür finden wir in seinen Lehren bei Johannes 15, wo er sagt: »Ich bin der Weinstock, ihr seid die Reben. Wer in mir bleibt und in wem ich bleibe, der bringt reiche Frucht.« Und ein paar Verse später sagt er: »Wie mich der Vater geliebt hat, so habe auch ich euch geliebt. Bleibt in meiner Liebe!« Obwohl er geltend macht: »Ich und der Vater sind eins« (Johannes 10.30) – eine Erklärung, die für jüdische Ohren dermaßen blasphemisch klingt, dass er beinahe gesteinigt wird –, versteht er dies nicht als sein exklusives Privileg, sondern als etwas, das alle Menschen gemein haben. Aufgrund dieses wechselseitigen Innewohnens, in dem sich die unteilbare Wirklichkeit der Göttlichen Liebe ausdrückt, gibt es keine Trennung zwischen den Menschen und Gott. Wir fließen in Gott ein – und Gott in uns –, weil es das Wesen der Liebe ist zu fließen. Indem wir uns auf diese Weise ineinander hinein geben, schenkt der Weinstock den Reben Leben und Zusammenhalt, während die Reben sichtbar machen, was der Weinstock ist (schließlich bleibt der Weinstock nur etwas Abstraktes, bis er tatsächlich Reben hervorbringt, die seine Wirklichkeit artikulieren). Das Ganze und der Teil leben in gemeinsamer, liebevoller Wechselseitigkeit zusammen, jedes gehört zum anderen, jedes ist auf das andere angewiesen, um die Fülle der Liebe sichtbar werden zu lassen. Das ist die Vision Jesu von der Untrennbarkeit von Menschen und Gott.

Keine Trennung zwischen Mensch und Mensch ist eine ebenso mächtige Idee – und auch genauso schwierig. Eine der bekanntesten Lehren Jesu lautet: »Liebe deinen Nächsten wie dich selbst.« Doch fast immer verstehen wir das falsch. Wir hören: »Liebe deinen Nächsten *so sehr* wie dich selbst« (und dann heißt die nächste Frage logischerweise: »Aber muss ich nicht zuerst einmal mich selbst lieben, bevor ich meinen Nächsten lieben kann?«). Wenn Sie ganz genau hinhören, was Jesus hier lehrt, gibt es da kein »so sehr«. Es heißt einfach: »Liebe deinen Nächsten *wie* dich selbst«[15] – als eine Erweiterung Ihres eigenen Wesens. Es ist ein vollkommenes

14. Der klassische Ausdruck dieser Vorstellung lautet etwa in der hinduistischen Lehre: »Atman ist Brahman«, das heißt, das verwirklichte Selbst ist an sich das transzendente Bewusstsein, das Absolute.

15. Das englische *as yourself* lässt sich auch mit »*als* dich selbst« übersetzen [A.d.Ü.].

Erkennen, dass Ihr Nächster Sie ist. Es gibt keine zwei Individuen dort draußen, von denen eines versucht, sich auf Kosten des anderen zu bessern oder seine Nächstenliebe auf das andere auszudehnen; da sind einfach zwei Zellen des einen großen Lebens. Beide sind gleich wertvoll und notwendig. Und wenn diese beiden Zellen ineinanderfließen und dieses eine Leben inwendig erfahren, entdecken sie, dass »füreinander sein Leben hingeben« keinen Verlust des eigenen Selbsts darstellt, sondern vielmehr dessen riesige Ausdehnung – weil die unteilbare Wirklichkeit der Liebe das einzige wahre Selbst ist.

Dies sind die zentralen Punkte einer sehr radikalen Lehre – nicht nur ihrer damaligen Zeit um Lichtjahre voraus, sondern auch der unsrigen. Um zu demonstrieren, *wie weit* voraus, macht Jim Marion von einer hilfreichen schematischen Darstellung Gebrauch, für die Ken Wilber, einer der größten heutigen Philosophen, den Weg bereitet hat. Wilber lehrt, dass das menschliche Bewusstsein sich entlang eines neunstufigen Kontinuums erstreckt,[16] angefangen vom archaischen Bewusstsein von Kindern und den Menschen der Steinzeit bis hin zu den höchsten Zuständen des non-dualen Bewusstseins, der vollständigen Erleuchtung des *ihidaya* (oder Vereinten), über den wir im letzten Kapitel gesprochen haben. Zu Zeiten Jesu befanden sich die meisten Menschen in etwa auf Stufe drei, beziehungsweise auf der Stufe eines »mythischen« Bewusstseins; ihr Identitätsgefühl orientierte sich kollektiv an der Zugehörigkeit zu einer bestimmten Stammesgruppe. Heute hat eine größere Anzahl von Menschen die Stufe vier oder ein »rationales« Bewusstsein erreicht und einige wenige sogar die Stufe fünf oder ein »pluralistisch-visionäres« – obwohl im Fall von Angst oder Ungewissheit sich die primitivere Gruppenmentalität schnell wieder

16. Die Vorstellung von Bewusstseinsstufen ist ein Kernbaustein der Philosophie von Ken Wilber, die er in mehreren seiner Bücher darlegt, von *Up from Eden* aus dem Jahr 1981 [Deutsch: *Halbzeit der Evolution,* 1984] bis zu *Integral Spirituality* von 2006 [*Integrale Spiritualität,* 2007]. In dieser Zeit haben sich seine Ideen unvermeidlich weiterentwickelt, und das von ihm heute bevorzugte Schema unterscheidet sich ein bisschen von demjenigen Jim Marions aus dem Jahr 2000. Die neun Stufen sind geblieben, doch identifiziert sie Ken Wilber heute mittels Farben statt mittels beschreibender Begriffe – eine Änderung als Folge der jüngeren gegenseitigen Befruchtung zwischen seinem eigenen Werk und der Spiral-Dynamics-Entwicklungstheorie. Die Bewusstseinsebenen der »dritten Stufe«, die Marion als »fein(stofflich)«, »kausal« und »non-dual« bezeichnet, sind bei Wilber heute »violett«, »ultraviolett« und »klares Licht«.

behauptet. Man versteht also die Herausforderung, damals wie heute. Nach Marions Ansicht kam Jesus als ein Meister des nondualen Bewusstseins – wahrscheinlich als der erste, den der Westen jemals gesehen hatte – und rief die Menschen zu einer radikalen Transformation des Bewusstseins auf, und zwar zu einem mindestens sechs Stufen höher liegenden als ihres, also noch immer vier oder fünf über unserem heutigen. Kein Wunder also, dass es so schwierig ist, die Erhabenheit seiner Lehren zu erfassen!

Doch die Tatsache, dass er dazu aufrief – und es noch immer tut, falls wir lernen, uns für seine andauernde Präsenz zu öffnen –, legt nahe, dass diese Transformation für die Menschen möglich und auch beabsichtigt ist. Und sehr wahrscheinlich gibt es in seiner Lehre etwas, das dazu beiträgt, dass diese Stufen sich schnell entfalten, und zwar eher in einer geometrischen als in einer linearen Aufeinanderfolge. Wie Jesus sagt: »Kommt und seht!« Jedenfalls ist das Reich Gottes seine Lieblingsmetapher für ein Leben, das aus diesem transformierten Bewusstsein heraus geführt wird. Es ist die Welt, die wir ins Sein bringen, wenn wir mit dem Blick der Ungeteiltheit schauen. Und sie existiert tatsächlich. Sie ist nicht nur eine Metapher, sondern eine Verklärung *dieses* Reichs durch die Kraft der Einheit.

Das egoische Betriebssystem

Ich möchte noch etwas tiefer auf diese ergiebige Vorstellung von Jesus als Meister des Bewusstseins eingehen und mich ihr dieses Mal aus einem etwas anderen Blickwinkel nähern, und zwar mit Hilfe einer Metapher aus unseren Tagen. Etwas, das ich am Computerzeitalter am meisten schätze, ist, dass es uns mit einem ganzen Sortiment neuer und wunderbarer Sinnbilder versorgt, mit denen wir das spirituelle Leben betrachten können. Hier also eine Computer-Metapher: Wir Menschen kommen mit einem ganz bestimmten vorinstallierten Betriebssystem ins Dasein. Und wir können uns dazu entscheiden, es aufzurüsten.

Bei dem System, das wir in uns tragen, handelt es sich um ein binäres Betriebssystem, das seine Leistung auf der Basis von »entweder / oder« erbringt. Leute nennen es häufig »das Ego«, doch in meiner Metapher möchte ich aufgrund seines offensichtlichen Dualismus vom »egoischen Betriebssystem« reden; der »binäre

Operator«, wie er bezeichnet wird, ist tief in die Struktur des menschlichen Gehirns eingepflanzt.[17] Das egoische Betriebssystem ist eigentlich eine Grammatik der Wahrnehmung, also eine Art, der Welt Sinn abzuringen, indem unser Umfeld in Subjekt und Objekt, Innen und Außen zerlegt wird – und eine der wichtigsten Aufgaben der frühen Kindheit liegt darin, dieses Betriebssystem richtig bedienen zu lernen. Als meine Enkeltochter anderthalb Jahre alt war, konnte sie bereits das Lied »Eines dieser Dinge ist nicht wie die anderen« aus der *Sesamstraße* mitsingen und die Katze zwischen den drei Hunden herausfinden. Natürlich begriff sie nicht, dass es sich dabei um eine Grundübung für ihr egoisches Betriebssystem handelte, das aufgrund von Unterscheidung wahrnimmt. Inwiefern ist ein Hund nicht wie eine Katze? Was unterscheidet einen Tisch von einem Stuhl? Welche besonderen Eigenschaften machen ein Ding einmalig? So funktioniert dieses System.

Wenn wir uns unserer Identität unter Anwendung dieses egoischen Betriebssystems bewusst werden, erfahren wir uns selbst als eine Person mit charakteristischen Eigenschaften und Attributen. Wenn wir uns jemandem vorstellen, beginnen wir normalerweise mit einer Aufzählung solcher Merkmale: »Ich bin vom Sternzeichen Fische, eine Nummer sechs auf dem Enneagramm, ein Mensch, der das Meer liebt, eine Episkopalierin, eine Priesterin.« Wir identifizieren uns, indem wir uns unserer Merkmale bedienen, jener Liste dessen, was uns einmalig und besonders macht. Und natürlich trennt dieselbe Liste andere Menschen von mir; sie sind draußen, ich bin drinnen. Mit diesem Betriebssystem erfahre ich mich als einen von anderen unterschiedenen und fixen Identitätspunkt, der besondere Eigenschaften und Lebenserfahrungen »hat«, und es sind diese Dinge, die mich zu der machen, die ich bin. So stellt

17. Für einen exzellenten Überblick über den heutigen Stand der Neurowissenschaft und ihre Implikationen für die spirituelle Transformation bin ich meinem Bruder John K. Simmons, dem Vorsitzenden der Fakultät für Religion an der Western Illinois University, zu großem Dank verpflichtet; er stellte mir seine Abhandlung mit dem Titel "Neurotheology and Spiritual Transformation: Clues in the Work of Joel Goldsmith" zur Verfügung. Andrew Newberg und Eugene D'Aquili waren die Ersten, die den binären als einen der beiden wichtigen kognitiven Operatoren im Gehirn identifizierten. Seine Rolle besteht darin, »komplexe hereinkommende Reize in grundlegend polaren Gegensätzen anzuordnen.« Ihre Untersuchung wurde im Mai 2001 als Titelstory des Magazins *Newsweek* unter der Überschrift "God and the Brain: How We're Wired for Spirituality" in der breiten Öffentlichkeit zum Gesprächsthema.

sich das Leben dar, wenn wir es durch die Linse des egoischen Betriebssystems betrachten. Es denkt in Begriffen von gut und schlecht, richtig und falsch, vorher und nachher, oben und unten. Und es vermittelt uns ein zuverlässiges Gefühl, diejenige Person zu sein, die im Zentrum all dieser Dualität steht, die von innen her ihre Erlebnisse meistert.

Eine eindrückliche visuelle Vorstellung davon, worum es bei diesem Betriebssystem geht, wurde mir kürzlich an Bord eines kleinen Propellerflugzeugs geboten, das mich auf der letzten Teilstrecke meines Heimflugs von Seattle zurück nach Aspen, Colorado, beförderte. Wir gingen kurz nach Sonnenuntergang an Bord, und als das Flugzeug das Gate verließ, brachte der Pilot die Maschine auf Touren und ein Landelicht leuchtete auf. Als dieses Licht auf den Bogen des sich schnell drehenden Propellerblattes traf, breitete sich plötzlich direkt vor meinem Kabinenfenster ein goldener Kreis aus – ein Ring oder eine Scheibe mit Tiefe, Ausdehnung, Dichte und Festigkeit. Ich musste mir aktiv in Erinnerung rufen, dass dem eben nicht so war. Es handelte sich lediglich um eine Spiegelung, erzeugt von einem sich sehr schnell drehenden und von hinten angeleuchteten Rotorblatt.

Mit unserem vom egoischen Betriebssystem generierten Identitätsbewusstsein ist es genau dasselbe, und die großen religiösen Traditionen haben schon immer darauf hingewiesen: Es ist eine Spiegelung, ein Trugbild. Es gibt kein solches Selbst. Es gibt kein kleines Selbst, kein egoisches Wesen, nichts, was von allem anderen getrennt wäre, was über Inneres und Äußeres verfügte, was Erfahrungen hätte. All diese Eindrücke sind lediglich eine Funktion eines Betriebssystems, das die Welt in kleine Stückchen aufteilen muss, um sie erfassen zu können. Wie die großen Weisheitslehrer und -lehrerinnen aller spiritueller Traditionen fordert Jesus uns auf, die Illusionen hinter uns zu lassen: »Hey, ihr könnt euer Betriebssystem aufrüsten. Und wenn ihr das tut, wird das Leben ganz anders aussehen.«

Später werde ich auf die Frage zurückkommen, warum wir Menschen überhaupt mit diesem vorinstallierten Betriebssystem ins Dasein zu kommen scheinen. Ich glaube, es ist von wirklicher Bedeutung für die kosmische Rolle, die wir spielen sollen; es ist kein Fehler. Aber für den Augenblick belassen wir es bei der Feststellung, dass die meisten Menschen darin steckenbleiben. So glauben wir zu sein. Auf Basis dieses Betriebssystems gehen wir durch unser Leben und nehmen die Welt »da draußen« wahr, reagieren auf sie und versuchen, sie zu meistern. Es ist, wie in einem Trugbild verloren zu gehen. Ein auf Dualität basierendes System kann unmöglich die Einheit wahrnehmen; es kann nichts jenseits seiner selbst erschaffen – nur noch mehr Dualität und noch mehr Schwierigkeiten. Und so nimmt das Drama immer weiter seinen Lauf.

Doch falls wir uns dafür entscheiden, verfügen wir über die Fähigkeit, zu einer völlig anderen Basis des Wahrnehmens zu wechseln. Wir kommen in dieses Leben mit einem weiteren, noch in Wartestellung verharrenden Betriebssystem, und wenn wir uns in diese Richtung bewegen wollen, können wir lernen, mit diesem anderen Betriebssystem zu steuern, zu verstehen und schließlich darin unser tiefstes Identitätsgefühl zu entdecken.

Mit dem Auge des Herzens sehen

Dieses andere Betriebssystem (wir können es das »non-duale« oder das »einende System« nennen) ist das Betriebssystem des Herzens. Das egoische System ist ganz besonders mit dem Verstand verbunden, mit dem »binären Operator«, der direkt im menschlichen Gehirn verbaut ist. Das Herz nimmt auf eine andere Art wahr. Anstatt zu zerlegen und zu unterwerfen, verbindet es sich mit einer nahtlosen und unteilbaren Wirklichkeit, indem es das Informationsfeld auf eine vollkommen andere Weise ordnet. Es ist an uns, das System zu wählen.

Lassen Sie uns ein wenig über dieses andere System sprechen, zu dessen Beschreibung ich das Wort »Herz« gewählt habe. Da dieser Begriff bei uns im Westen üblicherweise sehr klischeehaft und sentimental besetzt ist, bedarf er wahrscheinlich einer gewissen Dekonditionierung. Wir spielen das Herz gern gegen den Verstand aus, sodass wir eine Person als »kopflastig« bezeichnen, wenn sie zu intellektuellem Denken neigt, und eine andere »Herzensmensch« nennen, wenn sie eher gefühlsbetont ausgerichtet ist. Fast immer setzen wir das Herz mit dem Zentrum unseres persönlichen Gefühlslebens gleich. Doch dies entspricht nicht der Anschauung der Weisheitstradition. Gemäß der Weisheit ist das Herz vor allem ein *Organ der spirituellen Wahrnehmung,* ein höchst sensibles Instrument, das uns auf unserer Reise entlang der horizontalen Achse unserer Lebenszeit senkrecht auf die Vertikale der zeitlosen Wirklichkeit ausgerichtet hält: auf den Bereich von Bedeutung, Wert und Bewusstsein. Das Herz erfährt die Wirklichkeit auf eine viel tiefergehende und vollständigere Art, als es sich unser armseliges kartesisches Denken auch nur vorzustellen vermag. Der zeitgenössische Sufi-Lehrer Kabir Helminski steuert die folgende Definition bei, die auf wunderbar präzise Art zusammenfasst, was die universelle Weisheit schon immer über das Herz wusste:

> Wir verfügen über feine unterbewusste Fähigkeiten, die wir nicht nutzen. Jenseits unseres begrenzten analytischen Verstandes liegt ein unermesslicher Bereich des Geistes, der mediale und übersinnliche Möglichkeiten einschließt: Intuition, Weisheit, ein Einheitsgefühl, ästhetische, qualitative und kreative Fähigkeiten sowie Kapazitäten der Vorstellungskraft und der Symbolik. Obwohl diese Fähigkeiten so zahlreich sind, geben wir ihnen aus gutem Grund nur einen einzigen Namen, weil sie nämlich im Zusammenspiel am besten funktionieren. Sie beinhalten einen Geist, und darüber hinaus, in spontaner Verbindung mit dem kosmischen Geist, jenen vollständigen Geist, den wir »Herz« nennen.[18]

Unser Herz ist in der Lage, subtile Signale aus allen Ebenen der Wirklichkeit aufzunehmen, nicht nur aus dem, was sich im Rationalen abspielt. Davon ist der Intellekt natürlich ein Teil, doch der gesamte Wahrnehmungsbereich geht weit über das Rationale hinaus. Das Herz bedient sich aus den Gefühlen, aus unserem Sinn für Verhältnisse, aus der Intuition, aus Bildern und aus Archetypen. Am wichtigsten ist aber – wie wir in Kapitel 1 gesehen haben –, dass es uns auf unser Innerstes ausrichtet, auf das, was wir wirklich wissen.

Anders als das egoische Betriebssystem, erfasst das Herz nicht durch Unterscheidung. Es teilt das Wahrnehmungsfeld nicht in Inneres und Äußeres auf, nicht in Subjekt und Objekt. Vielmehr erfasst es mittels Harmonie, so wie wenn wir die Note G erklingen hören und sogleich auch ein D und ein H wahrnehmen, welche zusammen einen Akkord bilden und sie in ein Ganzes einfügen. Ist in einem Menschen die Herzensaufmerksamkeit erst einmal voll-

18. Kabir Helminski: *Living Presence: A Sufi Way to Mindfulness and the Essential Self*, New York: Jeremy Tarcher, 1992, Seite 157.

ständig ausgebildet, wird er oder sie aus einem non-dualen Bewusstsein heraus agieren. Doch dieses ist nicht nur einfach eine höhere Stufe desselben alten Verstandes: Es ist ein völlig neues Betriebssystem! Die Person schaut tatsächlich aus einer Perspektive der Ungeteiltheit – und so, wie von Jesus gefordert, gibt es keine Trennung mehr zwischen Gott und Menschen oder zwischen Menschen und anderen Menschen, und zwar weil Trennung in diesem neuen Betriebssystem kein Faktor ist. Trennung ist nun für die Wahrnehmung nicht länger notwendig und fällt ganz einfach ab – wie Schuppen von den Augen.

Dies erscheint mir als eine sehr fruchtbare Annäherung an die Lehren Jesu. »Selig sind, die reinen [das heißt: ungeteilten] Herzens sind; denn sie werden Gott schauen«, sagt er in den Seligpreisungen; aber wer hätte schon geglaubt, dass er hier nicht über die Verbesserung der Tugendhaftigkeit spricht, sondern über die Aufrüstung unseres Betriebssystems! Und doch scheint die Metapher zu funktionieren und mit seinem Anliegen prinzipiell übereinzustimmen. Seine ganze Mission kann grundsätzlich als der Versuch gesehen werden, die Menschen über den »begrenzten analytischen Intellekt« ihres egoischen Betriebssystems in den »unermesslichen Bereich des Geistes« hinaus zu drängen, zu sticheln, zu entrüsten und zu reden, wo sie die notwendigen Mittel entdecken werden, um in Furchtlosigkeit, Verbundenheit und Mitgefühl zu leben – mit anderen Worten: als wirkliche Menschen.

Eine interessante Bestätigung hierfür erhalten wir von unerwarteter Seite. In Verbindung mit den Lehren Jesu werden Sie häufig hören, dass er auf diese Erde kann, um uns zur Reue oder Buße aufzufordern. In unserem christlichen Wörterbuch, insbesondere in evangelikalen und fundamentalistischen Lagern, ist »Buße« ein überaus populärer Begriff – »Tuet Buße, denn der Tag des Herrn ist nahe.« Aber was bedeutet dieses Wort eigentlich? Die Antwort könnte Sie überraschen.

Das griechische Wort, das hier übersetzt ist, lautet *metanoia*. Und nun raten Sie mal! Es bedeutet nicht, dass es uns leidtut, dass wir etwas Schlechtes getan haben. Es bedeutet noch nicht einmal, dass wir »die Richtung wechseln, in der wir nach Glückseligkeit Ausschau halten«, wie es häufig übersetzt wird.[19] Buchstäblich teilt sich das Wort auf in *meta* und *noia* und bedeutet, je nach dem, wie

19. Dies ist die von Thomas Keating bevorzugte Interpretation in seinen vielen Lehren über das Gebet der Sammlung und die spirituelle Reise.

man *meta* übersetzt (es kann entweder die Präposition »jenseits« oder das Adjektiv »groß« sein), »jenseits des Verstandes gehen« oder »in den großen Verstand gehen.«[20] Die Buße, von der Jesus wirklich spricht, bedeutet, über unser kleines egoisches Betriebssystem hinauszugehen, das sagt: »Ich denke, also bin ich«, und stattdessen das andere – das große – auszuprobieren, das sagt: »Ich bin, deshalb denke ich.«

Manchmal scherze ich mit meinen Studentinnen und Studenten des Gebets der Sammlung, wenn sie sich hinsetzen, um zwanzig Minuten zu meditieren, und sage ihnen, dass sie nun eigentlich eine Bußübung praktizieren. Wenn man das Wort »Metanoia« in diesem alternativen Sinn versteht, ist dem tatsächlich so. Sie bewegen sich über ihr Denken hinaus, hinein in den größeren Verstand. Und Jesus, der Meister der Buße, leitet sie dorthin.

Christen sind es im Allgemeinen nicht gewohnt zu hören, dass es Jesus in Tat und Wahrheit um die Transformation unseres Betriebssystems geht. Zugegebenermaßen ist es auch ein eher ungewöhnlicher Umgang mit dem Thema. Aber eines seiner herausfordernden Gleichnisse spricht über dieses Aufeinanderprallen der Betriebssysteme auf eine Art, die schlichtweg unmissverständlich ist: die Arbeiter im Weinberg (Matthäus 20.1–15). Fast alle Christen, denen ich begegnet bin, fanden, dass dieses Gleichnis die mit Abstand am schwierigsten zu verstehende und zu akzeptierende Lehre Jesu sei. Wenn Sie es lesen, wissen Sie, warum:

> Denn mit dem Himmelreich ist es wie mit einem Gutsbesitzer, der früh am Morgen hinausging, um Arbeiter für seinen Weinberg anzuwerben. Er einigte sich mit den Arbeitern auf einen Denar für den Tag und schickte sie in seinen Weinberg. Um die dritte Stunde ging er wieder hinaus und sah andere auf dem Markt stehen, die keine Arbeit hatten. Er sagte zu ihnen: »Geht auch ihr in meinen Weinberg! Ich werde euch geben, was recht ist.« Und sie gingen. Um die sechste und um die neunte Stunde ging der Gutsherr wieder hinaus und machte es ebenso. Als er um die elfte Stunde noch einmal hinausging, traf er wieder einige, die dort standen. Er

20. Für diesen Einblick danke ich Marcus Borg, der ihn erstmalig anlässlich eines Gesprächs während Exerzitien in Portland, Oregon, im Januar 2002 einbrachte, an denen wir beide teilnahmen. Er entwickelte ihn weiter in seinem Buch *The Heart of Christianity*, San Francisco: HarperSanFrancisco, 2003, Seite 180.

> sagte zu ihnen: »Was steht ihr hier den ganzen Tag untätig?« Sie antworteten: »Niemand hat uns angeworben.« Da sagte er zu ihnen: »Geht auch ihr in meinen Weinberg!« Als es nun Abend geworden war, sagte der Besitzer des Weinbergs zu seinem Verwalter: »Ruf die Arbeiter und zahl ihnen den Lohn aus, angefangen bei den Letzten, bis hin zu den Ersten!« Da kamen die Männer, die er um die elfte Stunde angeworben hatte, und jeder erhielt einen Denar. Als dann die Ersten kamen, glaubten sie, mehr zu bekommen. Aber auch sie erhielten einen Denar. Als sie ihn erhielten, murrten sie über den Gutsherrn und sagten: »Diese Letzten haben nur eine Stunde gearbeitet und du hast sie uns gleichgestellt. Wir aber haben die Last des Tages und die Hitze ertragen.« Da erwiderte er einem von ihnen: »Freund, dir geschieht kein Unrecht. Hast du nicht einen Denar mit mir vereinbart? Nimm dein Geld und geh! Ich will dem Letzten ebenso viel geben wie dir. Darf ich mit dem, was mir gehört, nicht tun, was ich will? Oder ist dein Auge böse, weil ich gut bin?«

Vielleicht mehr als jede andere Lehre in den Evangelien scheint dieses Gleichnis jedweder Logik und dem gesunden Menschenverstand zuwiderzulaufen. Die Leute erklären einmütig: »Das ist nicht fair!« Und tatsächlich hörte ich sogar einmal einen Priester, der seine Predigt mit den Worten begann: »Im Evangelium ist das alles gut und schön, doch im *wirklichen* Leben verdienen die Menschen einen gerechten Lohn.« Doch aus dem Blickwinkel des Bewusstseinstrainings fängt es durchaus an, Sinn zu machen. Es ist möglicherweise das Koan-ähnlichste Gleichnis Jesu: Solange Sie das egoische Betriebssystem nutzen, werden Sie es nicht verstehen können. Sie werden die Handlungen des Besitzers als unfair erachten, da Sie in den Kategorien von mehr oder weniger, besser oder schlechter, Erster versus Letzter rechnen. Und das ist eine Funktion des Betriebssystems, das Sie verwenden. Das binäre Denken nimmt immer mit einem Sinn für Knappheit oder Mangel wahr und behält durch Vergleich und Gegensatz den Überblick über den Punktestand. Wenn uns eine Situation als ungerecht erscheint, ist dies ein unfehlbarer Lackmustest dafür, dass wir noch immer in unserem binären Denken verharren.

Die einzige Möglichkeit, dieses Gleichnis zu »knacken«, liegt im Perspektivwechsel, durch den Sie das Glas als halb voll und nicht als halb leer sehen. Wenn Sie sich der Geschichte aus der Perspektive der Fülle nähern, werden Sie erkennen, dass genug für alle da ist, dass das Gute jedem gewährt wurde und dass es die ganze Zeit über nie um einen Wettbewerb gegangen ist, sondern um eine Einladung zu Teilhabe und Austausch. Diese Art der Betrachtung ist jedoch nur innerhalb dieses anderen Betriebssystems möglich, in der non-dualen, direkten inneren Erkenntnis des Herzens. Das Gleichnis beinhaltet tatsächlich eine ernste Warnung, dass das, was Jesus im Schilde führt, weitaus subversiver ist als: »Jesus ist nett, und er will, dass auch wir nett sind.« Wie jeder gute Zen-Meister ist er darauf aus, unsere mentalen Schaltkreise komplett kurzzuschließen, damit wir auf einen ganz neuen Weg des Sehens und Seins katapultiert werden.

Wenn dies bereits an sich zu Verunsicherung führt, ist das, was daraus folgt, noch weitaus beunruhigender: Bis dieses Umdenken nämlich stattgefunden hat, ist es quasi unmöglich, die Lehren, die Jesus uns gebracht hat, zu leben. Ich würde sogar so weit gehen zu sagen, es ist vollkommen unmöglich. Eines der Gebiete, auf denen die Christen sich traurigerweise selbst getäuscht haben, ist, so glaube ich, dass sie meinen, eine Konzession auf die Evangelien zu haben, dass sie wüssten, »wo es langgeht.« Aber wir haben es mit einer sehr, sehr anspruchsvollen Lehre zu tun. Jesus war wahrscheinlich der erste in den Ländern des Nahen Ostens, der dieser non-dualen oder vereinenden Lehre Form gab. Und wir haben sie von jeher unterschätzt. Das Dilemma besteht für die meisten Christen darin, dass sie versuchen, eine nicht-dualistische Lehre mit einem dualen Verstand zu leben. Solange wir nicht fähig sind, unser Betriebssystem (sowohl individuell als auch gemeinschaftlich) zu wechseln, werden wir uns immer in einem Zustand der Scheinheiligkeit und des Burnouts befinden.

Ich kannte einmal einen anglikanischen Priester, der an der vordersten Front der Bürgerrechtsbewegung in Philadelphia kämpfte, ein unermüdlicher Verfechter der Rassengleichheit. Dennoch schlief er in seinem Haus im Westen Philadelphias mit einem Baseballschläger neben dem Bett, damit keiner von *denen* einbrechen und seinen Besitz stehlen könne. Wir alle im Christentum leben in dieser herzzerreißenden Heuchelei, wenn die Lehre uns schließlich doch in einer Staubwolke zurücklässt. Wie können wir sterben, bevor wir sterben? Wie können wir unsere Nächsten lieben wie uns selbst? Wir können wir die Kluft überbrücken zwischen dem, woran wir glauben, und dem, was wir tatsächlich leben? Ich glaube, dass Jesus uns tatsächlich einen Weg gezeigt hat, der uns über diese Kluft bringt. Wir werden uns diesem Weg auf den folgenden Seiten widmen; er ist es, worum es in diesem Buch eigentlich geht. Aber Aufrichtigkeit beginnt mit dem Eingestehen dieser Kluft. Der Versuch, sie, wie so vieles im Christentum, zu verschleiern – oder zu denken, dass wir etwas, nur weil wir daran glauben oder darüber predigen oder wissen, wo es in den Evangelien geschrieben steht, auch entsprechend leben könnten –, führt uns lediglich immer weiter in die Verleugnung. Diesen Weg sind bisher nur sehr wenige Erleuchtete zu Ende gegangen: die heiligen Franziskusse dieser Welt. Und wenn er beschritten wird, geschieht dies immer auf dieselbe Weise: indem es irgendwie angestellt wird, gänzlich durch das egoische Betriebssystem mit seiner impliziten Starrheit und Angst hindurchzufallen, hinein in die Fülle der Liebe, die wir nur im Herzen und durch das Herz erfahren können. Wie wir dies zu tun vermögen, soll sich vom nächsten Kapitel an entfalten.

4

Der Weg der Metanoia

TUET BUSSE UND BEREUT, DENN DAS ENDE DER WELT IST nahe! In unserem christlichen Vokabular ist »Buße« ein Begriff, den wir extensiv verwenden und womit in der Regel gemeint ist, dass wir unsere Sünden beichten, also eingestehen sollen, wie weit wir vom Kurs abgekommen sind, und versprechen, umzukehren und unser Leben neu auszurichten. Doch wie bereits im vorangegangenen Kapitel gesagt, bedeutet das Wort »Metanoia«, das üblicherweise als »Buße« übersetzt wird, wörtlich, »jenseits des Verstandes«, »über den Verstand hinaus« oder »in den großen Verstand oder Geist« zu gehen. Es meint also, dem Bereich des egoischen Betriebssystems zu entkommen, das aufgrund seiner inneren Verkabelung die Welt stets in Kategorien polarer Gegensätze wahrnimmt, und sich stattdessen in die non-duale direkte innere Erkenntnis des Herzens zu begeben, das aus einer Perspektive der

Ganzheit heraus begreift und lebt. Dies ist die zentrale Botschaft Jesu. Darum geht es beim Reich Gottes. »Lasst uns in den größeren Geist kommen«, sagt er. »So sieht das aus. So könnt ihr es tun. Und ich werde euch dabei helfen...«

Mir ist durchaus bewusst, dass diese Interpretation der Lehren Jesu wahrscheinlich nicht diejenige ist, mit der Sie in der Sonntagsschule aufgewachsen sind. Deswegen möchte ich nun einige der uns so vertrauten Aussagen Jesu – jene, die wir als Kinder gelernt haben – noch einmal ganz genau untersuchen und schauen, ob wir nicht einen anderen Klang heraushören können, wenn wir uns ihnen nicht als einer Art kleiner Moralpredigten nähern, sondern als radikalen Aufrufen zur Transformation unseres Bewusstseins. Wir werden mit den geläufigsten dieser Lehren beginnen und uns danach auf weniger bekanntes Terrain trauen.

Die Seligpreisungen (Matthäus 5.1–21)

Falls Sie als Christ erzogen wurden, sind Sie mit den Seligpreisungen wahrscheinlich vertraut. Diese gehören zu den »top Drei« der Texte, die Sie in der Sonntagsschule auswendig lernen mussten (zusammen mit den Zehn Geboten und dem dreiundzwanzigsten Psalm). Die acht kurzen Aussprüche (»Seligpreisungen« genannt, weil sie alle mit der Wendung »Gesegnet sind...« beginnen) legen die wesentlichen Lehren Jesu in einem wunderbar konzentrierten und überzeugenden Format dar. Seltsamerweise sind sie unter all seinen Lehren die von den Kirchenvätern und Theologen am *wenigsten* kommentierten[21] – sehr wahrscheinlich, wie wir noch sehen werden, weil es sich hierbei ganz offensichtlich um nonduale Lehren höchsten Ranges handelt, und der Großteil der Kirche ist dort einfach noch nicht angekommen. Lassen Sie uns nun über jede einzelne der Seligpreisungen nachdenken.

»Selig sind, die da geistlich arm sind; denn ihrer ist das Himmelreich.«[22] Aus dem Blickwinkel der Weisheit (das heißt, vom Stand-

21. Diese Information verdanke ich Richard Rohr, der sie anlässlich einer von uns gemeinsam geleiteten Konferenz vom 3. bis 5. Mai 2006 in Pembroke, Ontario, erwähnte. Soweit ich weiß, ist seine eigene diesbezügliche Informationsquelle Karl Rahner, der römisch-katholische Theologe aus dem zwanzigsten Jahrhundert.

22. Zitiert nach der Lutherbibel.

punkt der Bewusstseinstransformation her betrachtet) ist mit »geistlich arm« eine innere Haltung der Empfänglichkeit und Offenheit gemeint, und damit »gesegnet« ist man, weil es nur in diesem Zustand möglich ist, irgendetwas zu empfangen. Es gibt eine wunderbare Zen-Geschichte, die diese Lehre sehr genau interpretiert: Ein junger Suchender, der darauf erpicht ist, Student eines bestimmten Meisters zu werden, wird zu einem Gespräch in dessen Haus eingeladen. Der Student schwafelt über all seine spirituellen Erfahrungen, seine bisherigen Lehrer, seine Einblicke, Fähigkeiten und Lieblingsphilosophien. Der Meister hört ihm schweigend zu und beginnt damit, eine Tasse Tee einzuschenken. Er gießt und gießt, und auch als die Tasse längst am Überlaufen ist, schenkt er weiter Tee ein. Irgendwann realisiert der Student, was da vor sich geht, und unterbricht seinen Monolog mit den Worten: »Haltet ein! Die Tasse ist längst voll.« Der Lehrer antwortet: »Ja, genau wie du. Wie könnte ich dich etwas lehren?«

Um dieses Prinzip geht es in der ersten Seligpreisung. Der zeitgenössische christliche Mystiker Thomas Merton beschrieb in einem seiner schönsten Einblicke: »Im Zentrum unseres Seins ist ein Punkt des Nichts, der von Sünde und Illusion unberührt ist, ein Punkt reiner Wahrheit, ein Punkt jenes Funkens, der ganz und gar Gott gehört.«[23] Seit Menschengedenken beharrt die Weisheitslehre darauf, dass wir nur durch diesen Punkt des Nichts in den größeren Geist eintreten können. Solange wir mit uns selbst angefüllt sind, kommen wir nicht weiter.

»Selig sind, die da Leid tragen; denn sie sollen getröstet werden.« Vom Weisheitsblickwinkel aus wird in dieser zweiten Seligpreisung im Wesentlichen von der Verwundbarkeit und vom Fließen gesprochen. Wenn wir leiden (und wir sprechen hier über wirkliches Leid, nicht über ein Beklagen oder Selbstmitleid), befinden wir uns im freien Fall; unser Herz sehnt sich, streckt sich nach etwas, was wir scheinbar verloren haben, aber nicht aufhören können zu lieben. Zu leiden bedeutet per Definition, zwischen zwei Welten zu leben. »Üben Sie die Wunde der Liebe«, schreibt Ken Wilber in *Grace and Grit,* seiner fesselnden persönlichen Geschichte über Verlust und Transformation. »Wahre Liebe schmerzt; wahre Liebe macht Sie absolut verletzlich und offen; wahre Liebe wird Sie weit

23. THOMAS MERTON: "A Member of the Human Race" in: *A Thomas Merton Reader,* herausgegeben von Thomas McDonnell, New York: Image Books, 1996, Seite 347.

über Sie selbst hinaustragen; und deshalb wird wahre Liebe Sie verwüsten.«[24] Leiden ist tatsächlich eine brutale Form von Leere. Doch wenn wir offen bleiben können, werden wir in dieser Leere entdecken, dass ein mysteriöses »Etwas« sich tatsächlich zu uns zurückstreckt, um uns zu trösten; die Ranken unseres eigenen Schmerzes, die sich ins Unbekannte hinauswinden, verflechten sich mit einer größeren Liebe, welche alle Dinge zusammenhält. Zu leiden heißt, die Substanz Göttlichen Mitgefühls direkt zu berühren. Und so, wie Eis schmelzen muss, bevor es anfangen kann zu fließen, müssen auch wir flüssig werden, bevor wir in den größeren Geist einfließen können. Tränen sind eine klassische spirituelle Art, dies zu tun.

Mit *»Selig sind die Sanftmütigen; denn sie werden das Erdreich besitzen«* wird die dritte Seligpreisung normalerweise wiedergegeben. Eine bessere Übersetzung ist: »Selig sind die Sanften«, oder vielleicht noch besser: »Selig sind die Gezähmten.« Erinnern Sie sich an die schöne Stelle im *Kleinen Prinzen,* wo der Prinz fragt: »Was bedeutet es, etwas zu zähmen?« Der Fuchs antwortet: »Es bedeutet, eine Bindung einzugehen. Wenn du mich zähmst, bist du für mich verantwortlich, und ich bin von dir abhängig, weil du mich gezähmt hast.«[25] Das ist das Feld, auf dem diese Seligpreisung spielt. Gesegnet sind diejenigen, die spirituell »domestiziert« wurden: jene, welche in sich die wilde animalische Energie, die Leidenschaften und die Zwänge unserer niederen Natur gezähmt haben. Im Thomasevangelium hören wir diesen Vorgang beschrieben als »den Löwen fressen« – da der Löwe ansonsten uns frisst! Nur wenn wir mit unseren animalischen Instinkten und dem uns beherrschenden Gefühl von Angst und Mangel, das aus unserem egoischen Betriebssystem auftaucht, ehrlich gearbeitet haben, sind wir wahrhaft in der Lage, die Erde zu erben, anstatt sie zu zerstören.

»Selig sind, die da hungert und dürstet nach der Gerechtigkeit; denn sie sollen satt werden.« Der Schlüssel zum Verständnis dieser Seligpreisung liegt in der Bedeutung des Wortes »Gerechtigkeit«. In unseren post-puritanischen, nach-viktorianischen Ohren klingt »Gerechtigkeit« wie ein Synonym für das Wort »Tugend«, was so viel heißt wie, moralisch einwandfrei zu sein und sich korrekt zu

24. Ken Wilber und Treya Killam Wilber: *Grace and Grit,* Boston: Shambhala, 1991, Seite 401.

25. Antoine de Saint-Exupéry: *The Little Prince,* übersetzt von Richard Howard, San Diego: Harcourt, 1943.

verhalten. Aber in Israel zu Zeiten Jesu bedeutete »Gerechtigkeit« etwas wesentlich Dynamischeres. Man kann sie sich als ein Kraftfeld vorstellen: eine energiegeladene Sphäre heiliger Präsenz. Sich in der »Gerechtigkeit Gottes« zu befinden (von der die Autoren des Alten Testaments so gerne sprechen), bedeutet, mit diesem vibrierenden Feld direkt verbunden zu sein, verankert in Gottes eigener Lebendigkeit. An dieser Erfahrung ist nichts Subtiles; sie ist eine flammende und unnachgiebige Verbindung, so als ob man ein heruntergefallenes Stromkabel hochheben würde. »Nach Gerechtigkeit zu hungern und zu dürsten«, spricht demnach von dieser Intensität der Verbundenheit. Jesus verheißt, dass der in uns aufsteigende Hunger nach der eigenen, tiefsten Lebendigkeit in Gottes Lebendigkeit gestillt werden wird – tatsächlich ist der Hunger selbst ein Zeichen, dass die Verbindung bereits besteht. Wenn wir den Weg der Transformation betreten, ist das Wertvollste, mit dem wir zu unserem eigenen Vorteil arbeiten können, unsere Sehnsucht. Einige spirituelle Lehrerinnen und Lehrer sagen sogar, dass dieses Sehnen nach Gott eigentlich aus der Gegenrichtung kommt – es ist in Tat und Wahrheit die Sehnsucht Gottes nach *Ihnen.* »Das Auge, mit dem du Gott schaust, ist das Auge, mit dem Gott dich schaut«, sagt Meister Eckhart, einer der größten christlichen Mystiker, und betont damit die vollkommene Gleichzeitigkeit der Energie der Verbundenheit. Wenn wir uns sehnen, kommen wir mit einem tieferen Herzenswissen in eine einfühlsame Schwingung. Im letzten Kapitel sprach ich davon, inwiefern das Herz ein Organ der Ausrichtung ist; es verbindet uns. Sehnsucht ist die Schwingung dieser Verbundenheit. In dieser Seligpreisung spricht Jesus nicht davon, wir sollen tugendhafte Taten vollbringen, für die wir später belohnt werden; er spricht von der Verbundenheit mittels unserer fundamentalen Sehnsucht.

»Selig sind die Barmherzigen; denn sie werden Barmherzigkeit erlangen.« In dieser Seligpreisung kommt Jesus erneut auf die Idee des Fließens zurück. Hier geht es um einen Austausch: Wir sind barmherzig und wir empfangen Barmherzigkeit. Und dies geschieht nicht etwa zufällig, denn die Wurzel des englischen Wortes *mercy* (Barmherzigkeit) stammt aus dem alten etruskischen *merc,* das uns ebenfalls in »Kommerz« und *merchant* (Kaufmann) begegnet;[26] immer geht es um Austausch.

26. Helen Luke: *Old Age*, New York: Parabola Books, 1987, Seite 84.

Normalerweise halten wir die Barmherzigkeit Gottes für eine Art Göttlicher Nachsicht und wir beten »Herr, erbarme Dich unser« als ein Eingeständnis unserer Schwäche und Abhängigkeit (weil diese Eigenschaften vielen modernen Menschen zuwider sind, ist das Gebet »Herr, erbarme Dich unser« in letzter Zeit etwas aus der Mode gekommen). Doch in diesem anderen Verständnis ist Barmherzigkeit nicht etwas, das Gott *hat;* es ist etwas, das Gott *ist.* Austausch ist das Wesen des Göttlichen Lebens – und gemäß der modernen neurologischen Wissenschaft des Bewusstseins selbst –, und alle Dinge haben Anteil an diesem Göttlichen Leben, indem sie an diesem Tanz von Geben und Empfangen teilnehmen. Der brillante junge südafrikanische Lehrer Michael Brown schreibt in seinem Buch *The Presence Process* aus dem Jahr 2005: »›Geben ist Empfangen‹ ist die energetische Frequenz, auf die unser Universum ausgerichtet ist. Alle anderen Ansätze des Energieaustauschs verursachen in unserer Lebenserfahrung augenblicklich Dissonanz und Disharmonie.«[27] Ganz gewiss wusste das auch Jesus, und seine Lehre in dieser Seligpreisung lädt uns ein, diesem Fluss tiefer zu vertrauen. Austausch liegt im Kern seines Verständnisses von »keine Trennung«.

»Selig sind, die reinen Herzens sind; denn sie werden Gott schauen.« Diese könnte die wichtigste aller Seligpreisungen sein – vom Standpunkt der Weisheit aus betrachtet, ist sie es auf jeden Fall. Aber was bedeutet Reinheit des Herzens? Hier begegnen wir einem weiteren jener Konzepte, die wir in unserem höchst moralorientierten Christentum im Westen so dermaßen zum Schlechten verdreht haben. Die meisten Menschen setzen Reinheit des Herzens vor allem mit Tugendhaftigkeit gleich, und das ganz besonders im sexuellen Bereich. Fast schon wird sie als Synonym für Keuschheit, vielleicht sogar für den Zölibat verwendet. In der Weisheitslehre jedoch bedeutet Reinheit *Ungeteiltheit,* und die korrekte Übersetzung dieser Seligpreisung lautet eigentlich: »Selig sind die, deren Herz nicht geteilt ist« oder »deren Herz ein vereinigtes Ganzes ist.« Erinnern wir uns an die *ihidaya* aus Kapitel 2 – die »Vereinten«, die ihr Wesen vereint haben und zu dem wurden, was wir heutzutage »erleuchtet« nennen. Laut Jesus geschieht diese Erleuchtung vor allem im Herzen. Wenn unser Herz »ungeteilt« wird, also wenn es sich nur eine einzige Sache wünscht, wenn es vollkommen aus-

27. Michael Brown: *The Presence Process,* Vancouver, BC: Namaste Publishing, 2005, Seite 246. Deutsch: *Die Kraft gelebter Gegenwart,* 2012.

gerichtet ist auf dieses Resonanzfeld wechselseitigen Sehnens, das wir soeben die »Gerechtigkeit Gottes« nannten, dann werden wir »Gott schauen«. Und damit ist nicht gemeint, dass wir Gott als *Objekt* sehen (denn dies würde dem egoischen Betriebssystem entsprechen), sondern vielmehr, dass wir durch die Augen der Nicht-Dualität schauen; Gott ist das Schauen an sich.

Diese Seligpreisung beschäftigt sich also nicht mit sexueller Enthaltsamkeit; es geht darum, die Linse der Wahrnehmung zu reinigen. Die Frage, wie dies zu bewerkstelligen ist, bleibt natürlich bestehen, und wir werden sie in Kapitel 6 erneut aufnehmen. Doch an dieser Stelle lohnt es sich festzuhalten, dass Jesus diese besondere Transformation als die zentrale Praxis des Weges versteht. Ist das Herz erst einmal ungeteilt geworden, wird der Rest irgendwie folgen.

»Selig sind, die Frieden stiften; denn sie werden ›Gottes Kinder‹ heißen.« Diese Seligpreisung ist die logische Konsequenz dessen, was bislang dargelegt wurde. Wenn unser Herz besänftigt und ungeteilt ist, wenn wir unsere animalischen Instinkte gezähmt haben, werden wir zu Friedensstiftern. Wir führen nicht mehr das Schwert des binären Operators, das die Welt in gute und schlechte Leute, Zugehörige und Außenstehende, Gewinner- und Verliererteams einteilt. Wenn das Blickfeld geeint ist, kommt das innere Sein zur Ruhe, und diese innere Friedfertigkeit fließt als Harmonie und Mitgefühl in die äußere Welt.

»Selig sind, die um der Gerechtigkeit willen verfolgt werden; denn ihrer ist das Himmelreich.« Jesus geht es hier nicht um Märtyrertum, sondern um Freiheit. Das Thomasevangelium enthält diese Seligpreisung in einer leicht veränderten, aber aufschlussreichen Variante, mit der die genaue Essenz erfasst wird, auf die Jesus hier – und eigentlich in allen Seligpreisungen – abzielt:

> Selig seid ihr inmitten von Verfolgung,
> wenn sie euch hassen und euch nachstellen bis in den Kern eures Wesens,
> und »euch« nirgendwo finden können.[28]

28. NHC II:2, Logion 68 nach Lynn C. Bauman: *The Gospel of Thomas: Wisdom of the Twin,* Ashland, OR: White Cloud, 2003, Seite 145. [Deutsche Übersetzung nach: *Die Bibel der Häretiker* (Seite 142): »Ihr seid selig, wenn sie euch hassen und euch verfolgen, und sie werden keinen Platz finden an dem Ort, an dem sie euch verfolgen.«]

Hier wird über Freiheit gesprochen! Was dieses Elixier reiner Befreiung auch sein mag: Einzig darum geht es auf dieser Reise. Und gewonnen wird es in unserem Inneren – Tropfen um Tropfen destilliert aus dem Schrecken und dem Aufruhr unserer egoischen Ichbezogenheit –, wenn wir lernen, loszulassen und uns der Göttlichen Barmherzigkeit anzuvertrauen. Momente der Verfolgung (oder irgendetwas anderes, das uns aus unserer egoischen Komfortzone herausschüttelt) können zu großen Lehrmitteln werden, falls wir den Mut aufbringen, sie auf diese Art und Weise zu nutzen.

Wirken die Seligpreisungen vor dieser Weisheitskulisse jetzt anders auf Sie? Wir können nun erkennen, dass Jesus in diesen acht uns vertrauten Äußerungen über eine radikale Transformation des Bewusstseins spricht, die wir in uns geschehen lassen können durch eine Haltung der inneren Empfänglichkeit, durch eine Bereitwilligkeit, in diesen Fluss einzutreten, durch eine Verpflichtung, jene heftigen animalischen Programme in uns zu domestizieren, und vor allem durch eine leidenschaftliche Sehnsucht, das Herz zu vereinen. Dies ist ein mächtiger vierfacher Weg, sowohl von zeitgenössischem als auch von zeitlosem Charakter – nicht unähnlich den Lehren, die wir vom Dalai Lama und weiteren großen spirituellen Meistern hören, die ihr Leben der Förderung von Qualität und Quantität des menschlichen Bewusstseins verschrieben haben.

Die Gleichnisse

Wenden wir uns nun den Gleichnissen zu, die sogar noch stärker als die Seligpreisungen zu den vertrauten und beliebten Grundlagen der Lehren Jesu zählen. Wer kennt nicht das Gleichnis vom guten Samariter oder das vom verlorenen Sohn? Doch, wie bereits erwähnt, haben nur die wenigsten von uns eine klare Vorstellung von der Bedeutung eines Gleichnisses. Wir verwechseln Gleichnisse mit Sprichwörtern. Letztere entsprechen aber eher den Fabeln Äsops: Lehrgeschichten mit einem moralischen Inhalt, die uns dabei helfen sollen, besser und weiser zu leben. Gleichnisse sind etwas vollkommen anderes – jedenfalls so, wie Jesus sie verwendet. Seine Gleichnisse ähneln vielmehr den Koans der Zen-Tradition: tiefgreifende Paradoxe (oder wenn Sie möchten: Rätsel), die dazu dienen sollen, den egoischen Verstand auf den Kopf zu stellen und uns zu neuen Sichtweisen zu drängen.

Es ist ungefähr eine Generation her, seit einige wenige Bibelgelehrte die subversive Dimension der Gleichnisse Jesu zu begreifen begannen. John Dominic Crossan war einer der Ersten, die über dieses Thema schrieben, gefolgt von Bernard Brandon Scott, dessen Buch *Hear Then the Parable* aus dem Jahr 1989 wegen seines Einflusses auf Thomas Keating ziemlich populär wurde.[29] Alle diese Autoren nähern sich dem Thema des Paradoxen eher von politischen oder psychologischen Bezugspunkten aus – noch immer wird nur von ganz wenigen begriffen, dass Jesus in Wirklichkeit darauf aus gewesen sein könnte, unser Bewusstsein neu zu verdrahten.[30] Aber langsam beginnt es sich herumzusprechen, dass das, was wir einst als eine Art beliebter Volkssagen angesehen haben, in Tat und Wahrheit einer ziemlich radikalen Sabotage verpflichtet ist.

Nehmen wir also das Beispiel des guten Samariters, das bekannteste aller Gleichnisse Jesu (zu finden bei Matthäus 22.34, Markus 12.28 und Lukas 10.30). Solange man an der Oberfläche bleibt, hört es sich nach einer netten kleinen Geschichte eines strahlenden Gutmenschen an. Ein Reisender, der unterwegs nach Jericho ist, gerät auf der Straße in Schwierigkeiten; er fällt in die Hände von Räubern, wird bestohlen und heftig geschlagen. Zwei Leute kommen vorbei, wollen aber mit der ganzen Sache nichts zu tun haben. Dann kommt ein dritter des Weges und hat Mitleid mit dem Mann. Er verbindet also die Wunden des Verletzten, bringt ihn zu einer Herberge und bezahlt dafür, dass man sich um ihn kümmert. In dieser Lehre scheint es um das Praktizieren von Freundlichkeit gegenüber Fremden zu gehen, und ihr namenloser Held ist so offenkundig gut und großzügig, dass es heute sogar eine nach ihm benannte Kette amerikanischer Freizeit- und Erholungsparks gibt: die »Good Sam«-Campinglätze.

29. In den frühen 1990er-Jahren hielt Thomas Keating eine Reihe von Predigten in der Trappistenabtei in Snowmass, Colorado, die auf Scotts Buch und seiner eigenen Entwicklungslehre zum Thema des »Systems des falschen Selbsts« beruhten. Die Predigten wurden gesammelt und als eines seiner erfolgreichsten Bücher herausgegeben: *The Kingdom of God Is Like...*, New York: Crossroad, 1993.

30. Ein Autor, der diesen Zusammenhang sehr wohl erkannte, ist Bruder Joseph Chu-Cong, ein vietnamesisch-amerikanischer Trappistenmönch, dessen entzückendes und relativ unbekanntes Buch *The Contemplative Experience* ich die Ehre hatte, herausgeben zu dürfen (New York: Crossroad, 1999). Sein Kapitel "Reading Scripture as Reading a Zen Koan" (Seiten 46–50) hat mir die Augen für diese Möglichkeit geöffnet.

Was dieses Gleichnis so konfrontativ macht – und dies wird nur allzu leicht übersehen, weil man heutzutage seinen kulturellen Kontext außer Acht lässt –, ist die Tatsache, dass der Verprügelte ein Jude ist und jener, der ihn rettet, ein Samariter. Erinnern Sie sich noch an die Samariterin? Ich sprach in Kapitel 1 über sie, als ich von der Frau am Brunnen erzählte. In den Augen der Juden waren die Samariter verachtenswerte Leute, Parias. Sie konnten den Juden nichts recht machen. Die Subversion setzt also ein, als der Jude, die auserwählte Person, zum Opfer wird und der Paria zu seinem Retter – nachdem zwei Leute seinesgleichen ihn dem Sterben überlassen haben. Unter der freundlichen Oberfläche dieses Gleichnisses drängt Jesus zu der Frage: »Weißt du wirklich so genau, was gut und was schlecht ist? Wer sind die Gerechten, wer sind die Ungerechten?« Es ist eine direkte Herausforderung des binären Operators in unserem Verstand, der mit seinem Urteil so schnell bei der Hand ist, auf dass wir uns selbst auf die Schulter klopfen können.

Vor derselben Herausforderung stehen wir beim Gleichnis vom verlorenen Sohn (Lukas 15.11), das noch verstörender ist. Wiederum ist es eine bekannte Geschichte, dieses Mal von dem jüngeren zweier Söhne, der sein Erbe frühzeitig bezieht, die ganze Summe in seinem ausschweifenden Lebenswandel durchbringt, dann nach Hause zurückkehrt und seinen Vater bittet, ihn wieder aufzunehmen. Bemerkenswerterweise empfängt dieser ihn mit offenen Armen und veranstaltet sogar ein Fest, um die Rückkehr seines Sohnes zu feiern. Der ältere Sohn jedoch wird durch diese Geste ganz und gar aus dem Gleichgewicht geworfen: »Wie kannst du es wagen!«, sagt er zu seinem Vater. »Mein Bruder hat all dein Geld vergeudet, hat dich verhöhnt, und jetzt, da er zurückkommt, gibst du ihm zu Ehren ein Fest. Während der ganzen Zeit, in der ich mich hier für dich abgerackert habe, hast du mir nichts gegeben. Gar nichts – noch nicht einmal ein einfaches Essen mit meinen Freunden.« Und genau darum geht es in diesem Gleichnis. Es ist genau dieselbe Aussage, die Jesus mit der Geschichte der Arbeiter im Weinberg macht, die wir uns bereits betrachtet haben. Das egoische Betriebssystem bleibt immer im Urteilen und im Eigenlob stecken. Der ältere Bruder mit seiner Entrüstung: »Das ist unfair!«, ist ein Musterbeispiel für die Funktionsweise des egoischen Betriebssystems. Durch ihn ruft Jesus uns alle auf, jenen Teil in uns genauer zu betrachten, der am Punktezählen festhalten will und einfach keine Großzügigkeit und Glückseligkeit zulassen kann. Die Schlussszene der Parabel – der ältere Sohn steht gekränkt ganz allein draußen und lehnt es ab mitzufeiern – ist ein deutliches Symbol dafür, wie das egoische Betriebssystem uns vom Tanz der Göttlichen Barmherzigkeit, der um uns herum in vollem Gange ist, zurückhält. Solange wir im Ego feststecken, können wir die Musik nicht hören.

Wenn wir uns diese Gleichnisse also nochmals genau ansehen, entdecken wir, dass es keine netten kleinen Lehrgeschichten sind, die von Menschen handeln, die für andere Gutes tun. Vielmehr fordern sie die grundlegenden Strukturen, Annahmen und Meinungen über uns selbst heraus, welche den binären Verstand fest verankern. Sie sollen uns provozieren und erzürnen – und sie sollen uns auffordern, dass wir uns selbst genauer betrachten. Dieses letzte Gleichnis liefert einen besonders reichhaltigen Boden für die *lectio Divina* (in Kapitel 13 finden Sie detaillierte Instruktionen dazu, wie diese lange erprobte spirituelle Übung durchzuführen ist). Wenn Sie es mit sich in die Meditation nehmen, schauen Sie, ob Sie entdecken können, wo sich diese drei Charaktere – älterer Sohn, jüngerer Sohn und Vater – in Ihrem eigenen Wesen befinden und welche Rolle jeder von ihnen in Ihrem Leben spielt. Erlauben Sie dem Gleichnis, zu einem Spiegel zu werden, der Ihnen Ihren eigenen Bewusstseinszustand reflektiert. Wenn Sie auf diese Art und Weise damit arbeiten, verwenden Sie es so, wie Jesus es beabsichtigt hat – als ein Werkzeug für die persönliche Transformation des Bewusstseins.

Manchmal treibt Jesus die Sprache von Paradoxen und Rätseln gar so weit, dass er die Menschen völlig verwirrt zurücklässt. Seine Konzepte sind immer anspruchsvoll, mitunter jedoch scheinen die Worte als solche überhaupt keinen Sinn zu ergeben. Ein typisches Beispiel dafür finden wir im Johannesevangelium (3.1), wo ein Pharisäer namens Nikodemus eines Nachts zu Jesus kommt und ihn über das spirituelle Leben befragt. Nikodemus fühlt sich hin- und hergerissen. Der erste Vorgeschmack, den er durch Hörensagen von den Lehren Jeus erhalten hat, fasziniert ihn offensichtlich. Gleichzeitig beunruhigt ihn all das Vernommene, und seine pharisäischen Gefährten haben Jesus bereits als Abtrünnigen abgestempelt. Da er nicht will, dass irgendetwas davon öffentlich wird, schleicht er im Schutz der Dunkelheit für eine private Besprechung zu Jesus. Dieser antwortet auf seine überaus liebenswürdige

Einleitung (»Rabbi, wir wissen, dass du ein Lehrer bist, von Gott gekommen; denn niemand kann die Zeichen tun, die du tust, es sei denn Gott mit ihm«) mit einer total verrückten Forderung: Nikodemus muss von oben wiedergeboren werden, denn »wenn jemand nicht geboren wird aus Wasser und Geist, so kann er nicht in das Reich Gottes kommen.« »Warte einen Augenblick! Das ist doch allzu irre!«, keucht der arme Nikodemus. »Wie soll denn ein Mensch zurück in den Schoß seiner Mutter kommen und nochmals geboren werden? Wovon redet dieser Mann?« Jesus rollt für diesen vornehmen Besucher keineswegs den roten Teppich aus. Vielmehr wirft er ihm mit Absicht eine Erklärung vor die Füße, die ihn komplett aus dem Gleichgewicht bringen soll – im Grunde genommen das Äquivalent zum berühmten Zen-Koan: »Was ist das Geräusch einer klatschenden Hand?«[31]

Wenn Sie erst einmal beginnen, es zu verstehen, ist es unmöglich, es *nicht* zu verstehen: wie dieses subversive Element praktisch der rote Faden der gesamten Lehre Jesu ist. Diese zielt nicht in erster Linie auf die Pharisäer oder die politische Situation, sondern auf den egoischen Verstand. Er versucht sehr bewusst, das begreifende, erfassende, sich klammernde und vergleichende lineare Gehirn kurzzuschließen und uns einen gänzlich neuen Weg der Wahrnehmung zu öffnen (nicht *was* wir sehen, sondern *wie* wir sehen, *wie* der Verstand seine Verbindungen aufbaut). Dies ist eine klassische Strategie eines Meisters der Weisheit.

Die schwierigen Lehren

Wenn wir die subversive Schärfe in den uns vertrauteren Lehren Jesu erst einmal begriffen haben, wird es einfacher, uns mit einer Reihe von Äußerungen und Gleichnissen zu befassen, mit denen

31. Wiederum demonstriert Jesus wie ein guter Zen-Meister, dass ein Schlüssel zur Transformation in der richtigen Einschätzung von Charakterstärke und Sehkraft eines angehenden Studenten liegt. Nikodemus fühlt sich durch diese grobe Einführung letzten Endes nicht abgestoßen: Etwas beginnt in ihm zu gären. In den zwei nachfolgenden Auftritten des Nikodemus im Evangelium können wir mitverfolgen, wie es langsam beginnt, Früchte zu tragen: zuerst bei Johannes 7.50, wo er sich in einer Auseinandersetzung unter den Pharisäern vorsichtig, aber mutig für Jesus einsetzt, und danach bei Johannes 19.39, wo er nach der Kreuzigung Jesu aus der Menge hervortritt, um dabei zu helfen, den Leichnam Jesu zu begraben.

die Kirche, zumindest als Ganzes gesehen, nie so recht etwas anzufangen wusste. Sie sind über alle vier Evangelien verstreut, doch besonders konzentriert finden wir sie jeweils gegen Ende des Matthäus- und des Lukasevangeliums. Dies sind die Lehren, die sich in keiner Weise ins »Jesus ist nett«-Förmchen hineinzwängen lassen, in dem wir ihn so gerne behalten möchten. Auf eine der dornenreichsten Lehren treffen wir im Gleichnis bei Matthäus 25, das von weisen und törichten Brautjungfern handelt. Das Gleichnis beginnt mit einem großen Hochzeitsfest und zehn Brautjungfern, die auf den Bräutigam warten. Doch dieser hat sich verspätet und so schlafen sie alle ein. Mitten in der Nacht hören sie den Ruf: »Der Bräutigam kommt!« Fünf der Brautjungfern hatten daran gedacht, eine extra Portion Öl für ihre Lampen mitzubringen; sie zünden diese also an und eilen in den Festsaal. Die anderen fünf hatten nicht daran gedacht, und so können sie ihre Lampen nicht anzünden. Sie fragen die anderen Brautjungfern: »Dürfen wir uns etwas von eurem Öl borgen, sodass auch wir zur Vermählung gehen können?« Doch die fünf lehnen dies ab: »Wenn wir euch von unserem Öl etwas abgeben, reicht es nicht mehr für uns. Daher nein, kauft euch euer eigenes Öl.« Das ist die Geschichte. Und die Leute, die versuchen, sie mit dem in Einklang zu bringen, wofür sie die Lehren Jesu im Allgemeinen halten, sind vollkommen perplex.

Ginge es Jesus hier um die Frage des Teilens, wäre es doch wohl netter von den fünf Ladies gewesen, wenn sie ihren Freundinnen etwas Öl abgegeben hätten. Wie passt dieses Gleichnis zum »Selig sind die Barmherzigen; denn sie werden Barmherzigkeit erlangen« der vierten Seligpreisung? Ab einem bestimmten Punkt beginnt es uns zu dämmern, dass Jesus hier auf einer vollkommen anderen Ebene lehrt; diese Metaphern funktionieren ganz anders. Diese schwierigen Lehren beschäftigen sich ausschließlich mit innerer Transformation (nicht mit äußerem Handeln) und ergeben nur innerhalb dieses Bezugsrahmens einen Sinn. Der Grund, weshalb die fünf Brautjungfern von ihrem Öl keines abgeben können, liegt darin, dass das Öl etwas symbolisiert, das individuell durch unser eigenes bewusstes Streben in uns erschaffen werden muss. Niemand kann es Ihnen geben; niemand kann es Ihnen wegnehmen. Das Öl steht für die Qualität Ihres transformierten Bewusstseins, und unglücklicherweise ist es unmöglich, unbewusst bewusst zu werden – also durch die Spende eines anderen. Diese Arbeit müssen Sie schon selbst leisten. Wenn Sie die fünf weisen Brautjungfern

(Bitte beachten Sie das Wort »weise«!) nun als diejenigen betrachten, die das »Öl« des non-dualen Bewusstseins erworben haben, dann können diese es unmöglich mit ihren Schwestern teilen, auch wenn sie es wollten. Die Schwestern wären noch nicht bereit, es zu empfangen.

Im Licht dieser Aufforderung zur persönlichen Transformation des Bewusstseins beginnt auch diese Serie komplizierterer Lehren Sinn zu ergeben. Die Reihe fängt bei Lukas 14.25 mit einer verblüffenden Aufforderung an: »Viele Menschen begleiteten ihn; da wandte er sich an sie und sagte: ›Wenn jemand zu mir kommt und nicht Vater und Mutter, Frau und Kinder, Brüder und Schwestern, ja sogar sein Leben gering achtet, dann kann er nicht mein Jünger sein.‹« Was sollen wir nun davon halten? Er fährt fort: »Denn wenn einer von euch einen Turm bauen will, setzt er sich dann nicht zuerst hin und berechnet die Kosten, ob seine Mittel für das ganze Vorhaben ausreichen? Sonst könnte es geschehen, dass er das Fundament gelegt hat, dann aber den Bau nicht fertigstellen kann. Und alle, die es sehen, würden ihn verspotten und sagen: ›Der da hat einen Bau begonnen und konnte ihn nicht zu Ende führen.‹ Oder wenn ein König gegen einen anderen in den Krieg zieht, setzt er sich dann nicht zuerst hin und überlegt, ob er sich mit seinen zehntausend Mann dem entgegenstellen kann, der mit zwanzigtausend gegen ihn anrückt?‹« (Lukas 14.28–31). Diese Lehre scheint zu besagen, dass es nicht ausreicht, Gott zu vertrauen und alle Bedenken in den Wind zu schlagen; wir müssen vom Standpunkt dieser Welt aus gesehen »unser Bestes geben« – »seid weise wie die Schlangen und sanft wie die Tauben« heißt es in einer anderen berühmten Lehre Jesu. Wir sollen nicht von dieser horizontalen Achse fliehen, sondern sie *meistern* oder *bezwingen;* nur wenn wir immer stärker und stärker werden, können wir das Königreich Gottes als eine echte Wirklichkeit auf der Erde hervorbringen. Er meint hier wirklich, *sie* zu bezwingen, und nicht, *durch sie* bezwungen zu werden. Darum geht es in dem ersten Ausspruch: »Wer nicht Vater, Mutter, Frau, Kinder, Brüder und Schwestern gering achtet…« – das heißt, wenn Ihre vorrangigen Verhaftungen gänzlich entlang der horizontalen Achse liegen und Sie sich auf eine sentimentale Art und Weise mit ihnen identifizieren –, werden Sie nicht die Freiheit finden, tief in dieser anderen Dimension zu suchen, die von der Ungeteiltheit Ihres Herzens erleuchtet wird.

In einer anderen schwierigen Lehre (Lukas 9.59) bittet ein angehender Schüler Jesus: »Lass mich zuerst weggehen und meinen Vater begraben!« Die kategorische Antwort Jesu lautet: »Lass die Toten ihre Toten begraben.« Wenn Sie an Ihrer Identität in dieser Welt hängen – wenn dies die Ebene ist, auf die Ihr Bewusstsein eingestellt ist –, werden Sie nicht fähig sein, die feinere Frequenz wahrzunehmen, auf der Jesus agiert. Sie werden nicht fähig sein, ihm zu folgen.

Diese schwierigen Lehren sind zugegebenermaßen befremdlich. Wir können sie nicht einfach in eine sentimentale Theologie übersetzen, die besagt: »Jesus will, dass wir nett sind, teilen und vertrauen.« Sie sind klassische innere Lehren, die durch die gesamte universale Weisheitstradition hindurch widerhallen und bestätigt werden und von der Notwendigkeit sprechen, dass sich im Menschen eine gewisse spirituelle Substanz (oder Qualität des Bewusstseins) herauskristallisieren muss, bevor eine Person als vollkommenes menschliches Wesen zum Vorschein kommen kann. Was aber tun diese Lehren hier? Sie sind wie sophiologische Leckerbissen, die irgendwie in unsere soteriologischen Evangelien hinein gestreut wurden und uns nun wie Fremdkörper sofort ins Auge springen, immer irritierend und leicht beunruhigend. Sogar wenn die vier Evangelien alles wären, mit dem wir arbeiten könnten, sind diese Aussagen seltsam genug, um unseren Verdacht zu schüren, dass, was diesen Eisberg Jesus angeht, noch weit mehr unter der Oberfläche steckt.

5

Eine Auswahl aus dem Thomasevangelium

DER VERDACHT, DASS DIESE SCHWIERIGEN AUSSAGEN JESU einer anderen Überlieferung angehören als jener, an die wir uns im christlichen Westen gewöhnt haben, bekam beträchtliche neue Nahrung, als die Entdeckungen in Nag Hammadi das Thomasevangelium wieder in Umlauf brachten. Zunächst stieß die Restaurierung dieses Evangeliums (dessen frühchristliche Existenz von den Kirchenvätern bestätigt worden war, von dem aber die meisten

Leute annahmen, es sei für immer verloren gegangen) bei den Gelehrten auf Skepsis. »Worum handelt es sich bei dieser Lehre?«, rätselten sie. »Das macht doch keinen Sinn!« Da es sich so sehr von allem zu unterscheiden schien, was zu jener Zeit als »orthodox« galt, einigte man sich in einem ersten Reflex darauf, es als eine spätgnostische Interpretation Jesu abzutun. Doch weitere Untersuchungen ergaben, dass dieses Evangelium schon früh geschrieben worden war und einige der ältesten als authentisch bestätigten Lehren Jesu enthielt. Sehr wahrscheinlich ist es mindestens so alt wie die vier Evangelien, die ihren Weg in das kanonische Neue Testament gefunden haben, wenn nicht sogar älter.[32] Das Thomasevangelium klingt so anders, weil es zur sophiologischen Tradition gehört. Lebensgeschichte und Narrativ, wie sie in den anderen Evangelien zu finden sind, fehlen im Thomasevangelium und sein Blick richtet sich nicht auf Wunder und Heilungen. Es ist schlicht und einfach eine Sammlung der Transformationssprüche Jesu. Doch wenn Sie diesem Evangelium in seiner Gesamtheit zuhören und seinen paradoxen Aussagen erlauben, langsam in Sie einzusinken, werden Sie bemerken, wie Sie eine wesentlich umfassendere Sicht auf Jesus erhalten; Sie werden viel deutlicher sehen, woher er kommt – und worauf er hinauswill. Und dieses erweiterte Bild seiner grundlegenden Metaphysik belegt, dass er tatsächlich und zuallererst ein Meister der bewussten Transformation ist.

Das Thomasevangelium besteht aus einhundertvierzehn kurzen Aussprüchen – oder Logien, wie sie die Wissenschaft nennt (*logion* ist der griechische Begriff für einen »Ausspruch« oder »Aphorismus«). Faktisch finden sich alle »schwierigen Lehren« der kanonischen Evangelien auch hier repräsentiert – in einem Zusammenhang, der ihre Bedeutung wesentlich leichter erfassen lässt – und ergänzt um eine Auswahl von Seligpreisungen und Gleichnissen

32. Weil die synoptischen Evangelien (Matthäus, Markus und Lukas) so viel überschneidendes Material aufweisen, haben Bibelwissenschaftler seit Langem postuliert, dass sie auf einer gemeinsamen Quelle »Q« beruhen. Diese hypothetische, fehlende Quelle wird allgemein als eine Auflistung der Aussprüche und Lehren Jesu verstanden. Diese Charakterisierung trifft ganz bestimmt auf das Thomasevangelium zu. Obwohl es wahrscheinlich nicht das offizielle »Q« ist (wir werden noch sehen, dass es sich von den synoptischen Evangelien stilistisch unterscheidet und sich viel mehr nach der Spiritualität des Nahen Ostens anfühlt), legt die Tatsache, dass es sich um eine Liste (ohne erzählerische Ausschmückung) handelt, nahe, dass es von früher Herkunft ist und wahrscheinlich zu den ersten christlichen Schriften aus der zweiten Hälfte des ersten Jahrhunderts zählt.

sowie vielen weiteren Lehren, die sich nirgendwo anders finden. Insgesamt zeichnen sie leidenschaftlich und konsequent ein substanzreicheres Bild der Lehren Jesu rund um die Themen von »Ungeteiltheit« und Non-Dualität.

Wer hat es verfasst? War es tatsächlich der Apostel Thomas, einer der ursprünglichen zwölf männlichen Jünger, der es in unserer westlichen Tradition als »ungläubiger Thomas« zu Berühmtheit gebracht hat? Bewiesen werden kann dies nicht; doch Lynn Bauman, der die mit Abstand gründlichste und aufschlussreichste unter der letzthin erschienenen Flut an Übersetzungen beigetragen hat, denkt, dass dies durchaus plausibel sei, sowohl in chronologischer als auch in thematischer Hinsicht. Der Überlieferung nach erinnert man sich an Thomas als den Apostel, der ostwärts nach Persien und Indien reiste, und die Lehren in dieser Sammlung haben in ihrer Betonung der Vereinigung des Bewusstseins einen ausgeprägt »östlichen« Anstrich. Doch anders als einige der (nondualen oder) Advaita-Lehren des Ostens legen sie eine Sicht von Ganzheit dar, in der diese, unsere physische Ebene weder ein Trugbild noch eine Falle ist, sondern vielmehr ein integraler Teil der Göttlichen Wirklichkeit mit einer einzigartigen und unverzichtbaren Rolle. »Ungeteiltheit« wird erreicht, wenn diese Rolle gemeistert wird.

Jedenfalls sind in diesem rätselhaften, kleinen Evangelium einhundertvierzehn der klügsten und tiefsinnigsten Lehren Jesu versteckt – und wer auch immer sie aufgezeichnet hat, war ganz sicher einer seiner am weitesten fortgeschrittenen Schüler. Da dieses Evangelium für die meisten Christen noch immer unbekanntes Terrain darstellt, möchte ich hier eine kleine Auswahl seiner bemerkenswertesten Lehren daraus anbieten, zusammen mit je einem kurzen Kommentar. Alle diese Aussprüche beginnen mit den Worten: »Jesus sagt...«[33]

33. Bei der Zusammenstellung dieser Auswahl stütze ich mich auf zwei Übersetzungen: Lynn Baumans schöne kritische Ausgabe *The Gospel of Thomas: Wisdom of the Twin,* Ashland, OR: White Cloud, 2003, und eine unveröffentlichte Übersetzung von Elaine Pagels, die seit Jahren zu meiner privaten Sammlung gehört. Die Logien 7 und 70 sind nach Pagels' Übersetzung wiedergegeben, 22, 42, 77 und 108 nach der von Bauman. Die Unterschiede zwischen den beiden liegen mehrheitlich im Stil und in der Nuancierung; nur in 7 und 42 gibt es wesentliche Abweichungen in den Übersetzungen und nur in 42 führt dies zu einem potenziellen Bedeutungsunterschied.

Logion 7

> Selig ist der Löwe, den der Mensch fressen wird, denn dieser Löwe wird Mensch werden. Aber verflucht ist der Mensch, den der Löwe fressen wird, denn dieser Löwe wird Mensch werden.[34]

Auf dieses Logion habe ich bereits in unserer Diskussion der dritten Seligpreisung hinsichtlich des Themas der »Domestizierung« unserer animalischen Natur Bezug genommen. Wenn der Mensch den Löwen verschlingt, bringt er die animalische Natur unter die Kontrolle unserer menschlichen Vernunft und bewussten Entscheidung. Verschlingt der Löwe jedoch den Menschen, siegt letztlich der animalische Instinkt und die Person »geht über« in eine niedrigere Form.

Hier beruht die Lehre auf dem klassischen Weisheitsschema der »großen Kette der Wesen« oder der »Stufenleiter der Natur«. Wenn wir uns zum Göttlichen hin entwickeln, integrieren und transportieren wir das auf niedrigeren Ebenen des Seins gewonnene Bewusstsein. Unsere niedrige Natur wird nicht »zerstört« oder aufgelöst (Vorstellungen, welche im Westen die spirituelle Reise derart dominiert haben); es geht hier nicht um Kriegsführung. Vielmehr integrieren wir die Energie der animalischen Intelligenz auf eine Weise, dass der »Löwe« es schafft, »Mensch« zu werden. Es stirbt kein Teil von uns, damit ein anderer Teil von uns leben kann. *Unser Ganzes* stirbt auf einer Ebene, sodass *unser Ganzes* auf einer anderen Ebene wiedergeboren wird. Der größte Sufi-Poet, Dschalāl ad-Dīn Rūmī (1207–1273) drückt diese klassische Weisheitslehre in folgenden wunderschönen Zeilen aus:

34. Baumans Übersetzung (Seite 19) lautet: »Ein Löwe, der von einem Menschen gegessen wird, ist gesegnet, weil er sich in eine menschliche Form verändert, aber ein Mensch, der von einem Löwen gefressen wird, ist verflucht, da Löwe zu Mensch wird.« Das koptische Original lautet buchstäblich: »Selig ist der Löwe, der menschlich wird, wenn er von einem Menschen gegessen wird, aber verflucht ist der Mensch, den ein Löwe isst, und der Löwe wird Mensch werden.« Wörtlich wird also der Löwe in beiden Fällen zum Menschen – doch auf sehr unterschiedliche Art und Weise. Wie dem auch sei, für mein Gefühl trifft Pagels' Umkehrung der Begriffe im zweiten Vers die wirkliche Absicht der Lehre prägnanter, auch wenn diese Umkehrung akademisch weniger genau ist: ein Kriterium, dem Baumans Ausgabe stärker entspricht.

Als Mineral starb ich und wurde Pflanze.
Als Pflanze starb ich und wurde Tier.
Als Tier starb ich und wurde Mensch.
Wovor soll ich mich fürchten hier?
Was hat mir das Sterben je genommen?[35]

Es ist wichtig, das Weisheitsschema, das diesem Logion zugrunde liegt, zu verstehen: Es bestätigt einmal mehr die Linie, innerhalb derer Jesus arbeitet, und gibt uns einen echten Geschmack von diesem ganzheitlichen Charakter des Transformationsweges, den er uns weist.

Logion 22

Wenn ihr fähig seid,
zwei zu einem werden zu lassen
und das Innere gleich dem Äußeren
und das Äußere gleich dem Inneren
und das Höhere gleich dem Niedrigeren,
sodass ein Mann nicht länger männlich ist
und eine Frau weiblich,
sondern Männlich und Weiblich
ein einziges Ganzes werden;
wenn ihr fähig seid,
ein Auge anstelle eines Auges zu machen
und eine Hand zu formen anstelle einer Hand
oder einen Fuß für einen Fuß,
indem ein Bild das andere ablöst
– dann werdet ihr eintreten.

Ganz gewiss hat das non-duale Bewusstsein mit der Fähigkeit zu tun, »zwei zu einem werden zu lassen.« Im ersten Teil dieser Lehre beschreibt Jesus, wie die Welt jenseits der Verzerrung durch die beharrliche »bifokale Linse« unseres egoischen Betriebssystems aussieht, das unser Wahrnehmungsfeld ganz mechanisch aufspaltet in Gegensatzpaare – innen / außen, männlich / weiblich und so weiter und so fort. Diese Art des Wiedervereinens kann erst dann geschehen, wenn wir das egoische Betriebssystem transzendiert haben;

35. Zitiert aus Reshad Feild: *Die letzte Schranke – Ich ging den Weg des Derwischs,* Xanten: Chalice Verlag, 2014, Seite 44.

wir haben es hier tatsächlich mit einem Synonym für diese Transzendenz zu tun. Doch was ist das Resultat dieses Wiedervereinens? Die zweite Hälfte dieser Lehre bringt uns nicht in *sunyata,* in die Leere, hinein (wie man es vielleicht gemäß einer advaitischen oder buddhistischen Lehre erwarten würde), sondern in eine überraschende Fruchtbarkeit. Haben wir erst den ursächlichen Punkt erreicht, wo alle Formen in der Einheit zusammenlaufen (und in diesem Evangelium bezieht sich Jesus häufig auf diesen Punkt als »das Licht«), beginnt der große Tanz der Manifestation sofort von Neuem – doch dieses Mal sind wir dessen Meister (oder zumindest seine bewussten Dienerinnen und Diener). Ich erinnere mich an eine schöne Erkenntnis von Jacques Lusseyran, einem zeitgenössischen Philosophen und Mystiker, der als Kind erblindete und sich durch diese Erfahrung direkt an diesen ursächlichen Punkt gebracht sah. Im Verlauf langer Gespräche mit einem Musikerfreund »endeten alle Argumente mit einer aufregenden Entdeckung«, sagt Lusseyran, nämlich: »dass es in der Welt nichts gibt, das nicht durch etwas anderes ersetzt werden kann; dass Klänge und Farben endlos ausgetauscht werden, wie die Luft, die wir atmen, und das Leben, das sie uns gibt; dass nichts jemals isoliert oder verloren ist; dass alles von Gott kommt und entlang der Fahrbahnen der Welt wieder zu Gott zurückkehrt.«[36]

Jesu Vision der Non-Dualität beginnt ganz sicherlich in der Einheit. Aber sie verharrt dort nicht. Sie tanzt vor und zurück zwischen eins und zwei, zwischen »Bewegung und Ruhe« (wie er es im Logion 50 formuliert); ihr Zuhause ist nicht der Stillstand, sondern die Dynamik selbst.

Logion 42

Kommt ins Sein, indem ihr vergeht.[37]

Dieses kürzeste aller Logien verweist eindringlich auf die Beziehung zwischen der horizontalen und der vertikalen Achse. Im Reich der Zeit »gehen wir vorüber« [oder »sterben«]. Und doch gibt uns

36. Jacques Lusseyran: *And There Was Light,* New York: Parabola Books, 1998, Seite 95. Deutsch: *Das wiedergefundene Licht,* München: Deutscher Taschenbuchverlag, 2006.

37. Dies ist eine der Stellen, an denen die Übersetzungen von Bauman und Pagels erheblich voneinander abweichen. Die hier buchstäblichere Pagels übersetzt:

der Durchgang durch dieses Reich auch die Möglichkeit, in jenes andere Reich zu gelangen oder in jenem anderen Reich ins Sein zu kommen; wenn wir das Reich der Zeit zu erkennen und damit umzugehen wissen, stellt es uns die essenzielle Nahrung für die Reise zur Verfügung. Dies ist dasselbe Thema, dem wir bereits im Gleichnis von den weisen und den törichten Brautjungfern begegnet sind, wo das Öl für die Lampe des Bewusstseins »am Schnittpunkt von Zeitlosigkeit und Zeit« destilliert werden muss. Einige Logien später (in 47) wird Jesus den uns bekannten Lehrspruch äußern: »Niemand trinkt alten Wein und begehrt sogleich, neuen Wein zu trinken. Neuen Wein gießt man nicht in alte Schläuche, damit sie nicht zerreißen; [...] man näht nicht einen alten Lappen auf ein neues Kleid, weil ein Riss entstehen würde.« Zeit ist ein unerlässliches Element in der Gärung dieses »Elixiers des Seins«. Doch nur dann, wenn sie bewusst genutzt wird.

Logion 70

> Wenn ihr hervorbringt, was in euch ist, wird euch das, was ihr habt, erretten. Wenn ihr jenes nicht in euch habt, wird euch das, was ihr nicht in euch habt, töten.

Wieder ist der Akzent auf die ganzheitliche Entwicklung gesetzt und darauf, jenes in die Manifestation zu bringen, das ansonsten keinen Ausdruck finden würde. Was auch immer dieser Bewusstseinsfunke oder Name Gottes sein mag, der im Innersten unseres

»Seid Vorbeigehende« [deutsche Direktübersetzung nach der *Bibel der Häretiker* (Seite 138): »Werdet Vorübergehende!«]. Doch welcher spirituelle Zustand soll mit der Metapher der »Vorbeigehenden« gemeint sein? Hier findet sich ein offensichtliches Element des Nichtfesthaltens an der horizontalen Achse (ein Thema, das Jesus auch deutlich in seinem Logion 21 berührt, wo er [auf die Frage Marias] seine Studentinnen und Studenten folgendermaßen beschreibt: »Sie gleichen kleinen Kindern, die in einem Feld leben, das ihnen nicht gehört. Wenn die Besitzer des Feldes kommen und sagen: ›Gebt uns unser Feld zurück‹, geben die Kinder es ihnen zurück, indem sie sich einfach ausziehen und nackt vor ihnen stehen«). Auf Basis des »synchronen Widerhalls« all dieser Aussagen in ihrer Gesamtheit hat Bauman aber wahrscheinlich recht, wenn er schlussfolgert, dass Jesus hier nicht einfach nur eine Nichtverhaftung fordert; das Sich-nicht-Verzetteln in den Dingen dieser Welt wird zur ausschlaggebenden Zutat für die Bildung des »Seins« im größeren Reich (siehe Bauman, Seiten 92–93).

Seins liegt, unsere Rolle auf dieser menschlichen Ebene besteht darin, ihn in Form und Fülle zu bringen. Wenn wir dies nicht schaffen, ist nicht bloß das Keimen fehlgeschlagen: Die ganze Sache wendet sich gegen uns und zerstört uns von innen heraus. Dies ist, nebenbei bemerkt, exakt jener Punkt, den Jesus in dem uns vertrauten Gleichnis von den Talenten in den kanonischen Evangelien macht, einer weiteren der bekanntermaßen »schwierigen Lehren« (Matthäus 25.14, Markus 4.25, Lukas 9.12).

Logion 77

Ich bin das Licht, das auf alle Dinge scheint.
Ich bin die Summe von allem,
denn alles ist aus mir herausgekommen
und zu mir hin entfaltet sich alles.
Spaltet ein Stück Holz, und ich bin da;
hebt einen Stein auf, und ihr werdet mich dort finden.

In diesem Zen-ähnlichsten aller Aussprüche präsentiert sich Jesus als die »Soheit« – als jene Qualität des ursprünglichen Bewusstseins, die in dem Augenblick, in dem das Licht des eigenen Bewusstseins darauf fällt, allem zugrunde liegt und alles vereint. Dieser Ausspruch klingt auch ausgesprochen modern: eine lebendige Beschreibung dessen, was Physiker als »Nullpunktfeld« bezeichnen, welches Symmetrie-Dimensionen, Kohärenz und Ausgerichtetheit integriert. Doch was dem Ausspruch seine poetische Kraft verleiht, ist der scharfe Kontrast zwischen »makro« und »mikro«. »Ich bin die Summe von allem«,[38] und trotzdem: »Spaltet ein Stück Holz, und ich bin da.« Ein Mitglied unserer Pacific Northwest Wisdom School trug während einer Arbeitsperiode dieses Logion innerlich mit sich, und während er Holz hackte, erlebte er plötzlich, wie die Welt um ihn herum energetisch in diese Göttliche Lebendigkeit hinein explodierte. Noch einmal: Alles ist eins, doch das Eine drückt sich in der zügellosen Dynamik der Einzelheit aus.

Wir erkennen hier eine weitere Anspielung auf die große Kette der Wesen (oder des Seins), die ich schon zuvor erwähnte. Rufen wir uns nochmals Rūmīs Worte ins Gedächtnis: »Als Mineral starb

38. Deutsche Direktübersetzung nach der *Bibel der Häretiker* (Seite 143): »Ich bin das All« [A.d.Ü.].

ich und wurde Pflanze.« Der Stein und das Stück Holz erinnern uns an den Weg der Evolution, dem entlang alle Dinge reisen und der es Jesus erlaubt, in allen geschaffenen Formen gegenwärtig zu sein, indem er sie in sich integriert.

Logion 108

Wer von dem trinkt, was aus meinem Munde kommt,
wird werden, wie ich bin;
und auch ich selbst werde so, wie sie sind,
sodass das Verborgene offenbar werden wird.

In diesem eindeutig eucharistischen Logion kommt Jesus auf die Vorstellung der Nahrungskette zurück, auf das »Essen und Gegessenwerden«, durch das wir von einer Evolutionsebene zur nächsten gelangen. Aber hier verknüpft er diesen Prozess mit einer schockierend intimen Reziprozität. Gewiss begreifen wir den ersten Teil dieses Ausspruchs: Wer auch immer von dem trinkt, das vom Höheren kommt, wird ebenfalls beginnen, höher zu werden. So funktioniert die Kette; der Löwe, den der Menschen verschlingt, wird zum Menschen. Doch wie ist der zweite Teil des Logions zu verstehen – »und auch ich selbst werde so, wie sie sind«? Bedeutet dies, dass Jesus sich auf unsere eigene Ebene »hinab überträgt«? Nein; er sagt etwas viel Radikaleres. Jesus lässt hier sogar die große Kette der Wesen hinter sich, indem er ins Unbekannte hinausschreitet. Im Gegensatz zur ganzen Lachse-schwimmen-flussaufwärts-Orientierung der immerwährenden Weisheit – dass der Weg zu Gott »aufwärts«, also von unten nach oben verlaufe – setzt er alles auf den Prozess des Ineinanderseins: ich in dir, du in mir, alles in Gott, Gott in allem. Es ist keine Leiter, die uns zu Gott bringt, sondern ein Kreis: das ununterbrochen erneuerte Geben und Empfangen, das in seiner Gesamtheit dort ist, wo Gott wohnt. Diese *kenotische* Spiritualität (die Selbstentäußerung als ein Weg zur Fülle) ist meiner Meinung nach der einzigartige und zutiefst ursprüngliche Beitrag Jesu zum spirituellen Bewusstsein der Menschheit. Im nächsten Kapitel untersuchen wir dies genauer.

Jesus durch diese neue Brille zu sehen, ist zutiefst beunruhigend und macht gleichzeitig höchst zuversichtlich. Beunruhigend, weil es uns noch weiter aus unserer hundertprozentigen Rückschau herausholt – und aus jeglicher verbliebenen Selbstgefälligkeit, wir hätten die Lehren Jesu bereits in der Tasche. Doch auch zuversichtlich in dem Sinne, dass unser Herz bereits darum weiß; und sogar höchst zuversichtlich, weil die Weite, die uns dieses neue Bild eröffnet, uns auch die Freiheit verschafft, tiefer zu gehen. Ich kann im Thomasevangelium nichts finden, das im Gegensatz zu irgendeiner der Lehren Jesu in den kanonischen Evangelien steht. Vielmehr vervollständigt es diese metaphysisch und schafft ein neues Gefühl des Staunens, weil wir nun erkennen, wie ursprünglich und erlesen sein Verständnis tatsächlich ist. Er war der erste wirklich integrale Lehrer, der auf diesem Planeten erschien. Indem wir einen neuen Blick auf diese ebenso vertrauten wie seltsam anmutenden Lehren werfen, werden wir auf einem Weg weiterkatapultiert, auf dem wir die Kraft der Wahrheit spüren.

6

Kenosis: der Weg der sich selbst entäußernden Liebe

BIS HIERHIN HABEN WIR JESUS BEGRIFFEN ALS EINEN TYPIschen Vertreter der Weisheitstradition, aus der er kommt. Als erleuchteter Meister, der von seinen Anhängern als der *ihidaya*, der Vereinte, erkannt wurde, lehrt er die Kunst der Metanoia oder des »Eingehens in den größeren Geist«. All seinen Lehren liegt ein Weckruf zu einem radikalen Wandel des Bewusstseins zugrunde: weg aus der Entfremdung und Polarisierung durch das egoische Betriebssystem und hinein in das vereinigende Feld Göttlichen Überflusses, den nur das Herz wahrnehmen kann.

Doch wie erreichen wir diesen Bewusstseinswandel? Ihn aus der Distanz zu bewundern, ist eine Sache; eine ganz andere jedoch ist es, den Wandel im eigenen Inneren zu erzeugen. Hier kommt nun die spirituelle Praxis ins Spiel. »Praxis« bedeutet »Weg«, die praktische Übung, der wir uns verschreiben, um das Ergebnis zu erzielen, nach dem wir uns sehnen. Ich denke, man kann sagen, dass alle großen spirituellen Wege zum selben Zentrum führen – zum Auftauchen dieses größeren, non-dualen Geistes als Sitz des persönlichen Bewusstseins –, sie gelangen lediglich auf unterschiedlichen Routen dorthin. Zwar ist Jesus in seiner Vision dessen, was ein vollständiger und vereinter Mensch ist, ein typischer Vertreter der Weisheitstradition, doch die Route, die er uns dorthin aufzeigt, unterscheidet sich sehr von allem, was man bis dahin auf diesem Planeten gesehen hatte. Sie ist auch in unserer heutigen Zeit noch immer radikal und unter den verschiedenen Schulen der menschlichen Transformation sicherlich ein »selten eingeschlagener Pfad«. Ich werde diese Annahme im weiteren Verlauf meiner Ausführungen noch gründlicher zu belegen versuchen, doch möchte ich bereits betonen, dass ein guter Teil der Schwierigkeiten, auf die wir ab und zu beim Versuch stoßen, unser Christentum zum Funktionieren zu bringen, mit der Tatsache zu tun haben, dass die Menschen von Anfang an nicht begriffen haben, wie grundlegend anders der Ansatz Jesu wirklich war. Indem sie versuchten, diesen neuen Wein in alte Schläuche zu füllen, ist ihnen versehentlich sein ureigener Geschmack entgangen. Bei Jesus hängt alles um einen einzigen Schwerpunkt herum zusammen, und wir müssen verstehen, was dieses Zentrum ist, bevor wir die subtile, aber verbindende Kraft des von ihm vorgezeichneten Weges zu spüren vermögen.

Welchen Namen könnten wir diesem Zentrum geben? Der Apostel Paulus schlägt das Wort *kenosis* vor. Im Griechischen heißt dies so viel wie »gehen lassen« oder »sich selbst entäußern« und ist der Begriff, den Paulus an der Schlüsselstelle seiner berühmten Lehrworte im Brief an die Philipper 2.6–11 wählt, um zu beschreiben, worum es sich beim »Geist Christi« handelt. Er sagt dazu Folgendes:

> Obgleich sein Zustand der von Gott war,
> betrachtete er, Gott gleich zu sein,
> nicht als etwas, an dem er festhalten sollte.
>
> Vielmehr entäußerte er sich,
> und im Annehmen des Zustands eines Knechts
> wurde er in Menschengestalt geboren.
>
> Er, der als einer von uns erkannt wurde,
> erniedrigte sich selbst und war gehorsam bis zum Tod,
> gar bis zum Tod am Kreuz.

Dafür hat Gott ihn hoch erhoben
und ihm den Namen gegeben,
der über jedem anderen Namen steht.

Sodass vor dem Namen Jesus
sich alle Knie beugen sollen
im Himmel und auf Erden und unter der Erde.

Und so soll jede Zunge bekennen:
»Jesus Christus ist der Herr!«,
zur Ehre Gottes, des Vaters.[39]

In dieser wunderschönen Hymne erkennt Paulus, dass Jesus nur *einen* »Betriebsmodus« hatte. Alles, was er wirkte, tat er durch Selbstentäußerung. Er machte sich leer und stieg hinab in eine menschliche Form. Und er goss sich noch weiter aus (»gar bis zum Tod am Kreuz«) und stürzte durch das Unterste, um dann in die Reiche der Herrschaft und Herrlichkeit zurückzukehren. In welchen Lebensumständen auch immer, Jesus antwortete stets mit demselben Akt der Selbstentäußerung oder, um es anders auszudrücken, mit demselben Schritt des *Hinabsteigens:* nach unten, zum niedrigeren Ort, nicht zum höheren.

Das Interessante an diesem Modus ist, dass er der spirituellen Intuition nahezu komplett widerspricht. Für die große Mehrheit der spirituell Suchenden verläuft der Weg zu Gott »aufwärts«. Tief in unsere religiösen und spirituellen Traditionen eingebettet – und sehr wahrscheinlich in das menschliche kollektive Bewusstsein als solches – haben wir eine Art Kompass, der uns anzeigt, dass die spirituelle Reise ein Aufstieg und kein Abstieg sei. Die meisten Schülerinnen und Schüler der Weisheitstradition betrachten diese Aufwärtsorientierung als eines der grundlegenden Merkmale der *sophia perennis,* und ihr Ursprung ist zweifelsohne archetypisch.[40]

39. Die Version des Textes, die ich hier zitiere, ist eine Übersetzung von den Mönchen der New Camaldoli Einsiedelei in Big Sur, Kalifornien, die in ihrem liturgischen und andächtigen Leben in Gebrauch ist. Im Verlauf der vielen Jahre, in denen ich diese Hymne mit den Mönchen während der Samstagabendvesper gesungen habe, begann sich mir ihre tiefere Bedeutung zu erschließen.

40. Siehe dazu den aufschlussreichen Überblick über die »immerwährende Philosophie« in Ken Wilber: *The Eye of the Spirit,* Boston: Shambhala, 1997, Seite 39, und insbesondere den folgenden zusammenfassenden Satz, der die Vorstellung des spirituellen Aufstiegs als maßgeblich beschreibt: »Die zentrale Be-

Obwohl mich meine eigene Beschäftigung mit Jesus als Meister der Wahrheit dazu führte, dem zu widersprechen, ist es schwer von der Hand zu weisen, dass die Vorstellung vom spirituellen Aufstieg seit einer sehr langen Zeit existiert. In der biblischen Tradition geht das Bild der spirituellen Leiter bis auf die frühesten Quellen des Alten Testaments zurück, etwa auf die Geschichte über Jakobs Traum von der Leiter, die zum Himmel hinaufführt. Wahrscheinlich ist es an die fünftausend Jahre alt. Christliche monastische Traditionen kehrten zu diesem Bild zurück und entwickelten es weiter, im Wesentlichen als Plan für die spirituelle Reise. Johannes Klimakos (»Johannes von der Leiter«), der Lehrer aus dem siebten Jahrhundert, wählte sich sogar seinen klösterlichen Namen aus diesem kraftvollen Bild, und durch seine einflussreichen Lehren wurde es zu einer grundlegenden Philosophie der klösterlichen Praktiken wie der *lectio Divina* und der Psalmodie.[41]

Auch zu Zeiten Jesu lag die Aufstiegsmystik in der Luft. Ich habe bereits zuvor in diesem Buch über die Gemeinschaft der Essener gesprochen, jene apokalyptische jüdische Sekte, deren visionäre Mystik und asketische Praxis wahrscheinlich die unmittelbarsten prägenden Einflüsse auf Jesus ausübten. Im Verständnis der Essener war eine bestimmte Art des spirituellen Sehnens zentral, bekannt als *merkava*-Mystik. *Merkava* bedeutet »Streitwagen« und ist in diesem Fall eine Anspielung auf die alttestamentarische Geschichte, in welcher der Prophet Elija von einem Streitwagen in den Himmel hochgebracht wird. Diese dramatische Episode bot ein lebendiges Bild vom Aufstieg zu Gott, das die Essener auf den einzelnen Menschen wie auch auf das gesamte Volk Israel bezogen.

hauptung der Philosophia perennis lautet, dass *der Mensch wachsen und sich über die ganze Hierarchie bis hinauf zum Geist als solchem entwickeln (oder entfalten) kann,* wo er die ›höchste Identität‹ mit der Gottheit verwirklicht, dem *ens perfectissimum,* dem alles Wachstum und alle Evolution zustrebt« (kursive Hervorhebung durch Ken Wilber). Man beachte die Betonung von »hinauf«. Deutsch: *Das Wahre, Schöne, Gute,* 1999, Seite 77.

41. Johannes vom Sinai wurde vor allem aufgrund seines Hauptwerks, *Treppe zum Paradies,* als »Johannes von der Leiter« (*Johannis Klimakos* auf Griechisch, *Johannes Climacus* auf Latein) bekannt. Die Verwendung der Leiter als einer zentralen Metapher sowohl für »spirituelle Übung« im Allgemeinen als auch für die *lectio Divina* im Besonderen wurde im christlichen Westen vor allem durch das einflussreiche Buch *Scala claustralium* (*Leiter der Mönche*) berühmt, das im zwölften Jahrhundert vom Kartäusermönch Guigo II verfasst wurde. Eine hervorragende Erörterung dieses Themas finden Sie bei SIMON TUGWELL OP: *Ways of Imperfection,* Springfield, IL: Templegate, 1985, insbesondere die Kapitel 9–11.

»Das Ende der Welt« stand bevor, und alle Augen schauten gespannt zum Himmel auf, als Jesus auf der Erde geboren wurde.

Um aufzusteigen, braucht es Energie – im Spirituellen wie im Physischen. Daher basiert die große Mehrheit der spirituellen Technologien der Welt auf der einen oder anderen Form des Prinzips der »Energieerhaltung«. Jeder Person wohnt demnach eine heilige Seinsenergie inne (manchmal *chi* oder *prana*, Lebenskraft, genannt). Diese an sich unbegrenzte Energie wird jedem Menschen in einer begrenzten Menge zugeteilt und uns als grundlegendes Betriebskapital mitgegeben, wenn wir auf diesem Planeten ankommen. Die großen spirituellen Traditionen haben schon immer gelehrt, dass diese Energie es uns ermöglicht, die Leiter des spirituellen Aufstiegs hochzuklettern, wenn wir sie bewahren können, anstatt sie einfach versickern zu lassen, das heißt, wenn wir fähig werden, diese Energie zu konzentrieren, sie anzureichern und sie absichtsvoller und stärker zu machen.

Diese uralte und universale Strategie ist tatsächlich die Grundlage jeder echten Askese (womit die Askese im Dienst der bewussten Transformation gemeint ist, nicht zum Zweck der Buße oder Selbstkasteiung). Und dafür gibt es einen guten Grund: Die Strategie funktioniert. Mittels der Disziplinen von Gebet, Meditation, Fasten und innerer Beobachtung lernt der oder die Suchende, diese innere Energiereserve zu reinigen und zu konzentrieren, und vermeidet es, sie durch physische oder emotionale Gier, kleinliche Reaktionen und egozentrische Befriedigungen zu vergeuden. Indem wir nach und nach mehr Selbstbeherrschung erlangen, wird die innerlich konzentrierte spirituelle Energie stark und klar genug, um den Kontakt mit diesen zunehmend höheren und intensiveren Frequenzen Göttlichen Lebens aufrechtzuerhalten, bis wir uns schließlich diesem vereinenden Punkt nähern. Das ist ein stimmiger und wirksamer Weg der inneren Transformation; doch ist es nicht der einzige.

Es gibt eine andere Route ins Zentrum: ein freudigerer und auch extravaganter Weg, den man nicht durch das Aufspeichern dieser Energie oder durch die Konzentrierung der Lebenskraft beschreitet, sondern indem man alles wegwirft – oder alles verschenkt. Der vereinende Punkt wird hierbei nicht durch die Konzentration unseres Wesens erreicht, sondern durch dessen großzügiges Verschenken; nicht durch Erwerben oder Erlangen, sondern durch Selbstentäußerung; nicht durch ein »aufwärts«, sondern durch ein »abwärts«. Dies ist der Weg der Kenosis, der revolutionäre Pfad, den Jesus in das westliche Bewusstsein einführte.

Ein sinnloses Opfer?

Bitte verzeihen Sie mir, wenn ich nun einen jähen Sprung in die Welt der modernen Literatur wage, um den Weg der Kenosis ein wenig zu konkretisieren. Die Kenosis als solche eignet sich nicht besonders zum spirituellen Theoretisieren. Die kraftvollsten und berührendsten Darstellungen kommen in Form von Erzählung und Schauspiel daher.

Eine der präzisesten Beschreibungen dieses Weges finden wir, ob Sie es glauben oder nicht, in der bekannten und beliebten Erzählung »Das Geschenk der Weisen« (im Original "The Gift of the Magi") des amerikanischen Schriftstellers O. Henry. Wahrscheinlich erinnern Sie sich an die Geschichte. Della und James sind frisch verheiratet und ganz verrückt nacheinander. Außerdem sind sie arm wie Kirchenmäuse und nun steht ihr erstes gemeinsames Weihnachtsfest vor der Tür, ohne dass sie über genügend finanzielle Mittel verfügen, um sich gegenseitig ein Geschenk zu kaufen. Doch beide Liebenden besitzen genau ein wertvolles Stück: James hat eine goldene Uhr, die er von seinem Großvater erhalten hat, Della fantastisches, kastanienbraunes Haar, das ihr bis zu den Hüften reicht. Ohne Dellas Wissen verpfändet James seine goldene Uhr, um für sie ein Set schöner Haarkämme zu kaufen. Und ohne Wissen von James schneidet sich Della ihre Haare ab und verkauft sie, um eine Kette für seine goldene Uhr zu besorgen. Am Weihnachtsabend starren dann beide entgeistert auf ihre jetzt völlig sinnlosen Geschenke. Ihre Opfer sind sinnlos geworden – es sei denn, die Liebe selbst ist »das Geschenk der Weisen«.

Natürlich ist dies genau der Punkt, um den es O. Henry geht. Im freiwilligen Verzicht auf das, was ihnen am liebsten ist, manifestieren sie das, was Liebe tatsächlich ausmacht; sie geben dem Band, das sie zusammenhält, greifbare Gestalt. Dies ist das Thema der Kenosis.

Eine weitere höchst kenotische Parabel aus unserer Zeit ist die Geschichte, die der Film *Babettes Fest* erzählt,[42] der auf einer Kurz-

42. Gabriel Axel [Regie]: *Babette's Feast,* produziert von Just Betzer und Bo Christensen, Panorama Films International 1987.

geschichte von Isak Dinesen beruht. Im Verlauf der Handlung erfahren wir, dass ihre Heldin Babette bis vor Kurzem eine der gefeiertesten Chefköchinnen in Paris gewesen war, aber in den politischen Unruhen des Jahres 1871 alles verloren hatte – Restaurant, Existenzgrundlage und Familie. Sie flüchtet ins ländliche Dänemark, wo sie von zwei in die Jahre gekommenen Schwestern aufgenommen wird, die ihr Leben der religiösen Arbeit verschrieben haben und versuchen, die von ihrem Vater gegründete kleine spirituelle Gemeinschaft zusammenzuhalten. Als Babette dort ankommt, sind die verbliebenen Gläubigen alt und müde geworden und versinken in kleinlichem Gezänk. Babette tut ihr Bestes, um sie aufzuheitern, aber nichts scheint die Lage wirklich zu verändern. Dann erhält Babette wie aus dem Nichts einen Brief, der sie davon in Kenntnis setzt, dass sie aus ihrer Zeit in Paris drei Millionen Francs in der Lotterie gewonnen hat; auf der Stelle entscheidet sie sich, diese dänischen Kleinbauern mit einem echten französischen Festessen zu verwöhnen. Sie lässt all das notwendige Zubehör importieren: nicht nur die exotischen Feinschmecker-Delikatessen für das Sieben-Gänge-Menü als solches (und zu jedem Gang die passenden Weine, Champagner und Liköre), sondern auch feinstes Porzellan, Silberbesteck, Damast-Tischdecken und Kristallgläser. Der Film läuft auf diese Feststafel zu, an der die erstaunten dänischen Bäuerinnen und Bauern unvermittelt vor diesem extravaganten Überfluss zusammensitzen. Zunächst einmal sind sie erschrocken und misstrauisch, doch dann hellt sich die Stimmung nach und nach auf und sie entspannen sich in Dankbarkeit und gegenseitiger Vergebung. Die Schlussszene dieses Bankettabends lässt sie alle leicht angetrunken, aber sehr glücklich hinaus auf den Dorfplatz torkeln, wo sie einen Kreis um den Brunnen bilden (schon für sich genommen ein lebendiges Bild) und gemeinsam zu singen und zu tanzen beginnen. Nach all den Jahren sind sie endlich zur Quelle gelangt und ihre Herzen fließen über. Dann sagt jemand zu Babette: »Nicht wahr, nun werden Sie uns bald verlassen. Sie sind ja jetzt eine reiche Frau.« »Reich?«, antwortet sie: »Ich bin nicht reich. Ich habe jeden Centime für dieses Bankett ausgegeben, drei Millionen Francs.«

Wir finden hier dasselbe Leitmotiv wie in der Erzählung von O. Henry. Ein außergewöhnliches Opfer ist auf eine Art vergeudet, weil die einfachen Bauern die Größenordnung des Geschenks nicht wirklich erfassen können und der Großteil der heilsamen

Wirkung wahrscheinlich verflogen sein wird, sobald sie wieder nüchtern sind. Aber all dies spielt keine Rolle; der festliche Tisch wird dennoch für sie gedeckt. In ihrer vorbehaltlosen Großzügigkeit schenkt Babette diesen gebrochenen, entmutigten Seelen einen Geschmack der Bestätigung, dass all die Jahre ihrer Treue nicht vergebens waren. Sie spiegelt ihnen, wie Gott ist, wie Liebe ist, wie echte Menschlichkeit ist. Und sie tut dies genau dadurch, dass sie ihre Chance zur Rückkehr nach Frankreich in einem einzigen Akt des extravaganten Überflusses aufgibt, extra-vagant, über die Grenzen des Irdischen hinaus (was in die Präsenz des Himmels verweist). Das ist der kenotische Weg.

Manchmal haben es Theologen so kommentiert: Während das Ziel der Aufstiegsmystik die Vereinigung im Zusammenlaufen am Ursprungspunkt ist, scheint die Wirkung des kenotischen Weges in Selbstenthüllung und neuer Manifestation zu bestehen. Der Akt des Sich-selbst-Schenkens bringt neue Reiche ins Sein. Dieser Akt zeigt auf neuen und anderen Wegen, wie Gott ist. Einige der intuitivsten Theologinnen und Theologen unserer Zeit sagen, die Welt sei vor allem auf diese Art und Weise erschaffen worden, da, mit den Worten Karl Rahners, »Gott der Verschwenderische ist, Der Sich selbst tatsächlich verschwendet«.[43] Der Akt des Sich-selbst-Verschenkens ist zugleich ein Akt der Selbstmitteilung; er erlaubt es, dass etwas in sich Aufgespultes und Schlummerndes sich äußerlich manifestieren kann. »Loslassen« (wie das Nicht-Klammern oder die Selbstentäußerung) ist nur um Haaresbreite vom »Seinlassen« entfernt, und in unserer jüdisch-christlichen Tradition erinnern wir uns, dass unsere sichtbare Welt durch Gottes uranfängliches »Es werde...« ins Sein stürzte.

Die Flugbahn Jesu

Liebe ist Leichtsinn, nicht Vernunft.
Vernunft sucht einen Nutzen.
Liebe stürmt los, sich selbst verzehrend, unerschrocken.

43. Karl Rahner: *Schriften zur Theologie,* Einsiedeln, Zürich, Köln: Benziger Verlag, 1967, Band 3, »Zur Theologie der Weihnachtsfeier«, Seite 44. Rahner fährt in dieser herausragenden Betrachtung fort: »Wenn Gott *Sich* selber loslässt, erscheint der Mensch.«

Noch inmitten des Leidens
dreht sich die Liebe wie ein Mühlstein
rau und einfach.

Dem Eigeninteresse entstorben,
wagt sie alles und bittet um nichts.
Liebe verspielt jede von Gott gewährte Gabe.

Diese Worte schrieb der große Sufi-Meister Dschalāl ad-Dīn Rūmī.[44] Besser als in fast allen christlichen Schriften wird hier genau die Flugbahn beschrieben, der Jesus selbst in seinem Leben gefolgt ist. Sicher hat auch er uns aufgerufen, uns selbst gegenüber zu sterben, doch gemäß seiner Vorstellung geschieht dieses Sterben nicht durch inneren Verzicht oder die Bewahrung der Reinheit des eigenen Wesens, sondern durch das radikale Verschwenden von allem, was er hatte und war. Die Schülerinnen und Schüler von Johannes dem Täufer waren baff, dass Jesus tafelte, trank und tanzte. Die Pharisäer waren entsetzt, weil er am Sabbat heilte und mit Frauen und Verrufenen verkehrte, mit Leuten, die als unrein galten. Grenzen hatten für ihn keine Bedeutung; er überschritt sie ganz einfach.

Was nahezu alle zu verwirren schien, war die wilde, ungebundene Größe seines Geistes. Ans Extravagante grenzende Fülle und Großzügigkeit schienen charakteristisch für seine Lehren und seinen persönlichen Stil. In zwei seiner Gleichnisse konnten wir dies bereits feststellen: Was den Leuten aufstieß, war beide Male eine derart unbegreifliche, offensichtliche Großzügigkeit, die nur als »ungerecht« empfunden werden kann. Doch wenn wir genauer hinschauen, finden wir diese Extravaganz überall. Als er die Menschenmenge am See Genezareth speist, gibt es mehr als genug; das Übriggebliebene füllt ganze zwölf Körbe. Als eine Frau ihn mit einem teuren Öl salbt und die Jünger ob der Verschwendung murren, beteuert er: »Wahrlich, ich sage euch: Auf der ganzen Welt, wo dieses Evangelium verkündet wird, wird man auch erzählen, was sie getan hat, zu ihrem Gedächtnis« (Matthäus 26.13). Die Kosten scheinen ihn nicht zu kümmern; er verbietet sogar, auf die Ausgaben zu schielen.[45] »Sammelt euch nicht Schätze hier auf der Erde«, lehrt er

44. Zitiert nach Kabir Helminski: *Living Presence,* New York: Putnam/Jeremy Tarcher, 1992, Seite 142.

45. In seinem Gleichnis bei Lukas 12.13–21 (das auch im Logion 63 des Thomasevangeliums vorkommt) wird der reiche Mann, der sich zur Absicherung sei-

(Matthäus 6.19). Strebt nicht danach und seid nicht darum besorgt, »denn euer Vater hat beschlossen, euch das Reich zu geben« (Lukas 12.32). Es wird einem alles zur rechten Zeit und in verschwenderischer Fülle gewährt, solange man nicht versucht, es zu horten oder sich an etwas zu klammern.

Es ist ein Weg, den er selbst ganz bis zum Ende ging. Im Garten von Gethsemane, als seine Verräter und Ankläger sich am Tor versammelten, rang er mit sich und quälte sich, doch er blieb seinem Kurs treu. Horte nicht, klammere dich an nichts – noch nicht einmal an das Leben selbst. Lass es los, lass es sein – »Nicht mein, sondern Dein Wille soll geschehen, oh Herr. In Deine Hände übergebe ich meinen Geist.«

So kam er und so ging er, gab sich selbst dem Leben und dem Tod ganz hin, verlor sich selbst, verschwendete sich selbst, »verspielte jede von Gott gewährte Gabe.« Nicht aufgesparte, sondern gänzlich ausgeschüttete Liebe öffnete die Tore zum Himmelreich.

Wieder und wieder legt Jesus diesen Pfad für uns aus. Es gibt nichts, auf das es zu verzichten oder dem es zu widerstehen gilt. Alles darf angenommen werden, doch sich dabei an nichts zu klammern – darum geht es. Wir lassen es los. Wir gehen durchs Leben, wie ein Messer durch einen gut gebackenen Kuchen schneidet: Wir nehmen nichts mit, wir klammern uns an nichts, nichts bleibt kleben. Und in dieser grundlegenden Reinheit unseres Seins können wir uns selbst ›hinauswerfen‹, sind wir bereit, alles zurückzugeben, sogar das Leben selbst. Dies ist kurz und knapp der kenotische Weg. Er ist sehr, sehr einfach; er kostet nur – alles.

Nun würde ich nicht so weit gehen und sagen, dass Jesus der erste oder der einzige Lehrer in der Welt war, der jemals diesen waghalsigen und extravaganten, den kenotischen, Weg zum vollkommenen Einssein wählte. Doch scheint es das erste Mal gewesen zu sein, dass solch eine Lehre in der Welt des Nahen Ostens auftauchte, und ihre Neuheit brachte auch Verwirrung. Es war ein Konzept, das seiner Zeit so weit voraus war, dass ihm sogar die engsten Jüngerinnen und Jünger von Jesus nicht gänzlich treu bleiben konnten. Sie begriffen es und sie verloren es auch wieder. Pau-

ner Zukunft einen großen Speicher errichten lässt, noch vor Ende der Nacht sterben. Die Ausnahme zu dieser Regel, »nicht auf die Kosten zu schauen«, kommt, wie wir in Kapitel 5 gesehen haben, in jenen »schwierigen Lehren«, in denen der symbolische Bezug nicht auf materielle Besitztümer zielt, sondern auf innere Weisheit, die tröpfchenweise aus der bewussten Erfahrung angesammelt werden muss.

lus begriff es ganz genau in seiner wunderschönen kenotischen Hymne [Philipper 2.5–11], doch dann verlor er es wieder in seiner langen Auflistung von Regeln und Moralvorschriften, welche die Epistel beherrschen. Und als die Kirche begann, als Institution Gestalt anzunehmen, vermochte sie nicht, die Flügelspannweite ihrer ersten apostolischen Lehrer zu übertreffen: Was diese selbst nicht in Gänze verstanden hatten, konnten sie nicht akkurat zu übermitteln hoffen. Und so wurde, wie wir im nächsten Kapitel sehen werden, die radikale Schlichtheit des kenotischen Pfads Jesu gleich zu Beginn in die älteren und bekannteren asketischen Modelle zurückgebunden und zwar mit einer subtilen, doch offensichtlichen Dissonanz, die wir nicht aus den Augen verlieren wollen.

Der Tanz der Trinität

Bevor wir uns die lange Reihe derjenigen Leute anschauen, die den von Jesus gelehrten Weg nicht richtig begriffen haben, sollten wir uns kurz einer Gruppe von Menschen zuwenden, die dies wirklich *taten* und ihn zu einem kraftvollen und wunderschönen neuen Weg weiterentwickelten, nachdem sie die Fackel aufgefangen hatten, die ihnen von Paulus in seiner Philipperhymne zugeworfen worden war. Im Kappadokien des vierten Jahrhunderts entstand eine einflussreiche kontemplative Weisheitsschule, deren Leuchttürme Eusebius von Caesarea, Gregor von Nyssa und Gregor von Nazianz waren. Diese drei großen und zutiefst weisen Lehrer begannen, das ewige Urbild der Trinität in eine verständliche Form umzukrempeln und neu zu propagieren.[46]

46. In der christlichen Überlieferung sind diese drei großen kappadokischen Kirchenväter gemeinhin als Mönche bekannt und nicht als Gründer einer Weisheitsschule. Dies ist zumindest teilweise der Tatsache zuzuschreiben, dass für die Mehrheit der Christen eine »Weisheitsschule« ein unvertrautes Konzept darstellt, und in der Tat hielten sich diese kappadokischen Mönche in Bezug auf ihre mehr esoterischen Interessen ziemlich bedeckt. Doch meine mehrfachen Besuche der archäologischen Ausgrabungen zum kappadokischen Mönchstum haben mich davon überzeugt, dass wir es hier mit sehr viel mehr esoterischem Wissen zu tun haben, als auf den ersten Blick ins Auge springt. Es spiegelt sich nicht nur in ihrer mystischen Theologie, sondern zieht sich wie ein roter Faden durch ihre verblüffende Architektur, ihre Malerei und ihre heilige Geometrie. Vorsichtig ausgedrückt ist Kappadokien einer jener »lichten Orte«, wo die sichtbaren und unsichtbaren Reiche ineinanderfließen, und seine Theologen waren eindeutig geübt darin, das ewig Unmanifestierte mit dem Auge des Herzens zu erkennen.

Nun dürfte die Trinität [oder die Dreifaltigkeit oder Dreieinigkeit] nicht weniger verwirrend sein als die Kenosis. Die meisten Christen stellen sie sich als »Gott in drei Personen« vor – Vater, Sohn und Heiliger Geist – und nutzen dieses Bild hauptsächlich, um ihrer Überzeugung Ausdruck zu verleihen, dass Jesus wahrhaft Göttlich ist. (Gleichzeitig entsetzt es strenggläubige muslimische und jüdische Monotheisten, weil es das Christentum in den Verdacht bringt, dem Polytheismus erlegen zu sein.) Den kappadokischen Kirchenvätern ging es dabei jedoch nicht um individuelle Personen, sondern um den Energiefluss zwischen den »Personen«. Tatsächlich bedeutet das griechische Wort *hypostasis,* das wir mit »Person« übersetzen, keineswegs ein Individuum, sondern eher einen Seinszustand – so wie sich Wasser als Eis, Flüssigkeit oder Dampf manifestieren kann, doch immer aus derselben chemischen Verbindung besteht. Die Kappadokier waren daran interessiert, wie sich diese Bewegung oder Zustandsveränderung vollzieht. Sie verstanden sie als ein Ausströmen von Liebe: vom Vater zum Sohn, vom Sohn zum Heiligen Geist, vom Geist zurück zum Vater. Und das Wort, mit dem sie dieses gegenseitige Ausströmen bezeichneten, ist dasselbe, das wir bereits betrachtet haben – Kenosis.

Im Sinne der Weisheitstradition wird die Trinität als ein Symbol der sich entäußernden Liebe verstanden. Die drei Personen drehen und drehen sich wie die Eimer einer Wassermühle und ergießen sich fortwährend ineinander. Indem sie dies tun, dreht sich die Mühle und die Energie der Liebe manifestiert sich und wird zugänglich. Die Kappadokier nannten dieses ganze Ineinanderlaufen der Liebe *perichoresis,* was wörtlich übersetzt »Reigentanz« bedeutet. Ihre wunderbare und tiefgründige Erkenntnis lautet, dass Gott Sein eigenes innerstes Wesen durch einen fortwährenden Reigentanz der Selbstentäußerung offenbart. Auf der großen Wassermühle der Trinität bringt sich die Aussage »Gott ist Liebe« selbst in die Wirklichkeit.

Nach vielen Jahrhunderten hochspekulativer und abstrakter scholastischer Theologie wird die Trinität heute von einigen der besten christlichen Theologen als das wiederentdeckt, was sie in ihrer Essenz immer gewesen ist – »reine Relationalität«.[47] Der brillante, visionäre Wissenschaftler Raimon Panikkar und der bekann-

47. Raimon Panikkar: *Christophany,* Maryknoll, NY: Orbis Books, 2004, Seite 173. Deutsch: *Christophanie – Erfahrung des Heiligen als Erscheinung Christi,* Freiburg i.Br.: Herder, 2006.

te Franziskaner Richard Rohr haben sie zum Grundstein ihrer eigenen Lehren gemacht und verstehen sie als die Spurstange, die das Christentum nicht nur mit seiner eigenen tiefsten Weisheit verbindet, sondern auch mit der flüssigen, relationalen Natur des Bewusstseins selbst, wie sie das östliche spirituelle Denken und die moderne Quantenphysik widerspiegeln.[48] Man könnte sie das »Yin-und-Yang-Symbol des Christentums« nennen. Sie beschreibt, wie Gott Sich bewegt und fließt, damit Liebe sich als das vereinigte Feld aller Wirklichkeit manifestiert.

Die Göttliche Alchimie

Das trinitarische Geheimnis hat unmittelbare Auswirkungen auf uns, wenn wir uns bemühen, den Pfad Jesu zu leben. Allzu oft fühlen sich unsere Versuche der Selbstentäußerung einsam und sinnlos an – als *random acts of kindness* (»zufällige Taten der Freundlichkeit«), wie es ein seit Kurzem beliebter Autoaufkleber beschreibt. Sie scheinen Sackgassen zu sein ohne richtige Verbindung zur Welt als Ganzem oder auch nur zu unseren eigenen besten Absichten. Ganz gewiss macht es diesen Eindruck im »Geschenk der Weisen«, wenn die Frischvermählten nicht nur an ihrer Geschenkeplanung scheitern, sondern unbeabsichtigt auch noch das Geschenk des jeweils anderen sinnlos werden lassen. Auch in *Babettes Fest* scheint die ausschweifende Großzügigkeit der Heldin größtenteils verschwendet. Was war das Endergebnis im Sinne echter, dauerhafter, tragender Veränderung? Und die Kreuzigung: eine weitere sinnlose Vergeudung! Wozu soll ein guter und gläubiger Mensch,

48. Als Sohn einer spanischen, katholischen Mutter und eines Hindu-Vaters war Raimon Panikkar lange Zeit ein Pionier des Ost-West-Dialogs. In seinem Buch *Christophany* (siehe Fußnote 47) behauptet er, dass die Trinität in Tat und Wahrheit das Symbol *par excellence* für den christlichen *advaita* oder Non-Dualismus ist und das Konzept »nicht eins, nicht zwei, sondern sowohl eins als auch zwei« ausdrückt. Seine Arbeit ist ein bahnbrechender Beitrag zur Beschreibung des christlichen Bewusstseins innerhalb einer non-dualen Metaphysik. Richard Rohr und ich haben die »Reigentanz«-Aspekte der Trinität gemeinsam anlässlich einer Konferenz unter dem Titel "The Shape of God" thematisiert, die im Januar 2005 von seinem Center for Action and Contemplation (CAC) in Albuquerque, New Mexico, veranstaltet wurde. Diese Vorträge und Diskussionen können als CDs und Audiokassetten bezogen werden über die CAC-Webseite www.radicalgrace.org.

der vielen ein Lehrer hätte sein können, ohne Sinn und Zweck am Kreuz sterben? Unsere eigenen kleinen heldenhaften Handlungen und Opfer erscheinen häufig ebenso sinnlos – allerdings lehrt uns die Trinität, was die kappadokischen Kirchenväter so perfekt verstanden haben, nämlich: *dass keine Handlung der Kenosis jemals isoliert ist,* ganz egal wie bedeutungslos sie aussehen mag und wie losgelöst oder wie unproduktiv sie ist hinsichtlich Belohnung und Gewinn auf dieser linearen Achse – weil durch die Trinität die ganze Kenosis zu einem winzigen Hologramm der *perichoresis* wird. Die Kenosis gehört zu diesem großen relationalen Feld des »Göttlichen Austauschs«, verbindet uns unmittelbar mit der Ganzheit Gottes und ermöglicht es der Göttlichen Liebe, sich in einer neuen und tiefgründigen Dimension zu manifestieren. Wie Raimon Panikkar es so schön ausdrückt: »Ich bin eins mit der Quelle, indem ich als eine Quelle wirke und alles, was ich empfangen habe, wieder zum Fließen bringe – so wie Jesus.«[49]

Die Lehre Jesu versichert uns, dass – wenn wir uns entlang dieses wilden und auf eine Art opulenten und extravaganten Pfades in Richtung Zentrum bewegen und nicht »alles aufspeichern« so wie in den klassischen asketischen Traditionen des Aufspeicherns oder Ansammelns des Seins, sondern vielmehr »alles hinauswerfen« – die Göttliche Liebe unendlich und unmittelbar ist und uns immer zuströmt, wenn wir uns an nichts klammern. Dies ist eine mächtige Aussage und gleichzeitig so schlicht und doch so radikal, dass sie sich immer wieder in unserem Leben bewahrheiten muss. Aber mehr noch als nur ein Weg ist die Kenosis auch eine Art heilige Alchimie. Indem wir diese in unserem Alltag praktizieren, in unseren Taten des Mitgefühls, der Freundlichkeit und der Selbstentäußerung, sowohl auf der Ebene unseres Handelns als auch und stärker noch auf der Ebene unseres Seins, wird aus dieser Selbstentäußerung etwas katalysiert, das eine reine Göttliche Substanz ist, die sich in unserem eigenen wahren Gesicht spiegelt. Feine Qualitäten Göttlicher Liebe, die für das Wohlergehen dieses Planeten so grundlegend sind, offenbaren sich in unserem Tun und fließen als Wunder, Heilung und Hoffnung hinaus in die Welt.

Die Kraft dieser heiligen Alchimie, auch das dunkelste Unheil, in dem es absolut keine Erlösung oder rettende Gnade zu geben scheint, zu verwandeln, wird durch einen unbekannten Dichter

49. *Christophany,* Seite 171.

bezeugt, der in unserer jüngsten Vergangenheit unaussprechbarer menschlicher Dunkelheit das folgende wunderschöne Gebet neben dem Körper eines toten Kindes im Konzentrationslager Ravensbrück zurückließ:

> Oh Herr, erinnere Dich nicht nur der Männer und Frauen
> des guten Willens, sondern auch derjenigen der Böswilligkeit.
> Aber erinnere Dich nicht all des Leids, das sie uns auferlegten;
> Erinnere Dich der Früchte, die wir erwarben, dank
> Dieses Leidens – unserer Kameradschaft,
> Unserer Loyalität, unserer Demut, unseres Muts,
> Unserer Großzügigkeit, der Größe unserer Herzen,
> Die aus all dem hier gewachsen ist; und wenn
> Sie vor Gericht stehen, lass all die Früchte,
> Die wir hervorgebracht haben, ihre Vergebung sein.[50]

Was für ein außergewöhnliches Testament des menschlichen Geistes! Durch das ganze Gedicht hindurch, aber insbesondere in seinen völlig überraschenden letzten Worten, ist die Göttliche Alchimie zutiefst am Wirken und zeigt ihre Kraft, sogar die äußerste Härte von Gewalt und Grausamkeit in etwas Neues und Zartes und Fließendes zu verwandeln. Und das Muster dieser Alchimie ist in unsere Seele eingeprägt: der trinitarische Impuls, der das Symbol für Göttliche Wirklichkeit in uns ist und gleichzeitig das Mittel, mit dem sich diese Wirklichkeit zur Fülle bringt. Wenn wir lernen, nicht einmal angesichts der scheinbar äußersten Dunkelheit zu verhärten und uns zusammenzuziehen, sondern die Dinge in diesem großen Fluss von Kenosis und *perichoresis* fließen zu lassen, werden wir den Fluss selbst kennenlernen und schließlich selbst zum Fluss *werden,* der als die verborgene Dynamik der Liebe durch alle Dinge fließt. Dies, so glaube ich, ist der Pfad, den Jesu lehrte und lebte, der Pfad, auf den er uns gerufen hat und uns noch immer ruft.

50. Zitiert aus Lynn C. Bauman [Hrsg.]: *A Book of Prayers,* Telephone, TX: Praxis Institute Press, 1999, Seite 36.

7

Jesus als tantrischer Meister

Wir Menschen ziehen eine beherrschbare Komplexität der unbeherrschbaren Schlichtheit vor.

Vater Bruno Barnhart, OSB Cam.

GENAU DAS WAR DER WEG JESU: EINE RADIKAL UNBEHERRSCHbare Schlichtheit – nichts wird zurückgehalten, nichts wird festgehalten. Seine Anhängerinnen und Anhänger waren damit beinahe überfordert. Bereits in den Evangelien erkennen wir den Versuch, ihn wieder zurückzubinden und seine Lehren auf eine beherrschbare Komplexität zurechtzustutzen. Nehmen wir seine radikal schlichte Aussage: »Wer sein Leben zu bewahren sucht, wird es verlieren; wer es dagegen verliert, wird es erhalten« (Lukas 17.33). Sehr bald schon ergänzen die Evangelien diese Aussage aber mit einem Vorbehalt: »Wer aber sein Leben *um meinetwillen und um des Evangeliums willen* verliert, wird es retten« (Markus 8.34). Vielleicht haben Sie diesen Lehrsatz immer auf diese Art und Weise vernommen und das, obwohl die meisten Bibelwissenschaftler darin übereinstimmen, dass die hier kursiv geschriebenen Worte im Nachhinein hinzugefügt wurden. Doch, was dieser kleine Zusatz bewirkt hat, ist offensichtlich: Der Fokus wurde weg von der Bewusstseinstransformation (Jesu ursprünglicher Absicht) und hin auf das Märtyrertum gerichtet – also auf eine Form von aufopfernden Taten, die man mit einem noch immer funktionierenden egoischen Betriebssystem ausführen kann.

Gleich von Beginn weg mussten die Jüngerinnen und Jünger alles geben, um mit Jesus schritthalten zu können. Die Evangelien berichten von einer Reihe komischer, aber bitterer Missverständnisse und vermasselter Anstrengungen beim Versuch, der Führung ihres Meisters folgen zu können, die in seiner fast vollständigen Verlassenheit bei seiner Kreuzigung gipfelte. Und schon bald, nachdem er den Planeten verlassen hatte, zeigten sich erste Tendenzen, seine Lehren mit dem vorherrschenden Transformationsmodell zusammenzuführen: mit dem aufwärtsgerichteten Pfad der Aufstiegsmystik. Ganz oben auf der Liste stand die Tendenz, Jesus als einen Asketen darzustellen und sich seinen Lehren wie auch seiner persönlichen Lebensweise aus dieser klassisch spirituellen Sicht zu nähern. Wie im letzten Kapitel erwähnt, glaube ich, dass wir dadurch die Schubkraft dessen, worauf es Jesus ankam, in Tat und Wahrheit abschwächen. In gewissem Sinne hat das Christentum von Anfang an auf dem falschen Fuß begonnen.

Das Problem lässt sich tatsächlich auf ein einziges Wort reduzieren: *ihidaya,* auf jenen »Vereinten«, über den wir bereits gesprochen haben. In den Weisheitsschulen meint diese Bezeichnung einen Erleuchteten oder eine Erleuchtete, eine Person, die ihr Wesen um den Pol des non-dualen Bewusstseins herum integriert hat. Aber das damalige Milieu kannte keinen Weisheitskontext, und es dauerte nicht allzu lange, bis der *ihidaya,* der »Vereinte«, im Sinne von »ungeteilt« oder »allein« wie im Begriff »Zölibat« interpretiert wurde: als Mönch, als der klassische Asket, der die Verstrickungen dieser Welt zurückweist, um sein Leben den höheren spirituellen Bestrebungen zu weihen.

Jesus wurde immer als ziemlich genauer Doppelgänger von Johannes dem Täufer gezeichnet, und alle vier Evangelien scheinen die beiden bewusst als eine Art Paar darzustellen. Das Lukasevangelium portraitiert Johannes als den etwas älteren Cousin von Jesus und beinhaltet eine bezaubernde Passage (Lukas 1.44), wo die beiden Babys, noch immer *in utero,* sich gegenseitig erkennen und grüßen. Auch lesen wir, wie Jesus sein öffentliches Wirken an der Seite von Johannes beginnt, als dieser ihn im Jordan tauft und eine Stimme vom Himmel spricht: »Du bist mein geliebter Sohn« (Lukas 3.22). Johannes der Täufer ist der klassische Archetyp eines Asketen, sehr wahrscheinlich ein Essener, und verkörpert diese Rolle glaubhaft: Er lebt allein in der Wildnis, ist in Tierhäute gekleidet, ernährt sich von Heuschrecken und wildem Honig und predigt eine Botschaft der Buße und inneren Vorbereitung. Dem klassischen Weg des Verzichts folgend, hat er Freunde, Familie und weltliche Vergnügungen hinter sich gelassen, um sich ganz und gar der Aufgabe zu widmen, »dem Herrn den Weg zu bereiten.«

Vordergründig sieht zwar auch Jesus wie ein Asket aus, aber im Grunde ist er es nicht, obschon er die Kunst der Askese kennt und diese auszuüben weiß, wenn die Umstände es erfordern. Alle vier Evangelien bestätigten, dass er direkt nach der Taufe in die Wüste ging, wo er vierzig Tage lang auf die Probe gestellt wurde und sich von Überflüssigem befreite. Doch was rein äußerlich wie eine Form von Askese aussieht, muss es innerlich durchaus nicht zwingend sein. Aus seinen danach folgenden Handlungen wissen wir, dass Jesus sich nicht so sehr dem Genuss weltlicher Nahrung entzog, sondern sich vielmehr am Wort Gottes gütlich tat. Er wurde eingepasst, innerlich initiiert in den radikal neuen Weg, den er der Welt bald offenbaren sollte. Als er aus der Wüste zurückkam, tat er dies ohne weitere Insignien der Entsagung. Er ging auf den Marktplatz, lehrte, heilte, lachte, tanzte und speiste; er lebte unter den Menschen als Bruder und Freund. Was immer er in der Wüste gelernt haben mochte, es scheint ihn ans Ende des asketischen Weges und darüber hinaus gebracht zu haben.

Dass Jesus und Johannes in den Evangelien so stark aneinander gekoppelt werden, geschieht nicht, um zu zeigen, wie sehr sie sich ähneln, sondern vielmehr, um zu betonen, wie sie sich unterscheiden. Sie sind gedacht als symmetrisches Gegensatzpaar, dessen Konjunktion wie bei Planeten am Nachthimmel voller kosmischer Vorzeichen ist. Als er Jesus taufte, bekräftigte Johannes selbst: »Er muss wachsen, ich aber geringer werden« (Johannes 3.30).[51] Für »jene, die hören können« bedeutet dies übertragen und symbolisch, dass ein kosmischer Zyklus abgeschlossen ist und eine neue Ära beginnt.

Keuschheit und Zölibat

Aber Jesus war doch ein Zölibatär oder nicht? War er es nicht? Ist dies nicht eines der Dinge, derer wir uns absolut gewiss sein können? Nun, tatsächlich haben wir keinen schlüssigen Beweis, weder was die eine noch die andere Annahme betrifft. Bewiesen ist allerdings, dass es zahlreiche Manipulationen von Quellen gab, dass die

51. Die synoptischen Evangelisten (Matthäus, Markus und Lukas) geben dies zwar unterschiedlich wieder, beschreiben im Grunde genommen jedoch genau dasselbe. Matthäus 3.14: »Ich müsste von dir getauft werden«, sagte er, »und du kommst zu mir?« Markus 1.7–8: »Nach mir kommt einer, der ist stärker als ich; ich bin es nicht wert, mich zu bücken und ihm die Riemen der Sandalen zu lösen. Ich habe euch mit Wasser getauft, er aber wird euch mit dem Heiligen Geist taufen.« Lukas 3.16: »Ich taufe euch mit Wasser. Es kommt aber einer, der stärker ist als ich, und ich bin es nicht wert, ihm die Riemen der Sandalen zu lösen. Er wird euch mit dem Heiligen Geist und mit Feuer taufen.«

Geschichte umgeschrieben worden ist und dass Begebenheiten zusammengelegt wurden. Das Bild, das uns die Evangelien vermitteln, entspricht nicht notwendigerweise dem, was tatsächlich geschah – und das Portrait, das spätere apostolische und patristische, gemeinhin als »orthodox« bezeichnete Lehrmeinungen entwerfen, ist ziemlich sicher eine signifikante Verzerrung sogar der Schriften selbst.[52] Es sind genau diese Ungereimtheiten, welche den Graswurzelaufstand befeuerten, der von Dan Browns Roman *Da Vinci Code* aus dem Jahr 2003 angeführt wurde. Dieser versucht zu suggerieren, Jesus sei heimlich mit Maria Magdalena verheiratet gewesen, sie hätten zusammen ein Kind gehabt und der Versuch der Kirche, dieses verborgene, dunkle Geheimnis unter der Decke zu halten, habe in einem zweitausendjährigen Vermächtnis von Erpressung, Glücksrittertum und politischer Intrige resultiert.[53]

Hier ist nicht der Ort, auf diesen fahrenden Zug mit all dem Aufsehen erregenden und umstürzlerischen neuen Material aufzuspringen. Ich möchte die Frage von einem etwas anderen Blickwinkel aus betrachten. Weshalb hat diese neue Pop-Mythologie solch eine Kraft, uns derart zu schockieren? Die Antwort ist offensichtlich: Weil wir einfach davon ausgegangen sind, dass Jesus ein zölibatärer Asket war, und wir unsere ihn betreffenden liebgewonnenen Vorstellungen auf dieser Annahme aufgebaut haben. Sollte er im Geheimen sexuell aktiv gewesen sein, wäre er also entweder ein Versager oder ein Betrüger; jede dieser beiden Varianten lässt unser Kartenhaus in sich zusammenstürzen.

Aber denken Sie daran: Beim *ihidaya,* dem Vereinten, geht es nicht um irgendeinen Zustand des Zölibats, sondern um eine Verschmelzung des Wesens. Es geht darum, eins zu werden und zwar in dem Sinn, dass sich Verstand und Herz beide in dieselbe Richtung bewegen, ausgerichtet auf Gott, nur eine einzige Sache anstrebend. Dies ist die Ehelosigkeit [oder: das Einssein], die Jesus lehrte

52. Eine exzellente und unparteiische Aufarbeitung der offensichtlichsten Verzerrungen finden Sie in KAREN KING: *The Gospel of Mary of Magdala,* Santa Rosa, CA: Polebridge, 2003; hier insbesondere im dritten Teil: "The Gospel of Mary in Early Christianity".

53. Weniger bekannt, als er es verdient, ist indes leider der Verdacht, dass Dan Browns Blockbuster *The Da Vinci Code* [deutsch: *Sakrileg*] sich stark auf die Untersuchungen und Hypothesen eines früheren Buches mit dem Titel *Holy Blood, Holy Grail* von MICHAEL BAIGENT, RICHARD LEIGH und HENRY LINCOLN, New York: Delacorte Press, 1982, abstützt; deutsch: *Der Heilige Gral und seine Erben,* Bergisch Gladbach: Lübbe, 1984.

und praktizierte. Ob er dies nun in einer zölibatären Form tat oder nicht, ist nicht entscheidend.

Wenn ich den kenotischen Pfad, den er für uns auslegte, in seinem weitesten generischen Sinn und in einer eher metaphysischen als religiösen Sprache beschreiben müsste, schiene mir die Kategorie »tantrisch« am ehesten passend. Ich weiß sehr wohl, dass »Tantra« vielen Christen augenblicklich einen Heidenschrecken einjagt, weil sie denken, es heiße soviel wie, aus gutem Sex eine Religion zu machen. Aber Tantra ist seiner wahren Bedeutung nach ein uralter, authentischer und auf einem umfassenden metaphysischen System beruhender spiritueller Weg. Als das symmetrische Gegenteil des asketischen Wegs (oder des *brahmacharya,* um den vergleichbaren Allgemeinbegriff zu verwenden) sucht er den Zustand der Vereinigung – das heißt das Transzendieren von Trennung und Dualität – durch eine vollständige Selbstentäußerung oder Selbstausgießung. Der sexuelle Ausdruck kann durchaus eine Facette dieses Selbstausgießens sein, doch geht es hier beileibe nicht darum, dass der Schwanz mit dem Hund wedelt. Wenn Sie sich an unsere Diskussion des kenotischen Pfads im letzten Kapitel erinnern, denke ich, dass Sie mit mir einverstanden sind, dass das Wort »Tantra« uns zumindest wieder auf jenes Feld zurückführt, worüber Jesus sprach – und das wesentlich stärker, als es der asketische Pfad des Aufspeicherns und Verzichtens vermag.

Es gibt eine geringfügige, doch wichtige Geschmacksnuance zwischen Verzicht und Loslassen. Im Verzicht schieben wir die Dinge von uns weg; wir sagen Nein und bleiben ein bisschen im Abseits, damit wir von nichts dominiert oder von unserem Ziel abgelenkt werden können. Auf dem kenotischen oder tantrischen Weg kann irgendetwas auf uns zukommen und wir können alles annehmen; wir bewahren unsere Keuschheit einfach dadurch, dass wir uns an nichts klammern. Im freien Fluss dieses Kommens und Gehens (der, wie wir im letzten Kapitel gesehen haben, zur *perichoresis* oder zum »Reigentanz« der Göttlichen Liebe gehört) sind wir in Sicherheit.

Keuschheit ist gewiss eine Anforderung des kenotischen Pfades, doch Keuschheit ist weder dasselbe wie der Zölibat, noch wird sie zwangsläufig durch den Zölibat bewahrt. In der buddhistischen Tradition gibt es dazu eine bezaubernde Geschichte, welche diese Unterscheidung verdeutlicht: Zwei Mönche befinden sich gemeinsam auf einer Reise; beide haben einen Schwur auf einen strikten

Zölibat geleistet, der jeglichen Umgang mit dem anderen Geschlecht verbietet. Sie kommen also an einen tiefen Fluss, an dessen Ufer eine Frau steht, die ganz offensichtlich verzweifelt auf die andere Seite will, aber nicht schwimmen kann. Einer der Mönche nimmt sie einfach auf seinen Rücken und schwimmt mir ihr hinüber ans andere Flussufer. Als sie die andere Seite erreicht haben, geht die Frau ihres Weges und so auch die Mönche. Zwei Stunden später bemerkt der erste Mönch, dass sein Mönchsbruder innerlich aufgebracht ist, bevor dieser dann schließlich regelrecht explodiert: »Wie konntest du nur so etwas tun? Schließlich hast du das Gelübde abgelegt, nie eine Frau anzufassen. Bedeutet dir dieser Eid denn gar nichts? Ist es dir egal, dass du nun selbst unrein geworden bist?« Worauf der erste erwidert: »Mein Bruder, ich habe sie hochgehoben und sie wieder abgesetzt. Du hingegen trägst sie noch immer.«

Wir können mit entschiedener Gewissheit sagen, dass Jesus einen Weg der Keuschheit gegangen ist, einer vollkommenen Ungeteiltheit und Reinheit des Herzens. Er schloss alle und alles in seine Arme, behielt aber nichts zu seinem eigenen Nutzen. Die Leute wurden nicht manipuliert; sie wurden nicht zu Futter für seine spirituellen Ambitionen oder seine animalischen Instinkte. Und wenn es Zeit zum Loslassen wurde, tat er dies mit genau derselben Gelassenheit und Freiheit, die er auch in der ursprünglichen Umarmung gezeigt hatte. Rein war er auf jeden Fall. Tatsächlich ist er der Archetyp der Reinheit. Aber ob dies auch eine Dimension des physischen Zölibats mit einschloss, wissen wir schlicht und ergreifend nicht.

Aber warum soll das überhaupt wichtig sein? Weshalb konnten Dan Browns *Da Vinci Code* und andere Werke auf dieser Welle reiten und mit der Enthüllung des »verborgenen, dunklen Geheimnisses« der Kirche Millionen scheffeln? Wir haben es hier mit einem Thema zu tun, das in Wirklichkeit weit explosiver ist als diese oberflächliche Erregung, denn es bleibt die Tatsache, dass *der Zölibat zwar eine essenzielle Anforderung des asketischen Weges ist, nicht aber des kenotischen Weges.* Das Beharren der Kirche auf dem Zölibat Jesu und ihre hysterische Verteidigung gegenüber jeglicher Andeutung, dass dem faktisch gar nicht so gewesen sein mag, ist lediglich ein weiterer Beleg dafür, dass das Christentum von Beginn an den Weg Jesu ein bisschen missverstanden hat. Wenn wir ihn wahrhaftig als das erkannt hätten, was er war, wäre seine Beziehung zu einer menschlichen Geliebten Anlass zur Freude und nicht zur Bestürzung. Zumindest für diese »Aufdeckung« schulden wir dem *Da Vinci Code* Dank, weil genau hier von jeher die Wurzel des Problems gelegen hat.

Könnte die echte Maria Magdalena sich bitte mal erheben?

Waren die beiden nun also tatsächlich ein echtes Liebespaar? Wer war diese Maria Magdalena überhaupt? Es sind vor allem solche Fragen, auf die sich heutzutage die Aufmerksamkeit der Leute richtet. Die kanonischen Evangelien stimmen darin überein, dass sie die erste Zeugin der Auferstehung Jesu war und dass sie sich durch nichts hatte davon abbringen lassen, während der ganzen Kreuzigung und des Begräbnisses anwesend zu sein (eine Tatsache, die merkwürdigerweise in der Liturgie der Karwoche heruntergespielt wird).[54] Darüber hinaus haben sie nur sehr wenig über sie zu sagen, aber das neu aufgetauchte Material aus Nag Hammadi und andere diesbezügliche Entdeckungen erweitern das Bild erheblich. Im Thomasevangelium erhält sie eine maßgebliche Stimme, und auch im Philippusevangelium und im Evangelium der Maria Magdalena ist sie eine herausragende Persönlichkeit. Diese drei Texte haben die fehlerhaften Auslassungen und Übertragungen ein gutes Stück weit korrigiert, die sich in der christlichen Überlieferung, insbesondere im westlichen Christentum, angehäuft haben.

Im Westen wurde sie üblicherweise als eine reumütige Prostituierte dargestellt, der Jesus sieben Dämonen ausgetrieben habe.

54. Obwohl alle vier Evangelisten ihre Anwesenheit in der Nähe oder am Fuß des Kreuzes bestätigen, wird ihr Zugegensein weder in den Palmsonntags- noch in den Karfreitagspassionsgeschichten des christlichen Westens erwähnt; stattdessen wird die Aufmerksamkeit auf die Verleugnung Jesu durch Petrus und dessen darauffolgende Gewissensbisse gelenkt, was den Eindruck verstärkt, Jesus sei ganz allein und von allen verlassen gestorben. Während der Karwoche im Jahr 2005 in Vézelay, Frankreich, erlebte ich in einer auf die Kommunion folgenden Karfreitagsliturgie ihr erstaunliches Zeugnis zum ersten Mal liturgisch dargestellt – und ich bekenne, dass dies mein ganzes Christentum radikal verändert hat. In meinem Buch *The Meaning of Mary Magdalene: Discovering the Woman at the Heart of Christianity,* Boston: Shambhala, 2009, schreibe ich mehr über dieses faszinierende Thema.

Doch die Wissenschaft hat schlüssig aufgezeigt, dass dieses Bild von ihr ein mittelalterliches Konstrukt war, das vor allem Papst Gregor dem Großen, dem Theologen aus dem sechsten Jahrhundert, zuzuschreiben ist. Was wir heute wissen, ist, dass Maria Magdalena aller Wahrscheinlichkeit nach eine vollwertige Jüngerin Jesu und ziemlich sicher sogar die fortgeschrittenste unter seinen Studentinnen und Studenten war. Diese Aussage ist an sich schon eine Herausforderung für den Status Quo, da viele Leute darauf beharren, Jesus habe ausschließlich männliche Jünger gehabt. (Tatsächlich gibt es eine lange theologische Argumentationskette, die bezweckt, Frauen an der Priesterschaft zu hindern, indem darauf verwiesen wird, dass die Jünger Jesu männlich waren und deshalb auch nur Männer Priester sein könnten.) Doch enthüllen diese neu aufgetauchten Schriften, wie auch die kanonischen Evangelien selbst (wenn wir zwischen den Zeilen lesen), Beweise dafür, dass dies so nicht gewesen sein kann. Jesu Schar enger Anhänger bestand aus Männern und Frauen, und die Frauen waren nicht einfach nur Mitläuferinnen oder Hilfskräfte. Er unterrichtete sie und freute sich über die Gemeinschaft mit ihnen; sie waren seine Vertrauten und Maria Magdalena die allerengste.

Viele Menschen glauben, Maria Magdalena sei identisch mit Maria von Bethanien (jener aus der Maria-Martha-und-Lazarus-Geschichte), mit der Jesus persönlich befreundet war und offenbar einen beträchtlichen Teil seiner Freizeit verbrachte. (Eine feministische Bibelwissenschaftlerin, Margaret Starbird, geht davon aus, dass der Magdalena-Teil ihres Namens sich ganz und gar nicht auf den Ort Magdala bezieht, sondern dass es sich hier um einen Spitznamen handelt – »Maria, der Turm« –, den man ihr innerhalb der vertrauten Gruppe der Jüngerinnen und Jünger Jesu gegeben habe, um damit auf die Bedeutung anzuspielen, die ihr unter ihnen zufiel.[55]) Die ganze Angelegenheit bleibt hoch spekulativ, doch sicher ist – implizit in den kanonischen Evangelien und überaus deutlich in den Evangelien von Maria Magdalena und Thomas –, dass Maria mittendrin war, zu Füßen Jesu gesessen und die Botschaft verstanden hat. Sie verstand sie sogar besser als die anderen, und dies führte zu Spannungen unter den Jüngern, insbesondere zwischen ihr und Petrus.

55. Margaret Starbird: *The Woman with the Alabaster Jar*, Santa Fe: Bear and Company, 1993, Seiten 50–51. Deutsch: *Die Frau mit dem Alabasterkrug*, Berlin: Ullstein, 2006.

Die kanonischen Evangelien tendieren dazu, Konflikte unter den Jüngern und Jüngerinnen herunterzuspielen;[56] ihr Ansatz, die offensichtliche Spannung zwischen Maria Magdalena und den männlichen Jüngern aufzulösen, besteht darin, die Stimme Maria Magdalenas ganz einfach zum Schweigen zu bringen. Die Evangelien von Maria Magdalena und Thomas hingegen unternehmen keinen Versuch, die Tatsache zu verheimlichen, dass diese Spannung existierte, und sie benennen die Gründe hierfür sehr freimütig. Im folgenden Auszug aus dem Evangelium der Maria Magdalena bricht der schwelende Konflikt offen aus:

> Andreas aber antwortete den anderen Brüdern: »Sagt, was ihr wollt, über all das, was sie uns gegenüber geäußert hat. Ich für meinen Teil glaube nicht, dass der Erlöser solche Dinge zu ihr gesagt hat, denn sie sind sonderbar und scheinen vom Rest seiner Lehren abzuweichen.« Petrus überlegte und sprach dann ähnlich: »Würde der Erlöser derartige Dinge im Privaten zu einer Frau sagen, ohne sie offen mit uns zu teilen, sodass auch wir sie hören können? Sollen wir überhaupt auf Maria hören, und hat er sie uns vorgezogen, weil sie würdiger ist als wir?« Da begann Maria zu weinen und sprach zu Petrus: »Mein Bruder, was denkst du denn? Glaubst du, ich hätte mir dies allein in meinem Herzen ausgedacht und dass ich über den Erlöser lüge?« Auch Levi antwortete und sprach zu Petrus: »Du warst schon immer leicht jähzornig, Petrus. Und jetzt stellst du sie auf genau dieselbe Art infrage und behandelst diese Frau, als sei sie ein Feind. Wenn der Erlöser sie aber als würdig erachtet, wer bist du dann, sie zu verstoßen? Er hat sie vollständig erkannt und aufrichtig geliebt.«[57]

56. Sowohl Lukas (22.24) als auch Markus (10.41) erwähnten jedoch zumindest einen Streit unter den Jüngern, und zwar bezüglich der Frage, wer von ihnen der größte sei.

57. Ich zitiere hier den Eröffnungsdialog 4 nach der neuen Übersetzung und kritischen Ausgabe von LYNN C. BAUMAN, WARD J. BAUMAN und CYNTHIA BOURGEAULT: *The Luminous Gospel,* Telephone, TX: Praxis Institute Press, 2009). Die Parallelstellen finden sich bei KAREN KING: *The Gospel of Mary of Magdala,* Seite 17, und JEAN-YVES LELOUP: *The Gospel of Mary Magdalene,* Rochester, VT: Inner Traditions, 2002, Seite 37 [sowie auf Deutsch bei HANS-MARTIN SCHENKE, HANS-GEBHARD BETHGE und URSULA ULRIKE KAISER: *Nag Hamadi Deutsch,* Berlin: De Gruyter, 2001, Seite 573–574].

Andreas' Ausbruch war ein längerer Diskurs von Maria Magdalena vorangegangen, in dem sie eine von Jesus erhaltene private Lektion erklärte (sehr wahrscheinlich im Rahmen einer Vision irgendwann vor der Auferstehung), die den Kampf, die inwendigen Leidenschaften zu zähmen, und die Befreiung in das völlig vereinte Bewusstsein zum Gegenstand gehabt hatte. Obwohl leider nur weniger als die Hälfte dieses Gesprächs erhalten geblieben ist (es fehlen an dieser Stelle vier Seiten des ursprünglichen Manuskripts), offenbaren die Schlusszeilen eine tiefgründige und poetische Schönheit, die es mit allem aus den kanonischen Schriften aufnehmen kann:

> »Und meine Seele sang: ›Was mich gebunden hat, ist bezwungen. Was mich umfasst hat, besiegt. Die Begierde ist an ihr Ende gelangt, und ich bin frei von Unwissenheit. Ich habe eine Welt hinter mir gelassen mithilfe einer anderen, und nun bin ich als Bild befreit von dem gleichen [Bild]. Ich bin entbunden von den Ketten des Vergessens, die im Zeitlichen bestanden. Von diesem Augenblick an gehe ich weiter in die Fülle jenseits der Zeit, und dort, wo die Zeit in der regungslosen Ewigkeit ruht, werde ich verweilen in Stille.‹«[58]

Dieses schöne Zitat deckt auf, was zweifelsohne der Kern des Konflikts war: Maria verstand besser als alle anderen Jüngerinnen und Jünger die unglaubliche Erhabenheit dessen, was Jesus lehrte. Sie hatte erkannt, dass er wirklich aus einem anderen Reich des Seins gekommen war und beabsichtigte, dieses Reich hier und jetzt zu manifestieren. Auch hatte sie persönlich einen starken Geschmack von der Atmosphäre dieses Reichs, von seiner Zeitlosigkeit und von der Klarheit ewiger Erinnerung (das heißt von reinem Bewusstsein), nachdem die Leidenschaften erst einmal unter Kontrolle gebracht sind. Sie war fähig, in diese integrale, non-duale Vision von Ganzheit vorzudringen. Und dies war den anderen Aposteln ein starkes Ärgernis, ganz besonders Petrus, der eine wesentlich traditionellere jüdische Ansicht darüber hatte, was die Stellung von Frauen in spirituellen Gruppen anging – ganz sicherlich gehörten sie nicht unmittelbar zu Füßen des Meisters.

58. Bauman: Ende des Dialogs 3, Seite 37; King: Seite 16; Leloup: Seite 37; [Schenke: Seite 573].

Der Konflikt bricht noch ein weiteres Mal mit aller Kraft aus, nämlich im abschließenden Logion 114 des Thomasevangeliums, als Petrus plötzlich äußert: »Maria sollte uns verlassen, denn Frauen sind dieses Lebens nicht würdig.« Jesu Antwort darauf ist seltsam:

»Dann werde ich selbst sie führen
Und sie männlich machen, wenn sie werden muss
Würdig wie ihr Männer!
Ich werde sie in einen lebendigen Geist verwandeln,
Denn jede auf diesem Weg veränderte Frau
Wird eingehen ins Reich Gottes.«[59]

Diese Antwort hat viele Feministinnen unnötigerweise beunruhigt, die Jesus hier sagen hören, eine Frau müsse zum Mann werden, bevor sie das Königreich betreten könne (tatsächlich wurde dieses Logion mitunter als »letzte Rückzugsbastion der Gelehrten« betitelt und als nachträglich hinzugefügte Fälschung verfemt). Doch der Schlüssel zu diesem Rätsel liegt im Logion 22 (»Wenn ihr Augen macht statt eines Auges, und eine Hand statt einer Hand, und einen Fuß statt eines Fußes, ein Bild statt eines Bildes, dann werdet ihr [in das Königreich] eingehen«; vergleichen Sie, was wir in Kapitel 5 zu diesem Logion gesagt haben) sowie in Jesu ausgeprägtem Gespür für Ironie, das in diesem ganzen Evangelium deutlich wird. Er sagt nicht, Maria müsse ein Mann werden; er sagt, Petrus müsse über seinen egoischen Verstand hinauswachsen. Um eine zeitgemäße Übersetzung seiner Antwort zu liefern: »Wenn es für euch Jungs, gefangen in eurer binären Wirklichkeit, so verdammt wichtig ist, dass sie ein Mann sein muss – gesagt, getan! Dann machen wir sie eben männlich. Das ist keine große Sache. Es wird einfach ein Bild durch ein anderes ersetzt.« Und dann kommt er auf das zu sprechen, worum es ihm wirklich geht: »Ich werde sie in einen lebendigen Geist transformieren.« Ein lebendiger Geist – und vergessen wir nicht, dass dies die letzte im Thomasevangelium genannte Unterweisung ist, die alles Vorhergegangene zusammenfasst – ist ein Mensch, der die Kategorien des egoischen Protokolls transzendiert hat, jenes »männlich / weiblich«, »richtig / falsch«,

59. LYNN C. BAUMAN: *The Gospel of Thomas,* Seite 237; [deutsch: *Die Bibel der Häretiker,* Seite 131].

»eine von uns / keine von uns«. Jesus schließt ab mit: »Denn jede auf diesem Weg [das heißt in einen lebendigen Geist] veränderte Frau wird eingehen ins Reich Gottes.« Zwischen diesen Zeilen lässt sich natürlich herauslesen und resümieren, dass auch jeder Mann, der sich auf diese Art und Weise wandelt, in das Reich Gottes eingehen wird.

Was Jesus hier so kraftvoll und eindeutig sagt, ist, dass Sie zu einem lebendigen Geist werden, wenn Sie daran arbeiten, Ihr Wesen oder Sein zu transformieren, wenn Sie sich also über den egoischen Verstand hinausbewegen. Maria Magdalena war für Jesus ganz sicher ein lebendiger Geist. Sie fühlten eine leidenschaftliche Seelenliebe füreinander, doch war diese begründet im Non-Dualen, nicht im egoischen Drama. Sie hatte seine Ebene der Wahrnehmung erreicht; sie konnte das Königreich der Himmel mit eigenen Augen schauen und es mit ihren eigenen Füßen betreten. Darum konnte sie während der Kreuzigung und dem Begräbnis stark bleiben und ihren »Mann« stehen, während die anderen Jünger um ihr Leben rannten, und danach, laut dem Evangelium der Maria Magdalena, die anderen mit ihren beruhigenden Worten wieder zusammenrufen: »Weint nicht, seid nicht traurig und zweifelt auch nicht! Denn seine Gnade wird mit euch allen sein und euch beschützen.«[60] Das, worum es Jesus ging, hatte sie vollständig integriert.

Ostermorgen

Lange bevor ich Priesterin wurde, arbeitete ich berufsmäßig als Dramaturgin für mittelalterliche Stoffe. Über viele Jahre hinweg inszenierte ich während der Osterzeit verschiedene der schönsten mittelalterlichen Auferstehungsstücke, die stets mit der berührenden Szene von Jesus und Maria Magdalena enden, die in Johannes 20.11–18 beschrieben wird. Als Regisseurin musste ich zu verstehen versuchen, was diese Charaktere antrieb, was in ihnen vorging. Und diesbezüglich gab es keinen Zweifel: Es war die Liebe, rein und schlicht. Am Ostermorgen kommt Maria Magdalena zum Grab, ihre Aufmerksamkeit entschlossen auf ihr Ziel gerichtet. Bis zu die-

60. Nach BAUMAN, BAUMAN und BOURGEAULT: Dialog 2; KING: Seiten 14–15; LELOUP: Seite 29; [SCHENKE: Seite 572].

sem Moment hat sie drei Tage lang Wache gehalten, und nun ist außer der reinen Sehnsucht nichts von ihr übrig geblieben. Sie lässt sich nicht von den Engeln abbringen, die ihr sagen, Jesus sei auferstanden (aber anderswo hingegangen); sie weigert sich, irgendetwas anderes als seine Gegenwart zu akzeptieren, auch wenn dies nur ein letzter Blick auf seine geliebte körperliche Gestalt sein sollte. »Herr«, fleht sie einen Mann an, den sie für den Friedhofsgärtner hält, »wenn du ihn weggebracht hast, sag mir, wohin du ihn gelegt hast! Dann will ich ihn holen.« Schließlich spricht Jesus zu ihr und ruft sie bei ihrem Namen. Sie erkennt ihn und wirft sich mit dem ekstatischen Ausruf *Rabbuni!* (»mein Meister«) zu seinen Füßen. Der Ostersonntag beginnt mit der Kraft dieser Begegnung und im Klang zweier wiedervereinter Herzen: Ihr Sehnen wird in seiner Antwort erwidert. Im Epizentrum dessen, was Christen »die österliche Kerygma« nennen (die Proklamation der frohen Botschaft über die Auferstehung), begegnen wir einem mächtigen Augenblick reiner Liebe.

Die direkt anschließenden Worte, die er an sie richtet, haben Wissenschaftler und Gläubige lange Zeit gleichermaßen verwirrt, aber im Licht des Weges, den wir in diesem Buch erkunden, werden sie glasklar: »Halte mich nicht fest; denn ich bin noch nicht hinaufgegangen zum Vater.« Er erinnert sie an den kenotischen Weg. Obwohl sie durch eine reine Liebe miteinander verbunden sind, wird diese Liebe von nun an ihren Ausdruck in einer neuen Form finden. Halte mich nicht fest. Geh lieber weiter und überbringe den Jüngerinnen und Jüngern die frohe Botschaft.

Aufgrund dieser ihr von Jesus übertragenen Aufgabe ist Maria Magdalena in der Kirche traditionell als »Apostel der Apostel« bekannt (auch wenn die bohrende Frage, warum sie als »Apostel der Apostel« nicht selbst ein Apostel gewesen sein soll, niemals befriedigend beantwortet wurde). Die Schilderungen in den Evangelien lassen uns einhellig mit einem starken Bild der tiefen und reinen Seelenliebe zwischen Jesus und Maria Magdalena zurück und bescheinigen, dass Maria auf Basis dieser Liebe dazu befähigt war, die Wiederauferstehung als eine lebendige Wirklichkeit zu verkünden. Zweifellos bestand ein sehr tiefes Band zwischen den beiden, stärker als das physische Leben und der physische Tod, das für die ganze Entfaltung des entstehenden Christentums bestimmend werden sollte. In einem gewissen Sinne – und ohne unfaire Unterscheidungen treffen zu wollen – muss man ehrlicherweise anerkennen, dass, obwohl ihnen dieser Verdienst angerechnet wird, es nicht die männlichen Jünger waren, die den christlichen Pfad begründeten. Er erwuchs mit Herz und Seele aus der reinen Liebe und dem Vertrauen zwischen einem Mann und einer Frau, die auf tiefgreifende Art und Weise über ihr Mann- und Frausein hinausgegangen waren, um lebendige Geister zu werden.

Eine Kirche der Liebe

Es ist nicht schwer zu durchschauen, was schon kurz danach geschah: Der Keim ist bereits in den kanonischen Evangelien angelegt und zeigt sich besonders deutlich in den Evangelien des Thomas und der Maria Magdalena. Diese Art Liebesbeziehung, welche Seele und Geist in einer vollständigen Transformation des Wesens einschließt, lag weit jenseits dessen, was sich Petrus und all die anderen Jünger erklären konnten. Es verstieß gegen jede ihnen bekannte Norm. Schon im Matthäusevangelium (19.6) verdrehen die Schüler ihre Augen, als Jesus sie lehrt, Mann und Frau müssten »ein Fleisch« werden, und sagen: »Das ist zu viel des Guten! In dem Fall ist es besser, gar nicht erst zu heiraten!« Das Ablegen des Selbsts ist schon für den Einzelnen hart genug – wie soll das erst als Paar funktionieren! Petrus und seine Gruppe schafften diesen Sprung einfach nicht. (Und Paulus, der ohnehin nie Teil des täglichen Austauschs im inneren Kreis um Jesus gewesen und Maria Magdalena wahrscheinlich nie begegnet war, konnte sich noch nicht einmal vorstellen, was dieser Sprung sein sollte.) So sehen wir, wie bereits zu Zeiten der frühesten christlichen Schriften eine Art raffinierter Verdrehung einsetzt. Die Annahme beginnt sich zu verfestigen, dass Jesus zölibatär gelebt habe und dass der Weg, auf dem man ihm am besten nachfolgen könne, in der Übernahme dieser Lebensweise liege.

Was bedeutet das für uns heute, zwanzig Jahrhunderte später? Erlauben Sie mir, nochmals darauf hinzuweisen, dass die Frage nach dem Sexualleben Jesu für mich persönlich keinerlei Rolle spielt. Was mich hingegen beschäftigt, ist, dass die Kirche über die Jahrhunderte hinweg in ihrem wachsenden Unbehagen, was das Thema Sexualität angeht, unbeabsichtigt auch Angst vor der Liebe bekommen hat und von der eigentlichen Essenz des kenotischen Pfads Jesu abgewichen ist. Im vierten Jahrhundert waren die Zölibatäre bereits eine privilegierte Kaste innerhalb der Christenheit (um als Priester, Bischof, Abt oder Theologe den Machtstrukturen beizutreten, musste der Schwur des Zölibats geleistet werden) – und de facto spielte sich die christliche Theologie während des Großteils der vergangenen zweitausend Jahre innerhalb eines Rahmens ab, in dem sich Zölibatäre mit Zölibatären austauschten. Man spricht hehre Worte und teilt mächtige Einsichten untereinander, doch dabei wertet man stillschweigend einen ganzen Bereich menschlicher Erfahrungen einfach ab. Zölibatäre Theologie neigt zur Bekräftigung der Botschaft, wer Gott ganz und gar lieben wolle, müsse auf menschliche Partnerschaft verzichten und sich vor jeglicher romantischer Verstrickung in Acht nehmen, die »das Herz spalten könnte.«[61] Wenn wir uns dazu entschließen, den Weg einer festen Paarbeziehung zu gehen, wird irgendwie spürbar, dass wir aus religiöser Sicht Bürgerinnen und Bürger zweiter Klasse werden, unfähig zur höchsten Ebene spiritueller Verbindlichkeit. Zumindest bedarf die sexuelle Entfaltung (die ein »niedrigerer Zustand von Reinheit« ist als der Zölibat) einer sorgfältigen Kontrolle und ist nur insoweit unverdächtig, wie sie ausschließlich der Fortpflanzung dient.

Davon aber hat Jesus nichts gesagt. Das hat er nicht gelehrt. Vielleicht besteht ja der grundlegende Fehler ursächlich darin, dass versucht wird, sich Gott in erster Linie als ein Objekt vorzustellen, als ein »Jemand« oder ein »Etwas«, der oder das man ganz und gar lieben könne. Aber Gott ist niemals das Objekt von Liebe. Das ist nur ein weiteres Beispiel, wie das egoische Betriebssystem den Wahrnehmungsbereich aufspaltet. Gott ist immer und ausschließlich *das Subjekt* der Liebe und fließt durch unsere Beziehungen, durch unsere Möglichkeiten und auch durch unsere Herausforderungen, durch jeden einzelnen der besonderen Umstände, in denen wir uns zu jeglichem Zeitpunkt befinden. Nichts und niemand wird ausgeschlossen. Wie Jesus im letzten Logion des Thomasevangeliums so bedeutsam erklärt, ist es völlig irrelevant, ob wir männlich oder weiblich, zölibatär oder sexuell aktiv, ein Mönch oder verheiratet sind. Worauf es ankommt, ist, dass wir ein lebendiger Geist werden. Und ein lebendiger Geist ist eine Person, die wie Jesus zu *ihidaya* geworden ist; eine Person, die über die Gegen-

61. Für eine eingehendere Betrachtung dieses Themas verweise ich auf meinen Artikel "Reclaiming the Path of Erotic Love" im Magazin *Gnosis,* Ausgabe 51, Frühling 1999, Seiten 43–48.

sätze hinausgelangt ist. Wir können dies im Leben tun, wo auch immer wir uns gerade befinden. Männer tun es, Frauen tun es, Paare tun es, Mönche tun es. Jeder Mensch, der bereit ist, die Last der viel schwierigeren Aufgabe auf sich zu nehmen – nicht die beherrschbare Komplexität von Normen und Regeln, sondern die unbeherrschbare Schlichtheit, in seinem Leben in Liebe gegenwärtig zu sein –, geht den Weg Jesu.

Teil zwei

Die Mysterien Jesu

8

Die Menschwerdung

Die Zeit hielt mich grün und am Sterben,
obgleich in meinen Ketten ich sang wie das Meer.

DYLAN THOMAS: "Fern Hill"

NACHDEM WIR IM ERSTEN TEIL DIESES BUCHES DIE LEHREN Jesu als einen ganzheitlichen spirituellen Weg erforscht haben, werden wir in diesem zweiten Teil unser Augenmerk darauf richten, wie das Leben Jesu selbst eine Lehre war. Mit »Lehre« meine ich hier natürlich ein Vorbild; alle authentischen Lehrerinnen und Lehrer leben auch, was sie lehren. Doch ich möchte über diesen Vorbildcharakter hinausgehen und sein Leben als ein *Sakrament* betrachten – das heißt, als eine eigenständige spirituelle Kraft. Üblicherweise versteht man unter »Sakrament« soviel wie »ein äußeres und sichtbares Zeichen einer inwendigen und spirituellen Gnade«.[1] Doch meiner Meinung nach kristallisiert diese Definition zu wenig heraus, dass ein Sakrament eine spirituelle Wirklichkeit nicht einfach nur *symbolisiert;* es bringt diese Wirklichkeit ins Dasein.

Von diesem Standpunkt aus betrachtet, ist das Leben Jesu ein Sakrament: ein Mysterium, das uns tief in sich hineinzieht und uns bei richtiger Annäherung eine echte spirituelle Energie vermittelt, die uns befähigt, dem Pfad zu folgen, den uns die Lehren weisen. Dieses sakramentale Leben Jesu beruht auf vier Ecksteinen, die sowohl geschichtliche Ereignisse als auch kosmische Wirklichkeiten sind: Menschwerdung, Passion, Auferstehung, Himmelfahrt. Gemeinsam bilden sie die Grundlage des christlich mystischen und andächtigen Lebens. Sich der Bedeutung dieser großen Mysterien zu öffnen, heißt, die innere Karte des christlichen Pfades lesen zu können. In den folgenden vier Kapiteln werden wir uns nachein-

1. Zitiert aus dem Katechismus in *The Book of Common Prayer of the Episcopal Church,* New York: Church Hymnal Corporation, 1977, Seite 857.

ander jedes einzelne Mysterium anschauen. Ich hoffe, dass wir über die üblichen theologischen und kritisch-historischen Erklärungen hinausgelangen und dem lebendigen mystischen Faden zu folgen vermögen, der jedes dieser Mysterien zum Proviant für unsere Reise werden lässt.

Weil das Gelände, das wir nun durchqueren, gleichzeitig das mitunter dornige gemeinsame Territorium von christlicher Liturgie und sakramentaler Theologie ist, möchte ich noch einmal an meinen eigenen Hintergrund erinnern, damit Sie verstehen, von welchem Punkt aus ich spreche. Ich trage zwar das Kollar einer Episkopalpriesterin, doch habe ich den größten Teil meines liturgischen Lebens innerhalb des breiteren westlichen und römisch-katholischen Stroms des benediktinischen Mönchtums verbracht (obschon die episkopale Liturgie in den meisten Punkten hiermit identisch ist), und dieses (zusammen mit meiner Ausbildung als Mittelalterforscherin) bildet die Perspektive, aus der ich in erster Linie sprechen werde, wenn ich die rituellen Feiern beschreibe, die diese großen Mysterien entfalten. Mit den orthodoxen Traditionen bin ich weniger vertraut (abgesehen von meiner Erfahrung mit der christlichen inneren Überlieferung), fühle mich andererseits aber auch in den Strömungen der keltischen und der orientalisch orthodoxen Spiritualität zu Hause, auf deren außergewöhnliche Erkenntnisse ich zu gegebener Zeit noch zu sprechen kommen werde. Meister Eckhart hat einmal bemerkt, es gebe keine Wesen außer in einer Wesens*art,* und die westliche katholische Wesensart ist der Strom, innerhalb dessen ich das meiste von dem gelernt habe, was ich weiß. Nachdem ich nun diesen Haftungsausschluss angebracht habe, lassen Sie uns schauen, was wir über das erste große Mysterium, die Inkarnation, herausfinden können.

»Denn Gott hat die Welt so sehr geliebt...«

Ich erinnere mich noch daran, wie sehr mich vor einigen Jahren eine Erkenntnis von Bernadette Roberts, einer Mystikerin unserer Tage, erschütterte: Für Jesus sei nicht die Kreuzigung das wirklich Schwierige gewesen, sondern die Inkarnation.[2] Die Kreuzigung

2. Sie spielt darauf an in BERNADETTE ROBERTS: *The Path to No-Self,* Boston: Shambhala, 1985, Seite 117, und schreibt darüber ausführlicher in *What Is Self?,* Austin, TX: Mary Goens (Privatausgabe), 1989, Seiten 200–202.

und das, was daraus folgte – sein Tod und seine Auferstehung –, waren schlicht und einfach der Weg, auf dem das grenzenlose Bewusstsein zu seinem natürlichen Zustand zurückkehren konnte. Das wirklich Harte für dieses grenzenlose Bewusstsein war, überhaupt erst in die begrenzte Welt hineinzukommen. Jesus kam dennoch, ohne dass ihm das menschliche Abenteuer etwas gebracht hätte – es gab nichts zu beweisen, nichts zu erreichen, und sein gefährlich grenzenloses Herz machte ihn wehrlos gegenüber den schroffen Kanten dieser Welt; das, so Bernadette Roberts, war die wahre Kreuzigung! Wie wir bereits zuvor gesehen haben, traf Paulus genau diesen Punkt in seiner schönen Hymne im Philipperbrief 2.5–11. Die erste Kenosis, die Jesus durchlebt, ist die Selbstentäußerung, die ihn in körperlicher Gestalt auf diesem Planeten ankommen lässt – als Mensch. Diesem Unterfangen der Menschwerdung hängt definitiv etwas spirituell Widersinniges an. Und wirklich zu verstehen, was in diesem Mysterium auf dem Spiel steht, ist für mich die Feuerprobe dafür, ob wir überhaupt begreifen, worum es im Christentum geht.

Unglücklicherweise ist dieses Verständnis nur schwer zu erreichen: nicht nur außerhalb, sondern auch innerhalb des Rahmens des Christentums.

Damit wir uns nicht falsch verstehen – das Christentum ist hochgradig eine Religion der Inkarnation. Millionen von Menschen, die während der Weihnachtszeit von einer Massenhysterie ergriffen werden, können nicht *alle* völlig falsch liegen! Der sentimentale Exzess dieser Festtage bestätigt den Punkt nur umso mehr. Hier ist eine tiefere Wahrheit am Werk, die uns ungeachtet unserer selbst aufwühlt. Wer von uns, aufgestanden in den frühen Stunden des Weihnachtsmorgens, um der Live-Übertragung der Festmesse und der Weihnachtslieder aus der Westminster Abbey zu lauschen, wäre nicht ergriffen von der klangvollen Lesung jener unsterblichen Worte aus dem Prolog des Johannesevangeliums: »Im Anfang war das Wort, und das Wort war bei Gott, und Gott war das Wort. [...] Und das Wort ward Fleisch und wohnte unter uns«? Darin liegt eine tiefe Seelenwahrheit, die unsere verzweifelten Anstrengungen, die Bedeutung auf einer eher oberflächlichen Ebene durchdringen zu wollen, sowohl mit einschließt als auch erlöst.

Wenn wir uns die großen Weltreligionen wie die Farben eines Regenbogens vorstellen, von denen jede einzelne auf eine ganz besondere Weise einen essenziellen Aspekt der Göttlichen Fülle bezeugt, läge das Christentum unzweifelhaft an dessen einem Ende, bei der Inkarnation – damit meine ich die Vorstellung von Gott als mit der geschaffenen Welt vollkommen verbunden, völlig zu Hause innerhalb der Bedingungen von Endlichkeit, sodass die Form als solche für die Göttlichkeit kein Hindernis darstellt. Im Johannesevangelium finden wir eine weitere wunderschöne Aussage: »Denn Gott hat die Welt so sehr geliebt, dass er Seinen einzigen Sohn hingab« (Johannes 3.16). Von seiner besten mystischen Seite widerspiegelt das Christentum die Herzlichkeit dieses Versprechens: die Überzeugung, dass die Schöpfung gut ist, dass Gott für uns ist und dass das, was letztendlich im Mysterium der Reise Jesu durch das menschliche Reich dargestellt wird, ein tiefstes Zeugnis der Liebe ist.

Wer hat es vermasselt?

Unglücklicherweise hat das Christentum als Religion nie ein ausreichendes metaphysisches Verständnis seiner eigenen innersten Wahrheit besessen. Die Botschaft wird von ihrer hauptsächlichsten Interpretationsvermittlerin verdunkelt: von der Theologie des Sündenfalls und der Erlösung. Praktisch die gesamte christliche Lehre beginnt mit der Annahme, dass die Menschwerdung Jesu aufgrund von Adams Fall herbeigeführt worden und als Antwort darauf geschehen sei. »Denn wie in Adam alle sterben, so werden in Christus alle lebendig gemacht werden« (1 Korinther 15.22), lautet die klassische paulinische Formulierung dieser Idee. Die uranfänglichen Eltern Adam und Eva aßen die verbotene Frucht und stürzten die Welt ins Chaos; Jesus kam, um sie zu retten. Also wird die Inkarnation von Beginn an in einen Zusammenhang gebracht, der besagt, dass sie Gottes Antwort auf einen Fehler gewesen sei, der nie hätte passieren dürfen. Diese Vermutung wiederum färbt zutiefst unser Verständnis der Aussage: »Denn Gott hat die Welt so sehr geliebt, dass er Seinen einzigen Sohn hingab.« Es klingt in etwa wie: »Gott hat uns nicht abgeschrieben; Gott hat uns rausgehauen.«

In einer etwas mystischeren Form begegnen wir derselben Grundidee in der Theologie des *O felix culpa* – »Oh glückliche Schuld« –, um die erste Zeile einer traditionellen gregorianischen Adventshymne zu zitieren, welche diese Theologie besonders deutlich zum Ausdruck bringt. Anstatt Adam und Eva zu beschuldigen, lautet dieser Argumentationsstrang, dass wir ihnen dankbar sein sollten, da ihr Scheitern jene Ereigniskette erst ins Rollen brachte, durch welche sich Christus der Welt schließlich vollständig offenbarte. Ohne diesen ursprünglichen Fall wäre Erlösung nicht notwendig geworden. In der feinsinnigsten Variante dieser Lehre (etwa in Karl Barths Schrift *Christus und Adam*[3]) sind lineare Ursache und Wirkung vertauscht und wir sehen Adam und Eva in dieses Raum-Zeit-Kontinuum fallen aufgrund von Gottes ›vorangegangener‹ (das heißt, bereits in Ewigkeit getroffener) Entscheidung, Sich selbst in menschlicher Gestalt zu offenbaren. Anstatt die Ursache des Sündenfalls zu sein, werden Adam und Eva zu Werkzeugen der äußersten Göttlichen Selbstmitteilung. Hier haben wir es mit einer wesentlich stärker bejahenden Lehre zu tun, welche die Theologie von Sündenfall und Erlösung zu ihrer ausgereiftesten Ausdrucksweise bringt.

Ich möchte diese metaphysischen Hülle noch etwas weiter ausbauen, um zu sehen, ob wir uns dem Mysterium der Menschwerdung in einem konzeptionellen Rahmen nähern können, der überhaupt nicht auf Sündenfall und Erlösung beruht, sondern sich entlang einer ganz anderen Verständnislinie entfaltet. Anstelle einer kosmischen Kurskorrektur stellen wir uns in diesem Ansatz die stetige und zunehmend intime Enthüllung der Göttlichen Liebe entlang einer Flugbahn vor, die von Anfang an existierte. Am schönsten wird diese Vorstellung in einem wunderbaren (tief in der Ewigen Weisheit verwurzelten) Ausspruch der islamischen Tradition ausgedrückt: »Ich war ein verborgener Schatz und liebte es, erkannt zu werden; so erschuf Ich die Welt, auf dass Ich erkannt werde.«[4] Sowohl der Ausspruch selbst als auch das ihn erhellende Verständnis entstammen der tief mystischen Intuition, dass unser geschaffenes Universum ein riesiges Spiegelwerk oder Ornament

3. Karl Barth: *Christus und Adam nach Röm. 5*, Theologische Studien, Band 35, Zollikon-Zürich: Evangelischer Verlag, 1952. Karl Barth ist vielleicht der größte theologische Gigant des zwanzigsten Jahrhunderts, stringent in seiner Einhaltung des klassischen Dualismus der westlichen Theologie und doch erleuchtet von großer mystischer Erkenntnis.

4. Dieser Ausspruch entstammt einem Hadith *qudsi*, also einer außerkoranischen Offenbarung [in welcher Gott durch den Mund des Propheten Mohammed spricht]. Wenn ich sage, dass diese Aussage ihre Wurzeln in der *sophia perennis* hat, beziehe ich mich damit auf die Weisheitstraditionen des Nahen Ostens, welche der vorrangig prägende Boden von Jesus waren und aus denen schließlich sowohl das Christentum als auch der Islam hervorgingen.

ist (das griechische Wort *kósmos* bedeutet wortwörtlich »Ornament«), durch das die Göttliche Wirkungsmöglichkeit – schön, unergründlich und endlos kreativ – sich selbst in Formen projiziert, um die Tiefen Göttlicher Liebe ganz und gar zu verwirklichen. Und wir sollten uns daran erinnern, dass »realisieren« zwei Bedeutungen hat: »erkennen« und »wirklich machen«. Der Akt des Liebens bringt das verborgende Potential zu seinem vollsten Ausdruck, und je vertrauter und aufwendiger die Selbsthingabe, desto kostbarer die Qualität der offenbarten Liebe. Wie wir noch sehen werden, kann dieses feine und schöne Verständnis der Schöpfung uns etwas sehr Wichtiges über unsere Berufung als menschliche Wesen zeigen.

»Viele Wohnungen«

Metaphysisch gesprochen bewohnen wir Christen noch immer ein ziemlich kleines Universum. Wir wissen, dass wir hier auf der Erde leben, und viele von uns mögen glauben, dass über uns ein Ort namens »Himmel« existiert, der durch einen Ort unter uns, genannt »Hölle«, aufgewogen wird. Im günstigsten Fall haben wir es hier mit einem dreigeschossigen Universum zu tun. Doch die alten Weisheitstraditionen besagen alle (worin sie, nebenbei bemerkt, von den heutigen Erkenntnissen der modernen Physik und Kosmologie zunehmend bestärkt werden), dass wir diese Welt der drei Etagen ausrangieren sollten. Es gibt viele Reiche, lehrt die Weisheit: nicht nur Erde, Himmel und Hölle, sondern zahllose Dichten und Dimensionen des Seins, von denen jede existiert, um einen Aspekt der Göttlichen Fülle zu manifestieren beziehungsweise zu spiegeln. Jesus selbst drückt dies in seiner Abschiedsrede an seine Jünger und Jüngerinnen im Johannesevangelium 14.2 sehr deutlich aus: »Im Haus meines Vaters gibt es viele Wohnungen.« Damit meint er keine physischen Orte, sondern Zustände des Bewusstseins oder Dimensionen der Göttlichen Energie (wie wir bereits in Kapitel 3 gesehen haben bei Jim Marions Erkenntnis, dass Jesus sich mit dem »Reich Gottes« auf das non-duale Bewusstsein bezog). Die Tradition der *sophia perennis* (der Ewigen Weisheit) beschreibt diese Weite als eine »große Kette der Wesen« oder »Seins-

5. Der erste Begriff, kreiert vom Philosophen Arthur Lovejoy, wird auch von Ken Wilber bevorzugt; der letzte ist eher in der Gurdjieff-Arbeit verbreitet. Beide

kette« oder als »Schöpfungsstrahl«,[5] der in einem reinen, hochintensiven, unsichtbaren, feinen Bewusstsein beginnt und auf diese Welt, auf der wir leben, »hinabsteigt« und sich dabei verdichtet: zum Reich der schroffen Kanten und Tische und Stühle und Menschen, die in einer begrenzten und schrecklich massiven Welt zusammenstoßen und ineinanderkrachen.

Valentin Tomberg, der zeitgenössische christliche Hermetiker, stellt sich diesen Strahl als eine riesige Energiekaskade vor, die im Göttlichen Bewusstsein ihren Anfang nimmt und in dem uns vertrauten, empirischen Universum endet. In seinem Buch *Meditations on the Tarot* schreibt er:

> Die moderne Wissenschaft ist zu dem Schluss gekommen, dass es sich bei Materie nur um konzentrierte Energie handelt. Früher oder später wird die Wissenschaft ebenfalls entdecken, dass das, was wir »Energie« nennen, lediglich konzentrierte übersinnliche Kraft ist, und diese Entdeckung wird schließlich zur Anerkennung der Tatsache führen, dass jede übersinnliche Kraft schlicht und ergreifend die Konzentration von Bewusstsein ist, das heißt Geist.[6]

Wie ein Berg, dessen Fundament fest auf der Erde steht, dessen Gipfel aber von Wolken verhüllt wird, führt uns diese Erkenntnis Schritt für Schritt den Schöpfungsstrahl hinauf. Die moderne Physik hätte sicherlich keine Probleme mit der Aussage, dass Materie lediglich konzentrierte Energie ist; schließlich handelt es sich dabei anerkanntermaßen um den Zweiten Hauptsatz der Thermodynamik. Aber was hat es mit dem nächsten Bereich auf sich, dem Reich der »übersinnlichen Kraft«? Hier scheiden sich die Wege. Diese zweite Energieform kennen spirituell Suchende sehr gut, doch für die Hardcore-Wissenschaft bleibt sie weitgehend unsichtbar. Es ist die Energie, die durch Gebet, Aufmerksamkeit, Intuition und Willen strömt: jenen feinstofflicheren Austausch, den die Wissenschaft bis jetzt als unmessbar ablehnt, von dem wir

Metaphern beschreiben dieselbe metaphysische Karte. Für einen einführenden Überblick siehe Ken Wilber: *The Eye of the Spirit,* insbesondere Seiten 39–40.

6. *Meditations on the Tarot,* New York: Tarcher / Putnam, 2002, Seite 33. Diese Arbeit wurde anonym veröffentlicht, doch die Identität des Autors konnte unzweifelhaft festgestellt werden. Deutsch: Valentin Tomberg: *Die großen Arcana des Tarot,* Peiting: Meum Vita Verlag, 2020.

jedoch wissen, dass er die Macht hat, nachweisbare Wirkungen im physischen Bereich zu erzielen.[7]

Jenseits der übersinnlichen Kraft erwartet uns ein weiterer energetischer Bereich, wie Tomberg behauptet, da die übersinnliche Kraft an sich nur die »Konzentration« (also die Verdichtung oder der gröbere Ausdruck) einer Substanz ist, die unvergleichlich energetischer und feinstofflicher ist: reiner Geist, ursprüngliches Bewusstsein an sich, von keiner Ausdrucksform vermittelt. Diese uranfängliche Qualität wird in den verschiedenen Überlieferungen unterschiedlich bezeichnet: »Ich BIN« in der jüdisch-christlichen Tradition, *wudschūd* (Wirklichkeit) im mystischen Islam, *rigpa* (uranfängliches Bewusstsein) im tibetanischen Buddhismus. Die Begriffe variieren, aber das Verständnis bleibt immer dasselbe. Fast alle alten Weisheitskarten zeigen den Kosmos als einen unendlichen Lichtstrom, der von der unbeschreiblichen Gottheit durch das Reich der ursprünglichen Intention (im Christentum *logos* genannt) hindurchstrahlt, hinein in archetypische Formen und Energien und schließlich in das irdische und menschliche Werden. Unser Leben hier, in diesem physischen Kosmos, ist lediglich der Endpunkt einer langen Reise, etwas, das wir als »Göttliche Rotverschiebung« bezeichnen könnten – also die Konzentration oder die Abkühlung der intensiven Energie reinen Geistes, um die physische Manifestation zu ermöglichen.[8]

7. Auch hier könnte sich die Sachlage schon bald ändern. Ein aufsehenerregender Artikel in einem der führenden wöchentlichen Nachrichtenmagazine warf vor ein paar Jahren die Frage auf: »Haben Gebete eine Wirkung?« Die Beweislage war überaus positiv. Eine aufschlussreiche Diskussion der »kausalen« Energie von Wille und Absicht findet sich bei LYNNE MCTAGGART: *The Field*, New York: Harper Collins, 2002; deutsch: *Das Nullpunkt-Feld: Auf der Suche nach der kosmischen Ur-Energie*, München: Arkana, 2003.

8. Ist unsere menschliche Ebene wirklich der Endpunkt? Die Weisheitskosmologien neigten dazu, hier auf Nummer Sicher zu gehen. Tatsächlich bekennen sich praktisch alle Überlieferungen zur Existenz »sublunarer Reiche«, die durch verschiedene Formen der psychischen Hölle dominiert werden. Es ist allerdings nicht klar, ob diese Reiche authentisch evolutionäre Verbindungsglieder in der großen Seinskette sind oder einfach nur Abirrungen von der irdischen Ebene. Gurdjieff etwa behauptet – als Einziger und vielleicht auch nicht ganz so ernst gemeint –, der »Mond« sei nicht einfach nur ein planetarischer Begleiter, sondern eine Ebene des Bewusstseins unterhalb unserer irdischen Ebene und werde von der menschlichen Unbewusstheit »gefüttert«. Seinen Seitenhieb »Nahrung für den Mond!« gebrauchte er (oft abschätzig) für Menschen in seiner Umgebung, die es nicht schafften, ihre Fähigkeiten der Aufmerksamkeit und des Bewusstseins

Hier unten zwischen den Kanten

Da sind wir nun also auf dieser Existenzebene, beinahe oder ganz am unteren Ende der großen Seinskette. Was sollen wir in dieser Position anfangen? Was tun wir hier »unten« in einer Welt, die so dicht und träge zu sein scheint, so grob und zerbrechlich und begrenzt? Sogar in unseren Träumen bewegen wir uns schneller als mit Lichtgeschwindigkeit, und unsere Mystiker und Mystikerinnen erklären uns unablässig, dass wir uns tief in unserem Herzen eines Zustands größerer Weite und ungehinderten Flusses erinnern und uns danach sehnen.

Wenn man darüber nachdenkt, ist es auf eine Art seltsam, dass praktisch alle spirituellen Traditionen der Welt dieses irdische Reich als unzulänglich erachten. Je nach Überlieferung ist unsere Welt entweder eine Illusion oder ein Fehler, doch in jeder Version »fallen« wir aus einem leichteren Gravitationsfeld in ein schwereres hinunter. Wir haben bereits gesehen, wie die jüdisch-christliche Tradition diese Vorstellung im Mythos vom uranfänglichen Sündenfall Adams und Evas erzählt. Andere Traditionen (vor allem die östlichen) begreifen diese Welt als ein Trugbild, eine Illusion, die es aufzulösen gilt; und noch andere, wie der mystische Islam, sind getragen von einem Gefühl des Exils und einer »Wehmut nach dem Unendlichen«. Hier ist nicht unser Zuhause.

Gibt es noch eine andere Betrachtungsweise? Ich glaube schon, und ich denke, sie liegt im Kern dessen, was gemeint ist mit jenem schönen Mantra: »Denn Gott hat die Welt so sehr geliebt, dass er Seinen einzigen Sohn hingab.« Diese Sicht der Dinge ist jedoch spirituell derart widersinnig, dass fast nie davon gesprochen wird – ich zumindest habe sie in keiner der Traditionen, weder in mündlicher noch in schriftlicher Form, angetroffen. Und soweit ich es überblicken kann, schert die christliche Weisheit hier aus und verlässt sogar die *sophia perennis.*

Was ich meine, ist Folgendes: Ja, es ist eine sehr schwere, frustrierende, komplizierte Dichtheit, in die wir bei unserer Geburt in

weiterzuentwickeln, und es stattdessen vorzogen, in Gänze aus ihren Gewohnheiten und Konditionierungen heraus zu leben. In funktioneller Hinsicht tendieren die meisten Weisheitskosmologien dazu, unsere menschliche Sphäre am Ende der Kette (oder am Endpunkt des Strahls) zu verorten, von wo aus es nur eine Richtung gibt: »aufwärts«.

dieses menschliche Reich hineinkommen. Aufgrund der binären, begrenzten Natur der physischen Welt als solcher und des egoischen Betriebssystems, das wir verwenden, um uns darin zurechtzufinden, scheint es so, als liefen wir ständig in scharfe Kanten hinein. Das Leben stellt uns vor eine Reihe scheinbar unwiderruflicher Entscheidungen, und wenn wir das eine tun, müssen wir das andere lassen; wenn wir einen Menschen heiraten, können wir nicht gleichzeitig einen anderen heiraten; und wenn wir ins Kloster gehen, können wir überhaupt nicht heiraten. Unsere verworrenen Agenden kollidieren im Inneren wie im Äußeren, und wir fügen uns gegenseitig Schmerzen zu. Unser Körper altert, wir bauen physisch ab und geliebte Menschen werden aus unserem Leben gerissen. Die Schwerkraft ist hartnäckig, nagelt unsere Füße am Boden fest und im Allgemeinen auch unsere Seelen. Ich entsinne mich noch gut, wie meine jetzt fünfjährige Enkelin vom ersten Moment ihrer Ankunft auf diesem Planeten an extrem frustriert war, dass sie sich nicht selbständig bewegen konnte. »Was zur Hölle…?«, schien sie zu sagen, während sie mit ihren kleinen Armen und Beinen herumfuchtelte und sich bereits im Alter von vier Monaten durch das Zimmer zu robben versuchte. Ich habe bisher kein anderes Kind erlebt, dass die Beengtheit dieses Planeten dermaßen zu spüren schien, wie sie es tat.

Ja, wir geraten in eine Enge; aber ist dies gleichbedeutend mit Strafe? Ich glaube nicht. Vielmehr denke ich, dass diese Beengtheit ein *Sakrament* darstellt und wir eine Göttliche Einladung erhalten haben, daran teilzunehmen.

Erinnern Sie sich noch an unsere Diskussion zu Beginn dieses Kapitels? Ein Sakrament offenbart ein Mysterium in einer besonders intensiven Art und Weise, während es uns gleichzeitig ein Instrument zu dessen Verwirklichung zur Verfügung stellt. Und in dieser Sphäre des menschlichen Lebens ist das Sakrament die Endlichkeit, und das Mysterium lautet: »Ich war ein verborgener Schatz und liebte es, erkannt zu werden; so erschuf Ich die Welt, auf dass Ich erkannt werde.«

Beachten Sie, dass wir es in diesem Satz mit einer subtilen Doppelbedeutung zu tun haben: Auf der einen Ebene ist »Ich liebte es, erkannt zu werden« ein Synonym für »Ich sehnte mich danach, erkannt zu werden« (und häufig wird der Satz auch so übersetzt). Doch diese Worte können auch auf eine andere Weise gelesen werden – »Ich liebte, *um* erkannt zu werden« – und wenn wir dies tun, enthüllt der Spruch eine tiefere spirituelle Wahrheit. Um uns gegenseitig kennenzulernen, müssen wir das Risiko eingehen, eine Person zu lieben, was die reale Möglichkeit von Ablehnung und die noch schmerzhaftere Aussicht auf ein gebrochenes Herz mit einschließt, falls die geliebte Person für uns verloren ist. Es ist schwierig, in einer Welt, die so brüchig und bedingt ist, Liebe zu riskieren. Und dennoch: je größer das Wagnis der Selbstenthüllung, desto mächtiger die Vertrautheit und tiefgründiger die Qualität der Hingabe, die sich offenbaren.

Könnte es für Gott genauso sein? Könnte es sein, dass dieses irdische Reich nicht trotz, sondern gerade *wegen* seiner Dichte und seiner zackigen Kanten exakt die Bedingungen bereitstellt, die es für den Ausdruck ganz bestimmter Aspekte der Göttlichen Liebe braucht, die unter keinen anderen Umständen verwirklicht werden können? Tatsächlich demonstriert diese Welt auf eine besonders intensive und kostspielige Art, was Liebe ist. Doch wenn wir uns diesen Prozess genauer ansehen, können wir auch erkennen, dass diese scharfen Kanten, die wir als Enge empfinden, gleichzeitig einige der auserlesensten Dimensionen von Liebe hervorrufen, die, um überhaupt Sinn zu machen, die Bedingung der Endlichkeit voraussetzen – Qualitäten wie Standhaftigkeit, Zartheit, Verbindlichkeit, Nachsicht, Treue und Vergebung. Diese reifen und erhabenen Aromen der Liebe hätten keinen wirklichen Kontext in einem Reich, in dem alles fließt und keine Kanten und Begrenzungen existieren. Wenn wir gegen eine harte Kante anrennen und trotzdem an der Liebe festhalten, erhebt sich ein kostbarster Geschmack reiner Göttlicher Liebe. Dann hat Gott Seinen innigsten Namen ausgesprochen.

Erlauben Sie mir, hier sehr deutlich zu werden. Ich behaupte nicht, dass es das Leiden braucht, damit Gott Sich offenbaren kann. Ich sage nur, dass die Göttliche Liebe *dort* leuchtend erstrahlt, wo Leiden existiert und bewusst angenommen wird. Unglücklicherweise haben lineare Ursache und Wirkung umso weniger Bedeutung, je mehr wir uns den tiefen Mysterien annähern (die ihren Ursprung jenseits der Zeit und folglich mit der Kausalität nicht viel am Hut haben). Doch das Prinzip lässt sich überprüfen. Achten Sie auf die Qualität eines menschlichen Charakters, der erwächst aus einer Einschränkung, die in bewusster Vergebung akzeptiert wird, im Vergleich zu dem, was aus Wut und Gewalt entsteht, und ziehen Sie dann Ihre eigenen Schlüsse.

Jedenfalls habe ich oft vermutet, dass Tränen das tiefschürfendste Ergebnis dieser Welt sind. Ich meine das nicht in einem morbiden Sinn. Vielmehr glaube ich, dass Tränen jene Verwundbarkeit ausdrücken, in der wir es aushalten, dass unser Herz gebrochen wird, und dennoch weiter lieben. In Tränen fließt eine Süße, die nicht von uns stammt und die wir in unserer Tradition als die Göttliche Gnade kennen. Unsere gezackte und hartkantige irdische Ebene ist das Reich, in dem diese Gnade am tiefsten, qualvollsten und schönsten ausgegossen wird. Das ist es, was wir hier unten zu tun haben. Dafür sind wir hier.

Enthüllende Liebe

Wenn meine Ahnung stimmt, können Sie erkennen, wie entscheidend sie das Spielfeld neu anordnet. In unserem irdischen Dasein geht es demnach nicht um gutes Benehmen als Vorbereitung für das Jüngste Gericht. Weder ist es eine Abschlussklasse, in der »wir lernen, was wir lernen müssen«, noch ist es eine Maloche, bei der wir unsere karmische Schuld abzuarbeiten haben. Wir sind hier und jetzt in dem Prozess, die Enthüllung des verborgensten und vertrautesten Namen Gottes ins Sein zu sprechen. Das ist eine schwierige Aufgabe, insbesondere wenn sich »Erfolg« und »Scheitern« in der Regel als die vollkommenen Gegensätze dessen herausstellen, was wir normalerweise im Leben erwarten. Doch am produktivsten wird unsere Zeit hier verwendet, wenn wir uns nicht darauf ausrichten, wie wir möglichst schnell zurück in unsere spirituelle Heimat gelangen können, sondern wie wir uns der Göttlichen Vertrautheit hingeben können, die hier und jetzt gewagt wird. Wir sollten uns damit beruhigen, dass wir uns auf irgendeine bewusste (oder zutiefst trans-bewusste) Weise dazu entschieden haben, unseren Teil zu etwas beizutragen, was die mystische Überlieferung »das Leiden Gottes« nennt: die Kostspieligkeit, die mit der äußersten Manifestation Göttlicher Liebe immer einhergeht. Dies tun wir hier und jetzt durch das Mark unseres eigenen menschlichen Lebens, das bewusst gelebt wird. Und diese Bedingungen von Raum und Zeit, so zerbrechlich und frustrierend sie auch sein mögen, sind genau die Bedingungen, die erlauben, dass es geschieht. Der Poet Dylan Thomas drückt dies in den wunderschönen Zeilen aus, die dieses Kapitel eingeleitet haben: »Die Zeit hielt mich grün und am Sterben, obgleich in meinen Ketten ich sang wie das Meer.« Es ist die Wirklichkeit der Ketten, aus der sich die Schönheit des Liedes erhebt.

Ein Vermittler als Brücke

Aus Gottes Sicht auf die Schöpfung ist die wirkliche operative Herausforderung nicht die Sünde oder das Böse; sie stellt sich in den unermesslich ungleichen energetischen Frequenzen zwischen den Reichen. Wie kann sich das Sonnenlicht in einer Schneeflocke spiegeln? Wie kann die Göttliche Strahlkraft auf das erschaffene Leben treffen und es durchdringen, ohne es zu verbrennen? Die ist das ultimative metaphysische Koan – zu dessen Lösung das Christentum das Mysterium der Inkarnation vorschlägt.

Diese Erkenntnis wiederum eröffnet eine ganze Reihe neuer Einsichten in die Aussage von Johannes: »Denn Gott hat die Welt so sehr geliebt, dass er Seinen einzigen Sohn hingab.« In diesem größeren metaphysischen Kontext ist der Sohn nicht länger derjenige, der uns aus unserem gefallenen Zustand heraushilft oder errettet, sondern der, welcher zu unserer Brücke zwischen den Reichen wird. Angesichts der enormen Schwierigkeit unseres Auftrags kommt Jesus, um uns zu begleiten und sich auf eine Weise für uns Menschen einzusetzen, welche die Integrität unserer Begrenztheit respektiert, es zugleich aber nicht zulässt, dass wir uns darin verfangen. Wie im herkömmlichen theologischen Verständnis (allerdings mit einem ganz anderen Geschmack) wird er zu unserem Vermittler. Am Zusammenfluss zweier höchst unterschiedlicher Seinsordnungen stehend, bietet er uns sein eigenes Leben an als das Heiligtum dazwischen.

»Ganz zur Flamme werden«

Wie wir bereits gesehen haben, eignen sich diese großen metaphysischen Paradoxe eher für Poesie und Metaphern als für das theologische Skalpell. Eines der klassischen Bilder, die christliche Mystiker benutzt haben, um diese kosmische Vermittlung zu beschreiben, geht tatsächlich auf früheste Zeiten zurück und stammt aus dem Alten Testament. Im Buch Exodus (3.1–6) wird erzählt, wie

Moses, während er die Schafe und Ziegen seines Schwiegervaters in die Steppe von Midian hinaustrieb, plötzlich auf einen Dornbusch traf, der gänzlich in Flammen stand, die ihn aber seltsamerweise nicht verzehrten. Das Wunder wird schnell enthüllt, als ein Engel Gottes durch die Flamme hindurch spricht. Doch für die christlichen Wüstenväter, die später dieselbe Gegend bewohnten, wurde der brennende Dornbusch zum Symbol für Jesus selbst: ganz Flamme und doch nicht verzehrt in seinem begrenzten Behältnis. Und unter dieser Wüstengemeinschaft gab es jene, die sich nach demselben weißglühenden Fundament sehnten. Eines der berühmtesten Wüstengleichnisse lautet:

> Abba Lot ging zu Abba Josef und sagte zu ihm: »Abba, soweit es mir möglich ist, spreche ich meine Liturgie, faste ein wenig, bete und meditiere; ich lebe soweit möglich in Frieden, ich reinige meine Gedanken. Was kann ich noch tun?« Der alte Mann stand nun auf und streckte seine Hände gen Himmel. Seine Finger wurden wie zehn Fackeln und er antwortete ihm: »Wenn du es möchtest, kannst du ganz zur Flamme werden.«[9]

Wäre es auch für uns möglich, »ganz zur Flamme« zu werden? Könnten unsere eigenen Leben zu solch einer vollkommenen Verschmelzung von grenzenloser Liebe und endlicher Form werden, sodass von unserem Wesen das Licht wie ein echter physischer Strahl ausginge? Tatsächlich habe ich dieses Licht gegen Ende ihrer irdischen Reisen in mehr als nur einigen verwirklichten Meisterinnen und Meistern gesehen: Es ist das vollkommen enthüllte Mysterium eines menschlichen Lebens, das als ein bewusstes Sakrament gelebt wurde. Wie wir dahin gelangen, ist das Geheimnis, das Jesus im Verlauf seines eigenen bewussten sakramentalen Lebens für uns entfalten wird. Um ihn auf seiner Reise zu begleiten, müssen wir jedoch in einem ersten Schritt erkennen, dass es bei seiner Inkarnation nicht um Sündenfall, Schuld oder Tadel geht, sondern um Güte, um Verbundenheit und um unsere eigene innerste Teilhabe am Mysterium der Liebe im Kern aller Schöpfung.

9. Benedicta Ward [Herausgeberin]: *The Sayings of the Desert Fathers,* Kalamazoo: Cistercian, 1984, Seite 103.

9

Die Passion

Wahre Liebe erfordert Opfer, weil wahre Liebe eine transformierende Kraft ist und tatsächlich die Geburtswehen des Einswerdens auf einer höheren Ebene darstellt.

Rekapitulation des Vaterunsers[10]

DIE PASSION IST TATSÄCHLICH DAS MYSTERIUM ALLER MYSterien, der Kern der christlichen Glaubenserfahrung. Mit dem Wort »Passion« meinen wir die Ereignisse, die das irdische Leben Jesu beenden: den Verrat an ihm, den Prozess, seine Kreuzigung und seinen Tod. Und für Menschen christlichen Glaubens folgt auf die Passion natürlich die Wiederauferstehung, die mysteriöse Rückkehr Jesu ins fleischliche Leben und später seine Himmelfahrt und sein Entschwinden aus dem irdischen Reich. Diese sechs Ereignisse bilden zusammen die gesamte Skala des christlichen Ostermysteriums.

In den frühesten Jahrhunderten des Christentums gedachte man der Passion und der Auferstehung in einer einzigen ununterbrochenen Feier, die mit dem Sonnenuntergang des Ostervorabends begann und bei Sonnenaufgang am nächsten Morgen endete. Sie wurde als ein christliches Passahfest betrachtet. Tatsächlich kommt das Wort »Passah«, das uns in Ausdrücken wie »Passahopfer«, »Passahlamm« oder »Passahkerze« begegnet (oder auch als *Pâques,* das französische Wort für »Ostern«), vom hebräi-

10. *The Recapitulation of the Lord's Prayer,* Seiten 88–89. Dieser mystische Edelstein wurde von einem britischen, kontemplativen Menschen des zwanzigsten Jahrhunderts anonym verfasst und privat veröffentlicht. Als mir ein Exemplar davon geschenkt wurde, erzählte man mir, der Autor sei ein Schüler des russischen Philosophen P. D. Ouspensky und bei dessen Tod zugegen gewesen. Dieser Schüler war durch das, was er während dieses Übergangs erlebte, derart berührt, dass er anschließend drei Jahre lang als Eremit in Indien lebte, weil er versuchen wollte, tiefer in das erfahrene Mysterium einzudringen.

schen *pésach* und bedeutet »hinüberschreiten«. Dasselbe Wort wird in der jüdischen Überlieferung verwendet, wenn von ihrem heiligsten religiösen Fest die Rede ist, bei dem der erstaunlichen Nacht gedacht wird, als Jahwe an den Häusern der Israeliten »vorüberging« und die ägyptischen Erstgeborenen niederschlug.[11] *Pésach* bedeutet zugleich den Übergang von Tod zu Leben, und genau dies feierten die frühesten Christen in einer einzigen durchgehenden Zeremonie.

Im vierten Jahrhundert übernahmen die Christen Jerusalems den Brauch, sich dieses Vorüberschreitens »vor Ort« in Form eines heiligen Dramas in drei Akten zu erinnern, und im Laufe der Zeit entwickelte sich diese Tradition zu der christlichen heiligen Woche, wie wir sie heute begehen. In drei sehr intensiven Tagen erleben Christen erneut minutiös jene letzten Ereignisse im Leben Jesu. Der Gründonnerstag schildert das Letzte Abendmahl mit seinen Jüngerinnen und Jüngern sowie seine Agonie im Garten Gethsemane, als er seinen Verrat und seine Verhaftung erwartet. Karfreitag repräsentiert seine Kreuzigung, seinen Tod und sein Begräbnis. Ostersamstag wird bezeichnenderweise stillschweigend begangen, was die Stille seiner Grablegung symbolisieren soll, und mit der Verkündung seiner Auferstehung am Ostersonntag bricht Freude aus.

Die Passion war aus naheliegenden Gründen schon immer emotional stark aufgeladen. Das Spektakel darüber, wie ein unschuldiger und guter Mensch durch die Mächte dieser Welt zerstört wird, ist eine archetypisch menschliche Erfahrung. Es ruft unsere tiefsten Gefühle von Reue und Empathie hervor (und, wenn wir ehrlich sind, auch unsere tiefsten Schatten). Im Westen war die Passion lange Zeit ein verbreitetes Motiv der Andacht. In allen Kunstgattungen wird an sie erinnert: in den großen Ölgemälden der Renaissancemeister, den Skulpturen und Glasmalereien der mittelalterlichen Kathedralen, den englischen Mysterienspielen und den deutschen Passionsaufführungen sowie in der Musik, ganz besonders in jener von Bach, der der Welt seine erhabenen Oratorien der Johannes- und der Matthäuspassion schenkte. Die Passion ist auch ziemlich manipulierbar. Man bediente sich ihrer, um Zorn und Sündenbockdenken zu schüren, und sie wurde herangezogen, um Antisemitismus anzuheizen, zur Unterstellung kollektiver Schuld –

11. Von diesen und weiteren wundersamen Ereignissen, die zur erfolgreichen Flucht der Israeliten aus Ägypten führten, wird in Exodus 12 berichtet.

»Christus ist für eure Sünden gestorben« –, und um auf sentimentale und sogar fanatische Weise Ergebenheit hervorzurufen.[12]

Doch was lässt sich vom Blickwinkel der Weisheit über die Passion sagen? So viele schlechte, manipulative, Schuld einredende Theologie beruht auf ihr, dass wir uns fragen können, ob überhaupt irgendeine Hoffnung auf ihre Neubewertung besteht. Ich glaube, dass die Weisheit uns diese Möglichkeit eröffnet. Der Schlüssel liegt in der im letzten Kapitel vorgestellten Idee, das Leben Jesu als Sakrament zu deuten: als ein heiliges Mysterium, dessen wirklicher Zweck nicht darin besteht, Empathie hervorzurufen, sondern *Befähigung zu erzeugen.* Mit anderen Worten: Jesus hat kein besonderes Interesse daran, unsere Schuld oder unsere Ergebenheit zu steigern, sondern vielmehr daran, unsere persönliche Fähigkeit zu stärken, den Übergang in das vereinigende Leben meistern zu können. Wenn wir bereit sind, diese Arbeit zu wagen, erhält die Passion einen vollkommen neuen Sinn.

Ich habe mich lange mit der Frage auseinandergesetzt, warum Jesus in seinem relativ kurzen Leben mit bestimmten Ereignissen und Erfahrungen konfrontiert wurde und mit anderen nicht. Ganz gewiss erlebte er die Qualen seines Verrats, des Verlassenwerdens, der Heimatlosigkeit und des Sterbens auf eine sehr intensive Weise. Musste es so geschehen? Wenn er doch tatsächlich in einem Göttlichen Auftrag hier war, möchte man annehmen, dass es für ihn auch eine einfachere Laufbahn hätte geben können: als Hohepriester, als politischer Führer oder als der Messias, der von den Menschen erwartet wurde. Jedes dieser Sprungbretter hätte ihm eine gute Ausgangslage verschafft, um »seine Lehren an den Mann und die Frau zu bringen« und das Bewusstsein seiner Zeit auf eine bedeutsame Art zu beeinflussen. Doch keine dieser Möglichkeiten ergab sich. Warum nicht? *Weil der Weg, den er gegangen* ist, *genau derjenige ist, der die transformative Kraft seiner Lehren am stärksten entfesselte.* Er bildete und weihte zugleich das Nadelöhr ein, durch das jede und jeder von uns hindurchgehen muss, um die »eine notwendige Sache« hier zu tun, nämlich um, gemäß seiner Lehre, sich selbst gegenüber zu sterben. Ich spreche natürlich nicht von einer wirklichen Kreuzigung, *worüber* ich aber spreche, ist die buchstäbliche Hingabe unseres »Lebens«, zumindest des Lebens, wie wir es

12. Der Mel-Gibson-Film aus dem Jahr 2004, *The Passion of the Christ,* ist das jüngste einer langen Reihe höchst plastischer Spektakel, mit denen persönliche Agonie, Schuld und Ergebenheit entfesselt werden sollen.

normalerweise verstehen. Unsere einzige wahrhaft essenzielle Aufgabe als Menschen, so lehrt Jesus, besteht darin, über die Überlebensinstinkte des animalischen Gehirns und des egoischen Betriebssystems hinauszuwachsen, hinein in die kenotische Freude und Großzügigkeit eines vollständigen humanen Menschseins. Seine Aufgabe war es, uns zu zeigen, wie dies geht. Es war eine Aufgabe, die er aus freien Stücken annahm. Und es ist diese Kraft seiner Freiheit, welche die Passion schließlich über alles emotionale Drum und Dran hinaushebt und sie als einen heiligen Pfad der Befreiung enthüllt.

Jenseits von Zorn und Schuldgefühl

Wenn wir uns an diesen neuen Blickwinkel gewöhnt haben, müssen wir wahrscheinlich mit etwas Dekonditionierung beginnen, da so viele von uns mit dieser Schuldgefühl eintrichternden Theologie von Opfer und Sühne aufgewachsen sind. Was also bedeutet die Passion? Zuallererst: Gott war nicht zornig. Noch einmal: *Gott war nicht zornig!* Insbesondere in der fundamentalistischen Theologie hören wir häufig, dass Gott dermaßen genug hatte von den Sünden und Übertretungen Israels, dass er ein menschliches Opfer als Sühne forderte. Natürlich lässt eine solche Interpretation Gott zu einem Monster werden. Wie könnte Jesus, der Liebe ist, einen Gott ausstrahlen und widerspiegeln, der vor allem ein Monster ist? Und wie können Christen theoretisch auf einem Weg der Liebe voranschreiten, wenn sie gleichzeitig zustimmen, dass sie unter solch einer Schreckensherrschaft leben? Nein, wir müssen diese Angst- und Bestrafungsszenarien ein für alle Mal begraben, die so vielen von uns während unserer Kindheit einprogrammiert wurden. Es gibt kein Monster da draußen; nur Liebe, die darauf wartet, uns zu befreien.

Doch was hat es dann auf sich mit diesem »Jesus starb für unsere Sünden«? Nun, diese christliche Grundsatzerklärung ist tatsächlich absolut und in Gänze wahr. Jedoch nicht in dem *individuellen* Sinn, in dem er uns in den allermeisten Fällen vermittelt wird: »Jesus starb, weil du böse warst«, »Jesus starb, weil du Alkoholiker bist«, »weil du deine Lebenspartnerin oder deinen Lebenspartner geschlagen hast«, »weil du deine Steuererklärung frisiert hast.« Auf dieser Ebene funktioniert die Aussage nicht. Jesus starb nicht *für,* sondern *aufgrund* oder *wegen* des menschlichen Zustands in seiner Gesamtheit. Er starb wegen der nicht vermeidbaren Wirklichkeit – aufgrund des Planckschen Wirkungsquantums (um eine Metapher aus der modernen Quantenphysik zu entleihen) – von Einschnürung und Dichte (der herausfordernden Materie, mit der wir uns im letzten Kapitel beschäftigt haben), die feste Bestandteile dieses menschlichen Reichs sind und die notwendigen Voraussetzungen für eine vollkommene Offenbarung der Göttlichen Liebe. Wenn wir also sagen, dass er *wegen uns* starb, bedeutet dies, dass er sein Leben gab, um uns durch diese schwierigen Bedingungen hindurchzuhelfen; er kam nach ganz unten an den Bodennullpunkt, an den äußersten Ausgangspunkt aller Dichte, um uns vor deren Wucht abzuschirmen und uns zu befähigen, in unserem menschlichen Leib zu leben, so wie er selbst gelebt hatte.

Vor einigen Jahren bot mir ein Freund und Komponist in Aspen, Colorado, eine ungewöhnliche Arbeit an. Er plante eine neue Fassung der Passion für Orchester, Chor und Solostimmen; doch vor dem Komponieren der Musik wünschte er sich ein neues Libretto, einen neuen Text, mit dem er arbeiten konnte. Anstatt einfach eine der existierenden Evangelienerzählungen zu verwenden, wie es Bach und fast alle anderen getan haben, wollte er sich auf einen Text stützen, der die grundsätzliche Bedeutung der Passion beleuchten und auf die vorwurfsvollen und rachsüchtigen Untertöne verzichten sollte, die in der Vergangenheit so häufig angeschlagen wurden, um religiöse Intoleranz zu befeuern. Ich machte mich sofort an die Arbeit; das Thema war mir ohnehin eine Herzensangelegenheit. Als ich mich zunächst einmal mit meiner Bibel und einem Schreibblock hinsetzte, hatte ich keinerlei Vorstellung davon, wie sich der Prozess, ein Libretto zu verfassen, gestalten würde. Und dieses Unterfangen sollte sich als ein wilder Ritt herausstellen! Die Passagen, die ich brauchte, strömten innerhalb von nur fünf sehr intensiven Tagen buchstäblich in mich hinein. Manchmal wurde ich mitten in der Nacht von einer deutlich wahrnehmbaren Präsenz geweckt, die mit einer fast schon hörbaren Stimme sagte: »Schlag auf bei Vers...« oder »Nimm diese Textpassage.« Mehr als zu irgendeiner anderen Zeit meines Lebens fühlte ich eine höhere Hand über mir.

Als ich nach einem neuen Ausgangspunkt für diese Passion suchte, stellte sich heraus, dass ich nicht allzu weit gehen musste. Ich fand ihn direkt unter meiner Nase bei Johannes 13–17: einem tiefsinnigen und schönen Abschnitt, der unter der Bezeichnung »Abschiedsreden« bekannt ist. Angesichts des baldigen Verrats an ihm und der bevorstehenden Verhaftung versammelt Jesus seine Jünger und Jüngerinnen ein letztes Mal, um ihnen einige abschließende Instruktionen zu geben. Was aus diesem Augenblick entspringt, ist eine ganz besondere Reihe von Lehrsätzen, deren ganze Botschaft die zur glorreichen Erfüllung gebrachte Liebe ist.

Zuerst einmal beinhalten diese Diskurse einige von Jesu allerschönsten Beschreibungen der innewohnenden Liebe – wie zum Beispiel: »Ich bin der Weinstock, ihr seid die Reben« (15.5); »Wie mich der Vater geliebt hat, so habe auch ich euch geliebt. Bleibt in meiner Liebe!« (15.9); »Ein neues Gebot gebe ich euch: Liebt einander! Wie ich euch geliebt habe, so sollt auch ihr einander lieben« (13.34); »Und ich habe ihnen die Herrlichkeit gegeben, die Du [Vater] mir gegeben hast, damit sie eins sind, wie wir eins sind, ich in ihnen und Du in mir« (17.22–23). In diesen und ähnlichen Stellen erleben wir die sich verflechtenden Mysterien der Kenosis und *perichoresis* in ihrer klarsten Schönheit. Sogar im Angesicht des bevorstehenden Todes lässt Jesus keine Trennung zwischen Gott und den Menschen und unter den Menschen gelten, weil der Lebenssaft, der durch alles fließt, die Liebe selbst ist. In Bild um Bild versucht er, seinen Jüngerinnen und Jüngern die Gewissheit zu vermitteln, dass sie niemals von jener Liebe getrennt werden können, weil ihr wahres Sein darin wurzelt.

Zum Zweiten versucht er, sie damit zu beruhigen, dass dieses Opfer, dessen Zeugen sie bald werden sollen, so brutal es auch sein möge, vorhergesehen wurde und notwendig ist. Und wieder sind die Bilder enorm beeindruckend. In Johannes 16.20–22 verwendet er die Analogie der Geburt, um ihnen zu helfen, ihre Ängste zu überwinden:

> Amen, amen, ich sage euch: Ihr werdet weinen und klagen, aber die Welt wird sich freuen; ihr werdet traurig sein, aber eure Trauer wird sich in Freude verwandeln. Wenn die Frau gebären soll, hat sie Trauer, weil ihre Stunde gekommen ist; aber wenn sie das Kind geboren hat, denkt sie nicht mehr an ihre Not über der Freude, dass ein Mensch zur Welt gekommen ist. So habt auch ihr jetzt Trauer, aber ich werde euch wiedersehen; dann wird euer Herz sich freuen und niemand nimmt euch eure Freude.

Was für ein schönes Bild! Die Jünger und Jüngerinnen sind in gewisser Hinsicht dabei, zu Hebammen für eine Geburt zu werden, wie sie die Welt noch nicht gesehen hat: die Offenbarung des Himmelreichs in seiner Fülle und der Beginn einer ganz neuen Ebene der Vertrautheit zwischen Mensch und Gott. Wie bei der Geburt eines Menschen wird der Prozess als solches schmerzvoll sein. Aber er versichert ihnen, dass das Resultat größer sein wird als alles, was sie sich jemals haben vorstellen können.

Schließlich lehrt er sie, dass das sich nähernde Martyrium auch für ihr eigenes In-Erscheinung-Treten absolut unumgänglich sei; ohne dieses werde es ihnen nicht möglich sein, ihren Platz in der sich nun offenbarenden neuen spirituellen Ordnung einzunehmen. Er ermahnt sie: »Noch vieles habe ich euch zu sagen, aber ihr könnt es jetzt nicht tragen« (Johannes 16.12). Noch immer gibt es etwas in ihrem Wesen, das geheilt und besänftigt werden muss, und das bevorstehende Opfer, das nun vollendet wird, wird diese Alchimie leisten. (Denken wir daran, dass das Wort »Opfer« in seinen lateinischen Wurzeln *sacra facere* lautet und »heilig machen«, nicht »zerstören« bedeutet.) Und er verspricht kategorisch, dass er sie nicht verlassen wird: »Ich werde euch nicht als Waisen zurücklassen, ich komme zu euch« (14.18); »Der Beistand aber, der Heilige Geist, den der Vater in meinem Namen senden wird, der wird euch alles lehren und euch an alles erinnern, was ich euch gesagt habe« (14.26); »Nur noch kurze Zeit und die Welt sieht mich nicht mehr; ihr aber seht mich, weil ich lebe und auch ihr leben werdet« (14.19). In diesem Augenblick sind sie noch nicht wirklich bereit, aber sie werden es sein: »Wohin ich gehe, dorthin kannst du mir jetzt nicht folgen« (13.36), aber: »Ich komme wieder und werde euch zu mir holen, damit auch ihr dort seid, wo ich bin« (14.3). Und in der direkt daran anschließenden Zeile versichert er ihnen, wenn auch an dieser Stelle noch etwas rätselhaft: »Wohin ich gehe – den Weg dorthin *kennt* ihr.« Während ihr äußeres Wesen noch nicht gänzlich vorbereitet ist, ist die direkte innere Erkenntnis ihrer Herzen bereits am Arbeiten und auf gutem Weg. Mit dieser Zusicherung sendet er sie aus.

Abgesehen von der rituellen Fußwaschung und der Verkündigung des Neuen Gebots (Johannes 13.34) während des Gottesdienstes am Gründonnerstag[13] findet die Abschiedsrede im christ-

13. Tatsächlich stammt der Begriff *maundy* (im englischen *Maundy Thursday* für »Gründonnerstag«) vom lateinischen *mandatam* oder »Auftrag« und bezieht

lichen Gedenken der Karwoche kaum Beachtung, zumindest was den Westen angeht.[14] Vor einigen Jahren hatte ich das Privileg, an einer ganz besonderen Ausnahme von dieser Regel teilhaben zu dürfen, was jene Karwoche zu einer der kraftvollsten machte, die ich je erlebt habe. Im besagten Frühling reiste ich durch Kalifornien und hatte mir für den Gründonnerstag ein kleines Trappistenkloster in der Nähe von Vina ausgesucht. Wir waren fast am Ende des stimmungsvollen zweistündigen Gottesdienstes angelang: Die Zeremonie der Fußwaschung war abgehalten, das Abendmahl geteilt worden, das rituelle Abräumen des Altars und die Aussetzung des Allerheiligsten waren abgeschlossen; wir waren also bereit, uns für die feierliche Klosterprozession zur Seitenkapelle zu versammeln (wo das Allerheiligste während der bevorstehenden Nachtwache in der Stille verwahrt werden sollte), als uns der Abt bat, uns wieder zurück auf unsere Plätze zu setzen. Während nun die letzten Lichtstrahlen in der Abenddämmerung vergingen, las er sehr langsam das gesamte Kapitel 14 des Johannesevangeliums vor, eine ungefähr fünf Minuten dauernde Rezitation, die mit der Aufforderung Jesu endete: »Steht auf, wir wollen von hier weggehen!« Es war herzzerreißend. Ich glaube, in der gesamten Kirche blieb kein Auge trocken; es war, als ob Jesus persönlich jede und jeden von jenseits der Zeit her ansprechen würde. (Seither praktiziere ich dieses Ritual im Saint Benedict's Monastery in Colorado, und ich hoffe, diese Tradition wird fortleben.) So wurde mir eindrücklich in Erinnerung gerufen, was bereits zu meinem eigenen tiefsten Verständnis herangereift war, nämlich, dass dieses heilige Drama der Passion nicht einfach nur etwas ist, das vor zweitausend Jahren geschah. Wenn wir dafür bereit sind, gibt uns jede Karwoche die Möglichkeit, sie in unseren Herzen mit einer neuen Unmittelbarkeit neu zu erleben.

sich auf dieses Neue Gebot: »Ein neues Gebot gebe ich euch: Liebt einander! Wie ich euch geliebt habe, so sollt auch ihr einander lieben.«

14. Die orthodoxe Liturgie für die Nachtwache des Karfreitags beinhaltet das Lesen der zwölf Leidensberichte, einschließlich zahlreicher Abschnitte aus den Abschiedsreden.

Die äußerste Kenosis

Nach dieser Aussendung verlagert sich die Leidensgeschichte in den Garten von Gethsemane, in den sich Jesus zurückgezogen hat, um die ganze Nacht über zu wachen und zu beten. Nachdem er »gesagt hat, was zu sagen war«, muss er nun den Weg gehen, den er zu gehen hat, und seinen eigenen tiefsten Ängsten und der Zerrissenheit gegenübertreten, um zu dem Ort zu gelangen, an dem er mit seinem ganzen Wesen Ja sagen kann.

Dies ist das echte Nadelöhr. Wie weit lässt sich die Kenosis treiben? Wie weit können wir uns selbst entäußern? Hört es mit dem Tod auf? Ziehen wir uns zurück, wenn wir schließlich an der Schwelle unserer niedrigsten Kampf-oder-Flucht-Instinkte stehen, oder gehen wir weiter? Jesus quält sich damit, ganz allein, im Garten. Die Jünger, die ihn begleitet haben, schlafen ein (eine selbstredende Metapher)! Er nimmt es allein auf sich. Die Evangelisten spielen die Tatsache nicht herunter, dass dieser Kampf eine Agonie ist. Lukas schildert, dass Jesus buchstäblich »Blut schwitzt«. In diesem Augenblick identifiziert er sich wahrscheinlich am stärksten mit unserer menschlichen Zerbrechlichkeit und Sterblichkeit. Schließlich erhebt sich aus seiner Qual das »Ja, lass es geschehen«: »Nicht mein, sondern Dein Wille soll geschehen« (Lukas 22.42).

Es ist bezeichnend, dass es dieselben Worte sind, die seine Mutter Maria zur Zeit der Verkündigung spricht: »Siehe, ich bin die Magd des Herrn; mir geschehe, wie du es gesagt hast« (Lukas 1.38). Das lateinische Wort für »lass es geschehen« lautet *fiat,* und in beiden Fällen ist das menschliche *fiat* eine (wenn nicht gar *die*) grundlegende Zutat, die es dem Mysterium ermöglicht, sich zu entfalten. Diese Übereinstimmung wird noch interessanter, wenn wir unserer Liste das dritte, das kosmische *fiat* hinzufügen, auf das wir im ersten Buch Mose treffen, wo Gott sagt: »Es werde!«, worauf das erschaffene Universum ins Dasein fällt. Wir beginnen zu erkennen, dass es eine Spurstange gibt, die das als Kenosis verstandene »Lass es geschehen« mit dem »Es werde« der Göttlichen Kreativität verbindet. Haben wir diesen Punkt erst einmal begriffen, ist das *fiat* Jesu im Garten nicht mehr bloß eine Kapitulation vor der Göttlichen Notwendigkeit, sondern seine bewusste Teilhabe an der Geburts»sprechung« der neuen Schöpfung. (Und wenn wir dann weiter erkennen, dass dies für jedes *fiat* gilt, das wir fähig werden, in unserem Leben bewusst zu äußern, dann wird unser eigener kenotischer Pfad schöpferisch und wunderbar lebendig.)

Als ich an meinem Libretto für die Passion arbeitete, war es mir ein echtes Anliegen, das sakramentale Wesen dieses *fiat* hervorzuheben, seine innere Verbindung zum Gebären neuen Lebens. Und dies führte zu einer jener Gelegenheiten, bei denen ich, wie bereits erwähnt, mitten in der Nacht mit bestimmten Bibelversen im Kopf erwachte, die sich selbstständig miteinander verwoben. Beim ersten Vers handelte es sich um Jesu wunderschöne Metapher in Johannes 12.24 (kurz vor den Abschiedsreden): »Wenn das Weizenkorn nicht in die Erde fällt und stirbt, bleibt es allein; wenn es aber stirbt, bringt es reiche Frucht.« Der zweite Vers waren die zwei Zeilen aus Psalm 126.5–6: »Die mit Tränen säen und tragen zur Aussaat den Samen, kommen mit Jubel und bringen ihre Garben.« Plötzlich flochten sich diese beiden unzusammenhängenden Texte zu einem einzigen Bedeutungsstrang. In dem, was sich hier abzuspielen anschickt, erkannte ich auf eine schmerzhafte, doch auch wundersame Art die kosmische Aussaat eines Samens, aus dem dieses so schwer zu Verstehende hervorsprießen wird: der Busch, der brennt und vom Feuer doch nicht verzehrt wird.

10

Die Kreuzigung und ihre Nachwirkungen

> Gelitten unter Pontius Pilatus, gekreuzigt, gestorben und begraben, hinabgestiegen in das Reich des Todes.
>
> Glaubensbekenntnis

JESU SCHWEIGEN WÄHREND DER NACHTWACHE UND DIE Stille nach seiner persönlichen Gewissensqual dauern nur eine kurze Weile. Ein Haufen ungehobelter Soldaten erscheint: Palastwachen der jüdischen Hohepriester, angeführt von Judas Ischariot. Judas, der eifrigste unter den Jüngern Jesu, hat seinen Meister für dreißig Silberstücke verraten. Was muss das für Jesus bedeutet haben? Sein Ja hat ein schnelles Drama angestoßen, das sich nun in halsbrecherischem Tempo entfaltet. Es kommt zu einem hastigen Handgemenge. Einige der Jünger greifen nach ihren Schwertern. Jesus ruft sie zurück: »Lasst es! Nicht weiter!«, und entgegnet seinen Häschern: »Wie gegen einen Räuber seid ihr mit Schwertern und Knüppeln ausgezogen. Tag für Tag war ich bei euch im Tempel und ihr habt nicht Hand an mich gelegt. Aber das ist eure Stunde und die Macht der Finsternis« (Lukas 22.51–53).

Und so beginnt das gewaltige Schauspiel, das große Drama der Kreuzigung. Es unterteilt sich in zwei Abschnitte: den Prozess und die Kreuzigung selbst. Das Szenario ist zugegebenermaßen kompliziert, weil es die verstrickte politische Situation im Jerusalem jener Tage spiegelt. Jesus wird zunächst vor die unmittelbar Zuständigen gebracht, die jüdischen Hohepriester, die ihn offensichtlich aus dem Weg haben wollen, doch unter der römischen Besatzung nicht über die Macht verfügen, ihn selbst zum Tode zu verurteilen. Folglich wird Jesus vor Pontius Pilatus geführt, den römischen Generalstaatsanwalt, dann vor Herodes Antipas, den von den Römern unterstützten jüdischen König, und danach wieder zurück zu Pilatus. Dieser schwafelt von seiner Intuition, dass Jesus unschuldig sei, erlaubt es jedoch den Hohepriestern, die Masse zu einem blutrünstigen Mob aufzustacheln. Wer das Gefühl bekommt, sich im Verlauf dieser Ereignisse auf einer Pauschalreise durch die menschliche Boshaftigkeit zu befinden, liegt richtig. Und exakt eine solche veranstaltet Mel Gibson in seinem Filmspektakel *Die Passion Christi* aus dem Jahr 2004, dass es einem den Magen umdreht: die Auspeitschungen, die Qualen, die Schurken, die manipulativen Machenschaften, die versteckten Komplotte. Es ist leicht, solch eine Geschichte vom Äußerlichen her zu bearbeiten und mittels Anschwärzung dieser oder jener Kreise als Hauptschuldige oder Sündenböcke die Menschen richtiggehend anzuheizen. Waren es nun die Juden oder waren es die Römer?

Doch dies ist die falsche Frage. Vom Weisheitsstandpunkt aus betrachtet ist es notwendig, uns auf die umfassendere Bedeutung der Worte »Er starb für unsere Sünden« zu stützen. Letzten Endes war es das falsche Selbst, das Jesus kreuzigte. Wir haben es hier mit einem archetypischen Kampf zu tun. Während in diesem Drama die unterschiedlichen Charaktere an der Oberfläche auftauchen, verschwinden und wieder hochkommen, erkennen wir, wie durch den ganzen Strudel hindurch die zentralen Eigenschaften des falschen Selbsts am Wirken sind: Angst, Anmaßung, Unterstellung, Selbstherrlichkeit, Feigheit. In dem von ihnen gebildeten Spiegelkabinett können wir, wenn wir ehrlich sind, einen flüchtigen Blick auf unsere eigenen uneingestandenen Schatten erhaschen, auf unser persönliches Muster aus inneren Zweifeln und Abgründen. Wetterfahnen gleich verweisen sie auf jenen Ort in uns, an dem wir unvermittelt stutzen, uns in unser Schneckenhaus zurückziehen und uns so von der kenotischen Liebe abgrenzen.

Das Spiegelkabinett

Die Pharisäer sind die leichteste Zielscheibe, zumindest vordergründig. Es liegt nahe, an ihnen den verräterischen Geruch von wichtigtuerischer Frömmelei wahrzunehmen, die wir auf der ganzen Welt als Schattenseite der religiösen Frömmigkeit finden. Im höchsten Grad selbstgerecht und in mörderischer Absicht wollen sie dennoch als die Guten erscheinen, obwohl sie die Wahrheit verdrehen, um ihre Machenschaften zu rechtfertigen und andere zu manipulieren, ihr schmutziges Werk für sie zu verrichten. Jesus selbst hatte sie zuvor als »Heuchler« und »Schlangenbrut« gegeißelt und sie mit weißgetünchten Gräbern verglichen, die »von außen schön aussehen, innen aber voll sind von Knochen der Toten und aller Unreinheit« (Matthäus 23.27).

Schauen wir jedoch genauer hin, präsentieren sich die Pharisäer wesentlich vielschichtiger. Die Wissenschaft lehrt uns, dass sie tatsächlich als die *besten,* nicht als die schlechtesten der verschiedenen jüdischen Fraktionen gelten; sie waren die »Liberalen« ihrer Zeit und standen für Mäßigung und Sachlichkeit. Ihr wahres Unglück jedoch war jenes verbreitete Syndrom religiösen Bewusstseins: aus einer »hundertprozentigen Rückschau« heraus zu leben. Während sie offen waren für oberflächlich Neues, orientierten sie sich eng an der überlieferten Tradition. Sie verließen sich auf die Vergangenheit, um die Gegenwart zu deuten, und als Jesus sich nicht ihren Karten entsprechend verhielt, trauten sie ihren Karten mehr als ihren Herzen. Was können diese Pharisäer uns über unsere eigene Frömmigkeit lehren?

Pilatus ist in diesem Schauspiel eine Schlüsselfigur, obwohl sich seine Portraits in den spirituellen Überlieferungen des Westens erheblich voneinander unterscheiden. In manchen Nachempfindungen, wie beispielsweise in den mittelalterlichen Mysterienspielen, wird er als Erzbösewicht gezeichnet, als mordlustiger Soziopath. In anderen Schilderungen kommt er wie ein Hamlet des ersten Jahrhunderts daher, gerecht und philosophisch scharfsinnig, letzten Endes aber unfähig auszuführen, was sein Herz als richtig erachtet. Er verkauft sich der Zweckdienlichkeit einer oberflächlichen Ruhe und Ordnung und klammert sich an seine Position und Macht. Sicherlich können wir darin auch ein Bild unserer heutigen Politiker sehen, doch erkennen wir auch uns selbst darin?

Dann, und vielleicht ist dies am bittersten, sind da die beiden Jünger, die als die großen Verräter in die Geschichte eingegangen sind: Judas und Petrus. Judas' Vergehen ist das schwerwiegendere, und er ist, psychologisch gesehen, der komplexere der beiden Charaktere. Gemäß der schriftlichen Überlieferung war Judas ein Zelot,[15] was bedeutet, dass er einer politischen Bewegung angehörte, die ihrem Wesen nach den Zionismus jener Zeit darstellte. Somit war sein Interesse an Jesus zumindest teilweise politisch motiviert. Judas sah in Jesus den langerwarteten Messias, den weltlichen König, der das Volk Israel zurück zu seinem Ruhm früherer Tage führen werde. Jesus war sein Held, und wie alle Heldenverehrer projizierte er in ihn seine eigene Agenda – und seine eigene persönliche Energie. Was Judas am Ende zu seinem Verrat motivierte,

15. Ich bin mir durchaus der populär gewordenen »Neufassung« dieser Ereignisse in dem kürzlich veröffentlichten Judasevangelium aus der Nag-Hammadi-Sammlung bewusst (Bart E. Ehrman: *The Lost Gospel of Judas,* New York: Oxord University Press, 2006; deutsch: *Das verschollene Evangelium,* Wiesbaden: White Star Verlag, 2006). In dieser Version begeht Judas seinen »Verrat« im ausdrücklichen Auftrag Jesu, um so die Handlung einzuleiten, die im österlichen Mysterium ihren Abschluss findet. Tatsächlich kannte ich praktisch dieselbe Interpretation schon durch G.I. Gurdjieff, der in seinem bereits 1950 erschienen Buch *Beelzebubs Erzählungen für seinen Enkel* (Basel: Sphinx Verlag, 1981) darlegt, dass Judas bewusst als eine Art Lockvogel ausgesandt wurde, um Jesus Zeit zu verschaffen, seinen verbliebenen Schülern letzte Anweisungen mitzugeben – insbesondere beim Letzten Abendmahl, das Gurdjieff übrigens nicht als eine Art Gedächtnismahl begriff, sondern als ein ganz besonderes esoterisches Ritual zum Aufbau der energetischen Kanäle, die es Jesus erlauben sollten, auch nach dem Verlassen seines Fleisches die Apostel weiterhin unterrichten zu können. Ich glaube, dass dies eine sehr wertvolle Ansicht ist, und in meinem letzten Kapitel über die Eucharistie werde ich darauf zurückkommen. Im Großen und Ganzen gesehen jedoch scheint mir die traditionelle Schilderung des Judas als eines Zeloten historisch wahrscheinlicher und psychologisch plausibler.

war sehr wahrscheinlich ein gebrochenes Herz: zu viel Liebe und zu viel Enttäuschung.

Tun wir nicht auch dauernd dasselbe mit unserem eigenen jeweiligen Messias, mit unseren Gurus, Lehrerinnen und Lehrern? Erst hieven wir sie auf ein Podest, und wenn sie unseren Erwartungen nicht entsprechen, zerren wir sie wieder herunter und reißen ihnen – und auch uns selbst – ein Stück Fleisch aus dem Leib. Im Fall von Judas war es hautsächlich die Verzweiflung darüber, dass er sich so viel erhofft, so viel persönlich investiert hatte, und dann erleben musste, wie sich seine Hoffnungen zerschlugen. Was letztendlich ausschlaggebend gewesen sein könnte, wird uns nicht übermittelt,[16] doch wie alle Liebenden, denen das Herz gebrochen wurde, schlägt er mit einer verzweifelten Gewalt zurück, die sich am Ende als selbstzerstörerisch herausstellt.

Und schließlich ist da Petrus, dessen Dilemma wesentlich unkomplizierter ist. Mit Petrus ist es immer ein bisschen so: Was man sieht, ist das, was man bekommt. Und was wir sehen, ist schlicht und einfach die altbekannte Feigheit, ein massives Versagen der Nerven, als ihn die Krise letztendlich einholt. In den Evangelien offenbart er verschiedentlich seine mangelnde Selbsterkenntnis, was am Vorabend der Kreuzigung in jenem Prototyp aller groben Schnitzer gipfelt, als er allen Ernstes erklärt: »Herr, mein Leben will ich für dich hingeben« (Johannes 13.37). Doch als es hart auf hart kommt, flieht er Hals über Kopf; es ist einfach zu gefährlich, mit diesem Jesus noch länger in Verbindung gebracht zu werden. In einer aufschlussreichen Skizze (und exakt so, wie von Jesus vorausgesagt) sehen wir, wie Petrus, um sich aufzuwärmen, im frostigen Tagesanbruch zusammengekauert neben den letzten verglimmenden Kohlen eines Feuers sitzt und er drei Mal gefragt wird, ob nicht auch er einer der Jünger Jesu sei. Jedes Mal antwortet er: »Nein, ich bin es nicht.« Diese scheinbar harmlose Verneinung birgt in Wirklichkeit ein feinsinniges existenzielles Wortspiel. Das ganze Johannesevangelium hindurch identifiziert sich Jesus in

16. Wenn wir dem Bericht aus dem Johannesevangelium folgen, könnte es sehr gut die Zeremonie der Fußwaschung gewesen sein, die Judas' Verlassen des Abendmahltisches unmittelbar vorausgeht. Die dramatische Lehre Jesu, dass der Meister derjenige ist, der zu dienen hat, und seine Anweisung: »Wenn nun ich, der Herr und Meister, euch die Füße gewaschen habe, dann müsst auch ihr einander die Füße waschen« (Johannes 13.14), machten Judas' Hoffnungen auf einen messianischen König, der in aller Pracht herrschen würde, zunichte.

einer Reihe von Aussprüchen mit der Macht des »Ich bin« (»Ich bin der gute Hirte«, »Ich bin die Tür«, »Ich bin der Weinstock«, »Ich bin der, der an deine Herzenstür klopft«, »Ich bin in euch und ihr seid in mir« und so weiter), was auf der einen Ebene zwar nur eine grammatikalische Formel ist, auf einer anderen Ebene allerdings die direkte Anrufung des Gottesnamens Jahwe oder »ICH BIN«. Damit identifiziert sich Jesus mit dem Sein selbst; und indem Petrus seinen Meister leugnet, bestimmt er sich selbst als Nichtsein: »Ich bin nicht.« Aber sein aufrichtiges Bedauern, nachdem er erkennt, was er getan hat, bringt ihm seinen Platz in der Passionsgeschichte und in unseren Herzen ein. So feige und verwirrt er auch sein mag, liefert er zumindest den Beweis dafür, dass kein Fehler unverzeihlich ist, falls er ehrlich eingestanden und aufrichtig bereut wird.

Der Weg zum Kalvarienberg

Während die Verhaftung und der Prozess uns dazu drängen, einen ehrlichen Blick auf unsere eigenen blinden Flecken zu werfen, so demonstriert die Kreuzigung auf brutale Art, was folgt, wenn diese innerliche Verantwortung zurückgewiesen oder nach außen projiziert wird. Der Weg zum Kalvarienberg artet schnell zur Szenerie eines aufgebrachten Mobs aus. Ein Blutrausch aus Schreien, Verhöhnungen und sadistischen Grausamkeiten strömt durch die Herzen und Seelen dieser Masse von Schaulustigen, deren Benehmen sie in Tiere verwandelt. Es ist schwierig, nicht an die bittere Zeile des Thomasevangeliums zu denken: »Verflucht ist der Mensch, den der Löwe fressen wird, denn dieser Mensch wird Löwe werden« – und falls wir dies für eine bloße Metapher halten, brauchen wir nur einen Blick auf unser eigenes Jahrhundert zu werfen. Jesus hatte seine Jünger und Jüngerinnen schon früh gewarnt: »Das aber ist eure Stunde und die Macht der Finsternis« (Lukas 22.53). Hier nun zeigt sich auf brutale Art und Weise, was geschieht, wenn die menschliche kollektive Dunkelheit von jedweden Verankerungen im individuellen Gewissen entbunden wird und ihren eigenen verhängnisvollen Lauf nimmt. Die Evangelisten stellen die drei Stunden der Qual, die Jesus am Kreuz durchlebt, unterschiedlich dar. Das Johannesevangelium präsentiert einen Jesus, der sich durch das ganze Martyrium stoisch beherrscht und dessen letzte Worte, *consumatum est* (»Es ist vollbracht«), vermitteln, dass er die tiefere Bedeutung dieses Opfers bis zuletzt fühlt. Die anderen drei Evangelisten beschreiben eine Szene von entsetzlichen physischen und spirituellen Qualen, während derer Jesus seine innere Ausrichtung nach und nach verliert und sein menschliches Leben in der Erfahrung äußerster Verlassenheit beendet: »Mein Gott, mein Gott, warum hast Du mich verlassen?« Ich persönlich halte dieses Szenario für historisch wahrscheinlicher und auch übereinstimmender mit der sakramentalen Notwendigkeit, dass Jesus den bitteren Becher der vollständigen Qual des menschlichen Daseins bis auf den letzten Tropfen austrinkt. Wenn sein Opfer in Gänze wirkungsvoll sein soll, muss es bis an die Wurzel menschlicher Dunkelheit hinabreichen, und eine größere Dunkelheit als die Erfahrung absoluter existenzieller Entfremdung und Bedeutungslosigkeit kann es nicht geben.[17]

17. Meister Eckhart, der brillanteste aller christlichen Mystiker, weist darauf hin, dass es sich tatsächlich um ein Sowohl-als-auch-Szenario handelt: Beide Antworten spielen sich in Jesus ab, doch auf unterschiedlichen Seinsebenen. In seiner Predigt neunundvierzig kommentiert er jene Stelle des Evangeliums (Matthäus 26.38, beziehungsweise Markus 14.34), in der Jesus sagt: »Meine Seele ist zu Tode betrübt«, und erklärt:

> Da meinte er nicht seine edle Seele nach der Weise, wie sie erkennend das höchste Gut anschaut, mit Dem er in der Person vereint und [Das er] nach dieser Vereinigung und nach der Person *selbst ist:* Das schaute er selbst in seinem allerhöchsten Leiden in seiner obersten Kraft ununterbrochen an, gleich nahe und ganz so, wie er es jetzt tut; da hinein konnte keine Betrübnis noch Pein noch Tod fallen. Das ist wahrhaftig so; denn, als der Leib qualvoll am Kreuze starb, da *lebte* sein edler Geist in solcher Präsenz [der Anschauung des höchsten Gutes]. Im Hinblick auf *den* Bereich aber, in dem der edle Geist als Verstandeskraft mit den Sinnen und mit dem Leben des heiligen Leibes vereinigt war, insoweit nannte unser Herr seinen geschaffenen Geist »eine Seele«, insoweit sie eben dem Leibe Leben gab und mit den Sinnen und mit der Verstandeskraft vereinigt war. Nach *dieser* Weise und *insoweit* war seine Seele »betrübt bis in den Tod« mit dem Leibe, denn der Leib musste sterben.

(Zitiert nach: MEISTER ECKHART: *Werke I – Predigten,* Herausgegeben und kommentiert von Niklaus Largier, Frankfurt am Main: Deutscher Klassiker Verlag, 1993, Predigt 49, Seite 521.)

»Jesus, erinnere dich meiner…«

Jedenfalls kommt es kurz vor diesem allerletzten Moment – und zwar nur im Lukasevangelium (23.39–43) – zu einem Austausch, der für mich zu den wahren »letzten Worten Jesu« wurde, zumindest symbolisch. Als Jesus mit je einem Verbrecher zu seinen beiden Seiten am Kreuz hängt,[18] nutzt Lukas die Gelegenheit, den Augenblick zu einer mächtigen letzten Verkündigung in diesem Drama der Erkenntnis werden zu lassen, von der wir bisher schon mehrfach gesprochen haben. Der erste Straftäter begreift nichts, und in einer allzu menschlichen Zurschaustellung kleinlicher Willkür verschwendet er die letzten Augenblicke seines Lebens, indem er seinen eigenen Spott zum Schauspiel des Pöbels beisteuert: »Bist du nicht der Messias? Also rette dich und uns!« Er wird jedoch von dem zweiten Verurteilten gerügt: »Fürchtest du nicht einmal Gott? Wir sind zu Recht bestraft worden, dieser Mann aber hat nichts Falsches getan.« Dann wendet er sich Jesus zu und (so stelle ich es mir vor) spricht durch seine vom Todeskampf ausgetrockneten Lippen die Worte: »Jesus, erinnere dich meiner, wenn du in dein Reich eingehst!«

Was für ein außergewöhnliches Bekenntnis! Es offenbart sein Bewusstsein, dass Jesus tatsächlich aus einer höheren Ordnung der Wirklichkeit stammt, zu der er durch den Tod bald zurückgebracht werden wird – an sich schon eine bemerkenswerte Erkenntnis. Doch noch bemerkenswerter ist seine Bitte um eine gegenseitige Bindung des Gedenkens, die sie zusammenhalten wird, nachdem die Wiedervereinigung erst einmal stattgefunden hat. Jesus antwortet mit jenen unvergänglichen Worten: »Wahrlich, ich sage dir: Noch heute wirst du mit mir im Paradies sein.« In manchen Übersetzungen heißt es: »Wahrlich, heute *bist* du mit mir im Paradies.« Die Kraft dieser Erkenntnis hat die Zukunft schon in Gang gesetzt; sie hat in einem kleinen Ausmaß bereits begonnen, das kosmische Drehen der Räder der Liebe zu manifestieren, die in Kürze Himmel und Erde in einer hochzeitlichen Vereinigung miteinander verbinden werden.

18. In den Evangelien werden diese beiden Figuren traditionell als »Diebe« bezeichnet. Die moderne Bibelwissenschaft ist sich jedoch sicher, dass es sich bei den beiden um politische Straftäter handelte – dieselbe Beschuldigung, die auch gegen Jesus erhoben wurde.

Und im Zusammenhang mit der hochzeitlichen Vereinigung ist es wichtig, uns daran zu erinnern, dass Jesus eigentlich nicht allein war, als er starb. Obwohl diese Tatsache in den westlichen Liturgien der Karwoche nie erwähnt wird, haben alle Evangelisten explizit darauf hingewiesen, dass Maria Magdalena während der gesamten Hinrichtung dort am Kreuz gestanden hat und auch beim Begräbnis anwesend war. Es ist sehr gut möglich, dass sie die ganze Zeit über an seiner Seite geblieben ist oder zumindest nur für eine kurze Weile wegging, um sogleich mit den anderen beiden Marias und den Beisetzungssalben am Ostermorgen zurückzukehren.[19] Was die anderen Jünger nicht vermochten, legte sie mühelos ab: ein beharrliches Zeugnis der Kraft der Liebe selbst, die alles zusammenhält. Es ist wichtig, dass wir sie mit unserem inneren Auge dieser Szene wieder zurückgeben, es ihr wieder ermöglichen, dort zu sein in ihrer einsamen Wache am Grab. Wie die Falknerin hält sie die Leine zum Falken in dem kosmischen Drama, das sich schon bald entfalten wird.

Die Höllenfahrt Christi

Wir kommen nun zu einem seltsamen Intermezzo im Passionsdrama, dessen sich viele Christen gar nicht gewahr sind, weil es zwar in mündlichen Überlieferungen (einschließlich des Glaubensbekenntnisses), nicht jedoch in den Schriften selbst erwähnt wird. Ich wurde mir dieses Intermezzos besonders in meinen frühen Jahren als Mittelalterforscherin bewusst, als ich einige englische Mysterienspiele inszenierte, die von dem Ereignis erzählen.

Während die Bibel selbst nichts darüber aussagt, was in diesen drei Tagen geschehen sein könnte, in denen Jesus im Grab lag, existiert eine starke apokryphe Überlieferung, gemäß der er zwischen der Zeit seines Kreuzestodes am Karfreitag und seiner leiblichen Rückkehr am Ostersonntag der Hölle einen Besuch abstattete (in manchen Berichten heißt es: »ihre Pforten stürmte«), um dort die verdammten Seelen zu befreien. In der frühen mittelenglischen Ausdrucksweise wurde dieses Ereignis der Höllenfahrt Christi *the Harrowing of Hell* genannt [das Eggen oder Pflügen der Hölle].

19. Auf diesen Punkt gehe ich sehr viel detaillierter ein in meinem Buch *The Meaning of Mary Magdalene: Discovering the Woman at the Heart of Christianity*, Boston: Shambhala, 2009.

Die mittelalterliche Interpretation dieser Erzählung war zugegebenermaßen naiv. Dieser Abstecher löste ein theologisches Dilemma: Wenn die Errettung davon abhängt, dass jemand getaufter Christ ist, was geschieht dann mit all den guten Menschen, die auf diesem Planeten lebten, bevor Christus kam? Die mittelalterlichen Spiele zeigen Jesus, wie er all diese würdigen Patriarchen des Alten Testaments – Moses mit seinen Steintafeln, David inklusive Harfe und einen ausgesprochen faltigen Abraham – zusammentrommelt, vermutlich, um sie in die Furche der Christenheit zu geleiten.

Doch abgesehen von dieser mittelalterlichen Einfachheit glaube ich, dass die wirkliche Bedeutung dieser archetypischen Erzählung sehr ernst zu nehmen ist und unsere volle Aufmerksamkeit verdient. Eigentlich besuchte Jesus tatsächlich die Hölle (und wir werden bald sehen, was dies zu bedeuten hat), und als er sich den dortigen Mächten und Gewalten gegenübergestellt sah, grub er die Existenzgrundlage unserer heutigen Welt um.

Die traditionelle christliche Theologie besteht darauf, dass der *Tod* Christi die sakramentale Handlung darstellt, nicht seine Auferstehung. Das erstaunt viele Christen, da die Wiederauferstehung doch der wesentlich offenkundigere Punkt zu sein scheint, in dem er seinen Sieg über die Mächte und Gewalten errang. Die mystische Weisheit jedoch hat schon immer intuitiv gespürt, dass das große sakramentale *fiat* in Tat und Wahrheit wesentlich stiller und inwendiger in jenen innersten Regionen der Erde geschieht: als unmittelbares Ergebnis seines Hindurchschreitens durch den Tod.[20]

20. Ausführlich und mystisch brillant erörtert diesen Punkt LADISLAUS BOROS in seinem Buch *Mysterium mortis: Der Mensch in der letzten Entscheidung*, Topos Taschebücher 2017, insbesondere in seinem Kommentar auf den Seiten 186–188. Boros beschreibt, wie eine menschliche Seele im Tod »pan-kosmisch« wird – beispielsweise dadurch, dass ihr »das Eingehen in eine wesenhaftere Materiennähe« gewährt wird (Seite 186). Indem er mit derselben Vorstellung den Tod Jesu betrachtet, kommt er zum Schluss:

> Die menschliche Seele Christi wäre [...] im Tod in ein offenes realontologisches Verhältnis zum Weltganzen getreten. Der Kosmos in seiner Ganzheit wäre dadurch zum leibhaftigen Organ der Menschlichkeit Christi geworden [...] Wenn die menschliche Wirklichkeit Christi auf die dargelegte Weise im Tod dem Weltgrund der alle Weltlichkeit wurzelhaft vereinigenden, hintergründigen Tiefenschicht des Universums eingestiftet wurde, dann wurde er zugleich in seiner leibhaften Menschheit zum realontologischen Grund einer neuen Gesamtheilssituation für das ganze menschliche Geschlecht (Seiten 187–188).

Wie kann dies sein? Lassen Sie es uns genauer untersuchen und diese Nachforschung auf dieselbe Weise durchführen, wie wir es bereits zuvor getan haben.

Ich sprach in Kapitel 8 über die zerklüftetete, binäre Natur dieses Daseinsbereichs, deren Realität alle großen spirituellen Traditionen attestieren. Doch im Gegensatz zur vorherrschenden Meinung versuchte ich zu erklären, dass kein menschliches Verschulden oder Versagen zu diesem Zustand geführt hat, sondern dass es sich hierbei genau um die notwendigen Voraussetzungen handelt, die eine bestimmte Art Göttlicher Selbstenthüllung überhaupt erst ermöglichen. Nur in dieser speziellen Dichte, innerhalb dieser scharfen Kanten und festen Grenzen (deren äußerste natürlich der Tod ist) bestehen die perfekten Bedingungen für den Ausdruck der zartesten und verletzlichsten Aspekte Göttlicher Liebe. Tief in die Struktur dieses Reichs eingebaut findet sich also dieses ›Planksche Wirkungsquantum‹ von Dunkelheit und Dichte. Es gehört zu Kette und Schuss des Schöpfungsgewebes als solchem, und es aufzulösen, bedeutet, genau jene Bedingungen aufzuheben, durch welche dieser Daseinsbereich seinen einzigartig wichtigen Beitrag zur Göttlichen Fülle leistet.

Ich erinnere mich, wie ich vor Jahrzehnten auf diese Vorstellung stieß, als ich Annie Dillards wundervolles, erstes Buch *Pilgrim at Tinker Creek* aus dem Jahr 1974 verschlang. Am Ende ihres kraftvollen und verwirrenden Kapitels über »Fruchtbarkeit« schrieb sie einen Absatz, der in all den Jahren in mir lebendig geblieben ist:

> Dass überall und immer irgendetwas nicht ganz stimmt, ist Teil des eigentlichen Materials der Schöpfung. Es ist, als wäre in jede Tonform ein blauer Streifen Nichtsein, eine schattige leere Blase hineingebacken, hineingebrannt, die nicht nur ihre ganze Struktur prägt, sondern sie auch kippen und letztendlich bersten lässt. Vielleicht hätten wir die Dinge glücklicher planen können, doch wäre unser Plan niemals über das Reißbrett hinausgekommen, hätten wir uns nicht einverstanden erklärt mit den äußerst kompromittierenden Bedingungen, den einzigen, die uns das Dasein anbietet.
>
> Die Welt hat einen Pakt mit dem Teufel geschlossen; sie musste es tun. Es ist ein Übereinkommen, an das alles, sogar jedes einzelne Wasserstoffatom, gebunden ist. Die Bedingungen sind klar: Wenn du leben willst, musst du auch sterben.

> [...] Mit der Unterschrift unter diesen Vertag kam die Welt ins Sein.[21]

Dillard war die Erste, die mich dazu brachte, aus dieser kosmologischen – oder *ontologischen,* um den fachlich korrekten Begriff zu benutzen – Perspektive heraus zu denken. Vorher war es mir nicht in den Sinn gekommen, dass diese letztendliche Gebrochenheit tatsächlich Teil der Gegebenheiten dieses Reichs selbst sein könnte. Diese Vorstellung hatte ganz einfach nicht zu den Optionen gehört, die mir meine klassische theologische Ausbildung angeboten hatte. In unserer üblichen Auffassung des christlichen Mysteriums, in der die persönliche Sünde dermaßen im Vordergrund steht, verlieren wir die Sicht auf die Tatsache, dass Tod und Begrenztheit tatsächlich kollektiv sind und der Hintergrund, vor dem sich alles andere entfaltet. Ohne unsere individuelle Verantwortung leugnen zu wollen, möchte ich einfach sagen, dass diese begrenzenden Umstände tiefgreifender sind als unsere individuelle Existenz. Die Weisheitstradition hat immer darum gewusst und darauf bestanden.

Allerdings kann uns diese Erkenntnis schnell in eine Zwickmühle bringen. Wie bereits erwähnt, besaßen praktisch alle großen spirituellen Traditionen eine eigene Variante des Themas »Hier ist nicht unser Zuhause.« Für ernsthafte mystisch Suchende, deren Bewusstsein vielleicht eine leichtere und flüssigere Daseinssphäre in Form eines nachhallenden Erlebniseindrucks oder aber eines hellen inneren Archetyps kennt, erscheint all diese Gebrochenheit frustrierend und unnatürlich und führt zur inneren Neigung, das Problem dem Dualismus anzulasten und dann die Spannung der Gegensätze zugunsten des Lichts fallen zu lassen. Gott wird dann ausschließlich mit Güte, Licht, strahlendem Glanz und Immaterialität gleichgesetzt – oder, wie es der Autor des ersten Johannesbriefs ausdrückt: »Gott ist Licht, und keine Finsternis ist in Ihm« (1 Johannes 1.5) –, und damit haben wir unsere Karte und unseren Marschbefehl. Das Ziel ist, so schnell wie möglich zum Licht zu kommen.

Wenn es doch nur so wäre! Ganz gewiss ist die Intention dieser Aussage rein und wahrhaftig. Wir *wünschen* uns, Gott wäre nur Licht. Wir wünschen uns, diese Welt bestünde nur aus Licht. Wir

21. Annie Dillard: *Pilgrim at Tinker Creek*, New York: Bantam Books, 1974, Seite 184. Deutsch: *Pilger am Tinker Creek,* Berlin: Matthes & Seitz, 2016.

wünschen uns, die Finsternis, das Böse und das Grausame würden verschwinden und wir könnten uns zurück nach oben, die große Seinskette hocharbeiten, indem wir die Finsternis zurückweisen und uns den Weg zum Licht bahnen. Doch die Finsternis bleibt finster und der moralische Kompass, mit dem wir navigieren, macht die Situation in gewisser Weise nur noch schlimmer. Denn, wenn Gott Licht und nur Licht ist, bedeutet dies dann, dass es menschliche Befindlichkeiten gibt, die so dunkel, so trostlos, so desolat und so verrückt sind, dass sie buchstäblich »von Gott verlassen«, gänzlich außerhalb Gottes und komplett jenseits von allem sind, was das Göttliche kennen oder berühren kann? Wäre das die Hölle? Wäre die Hölle gleichbedeutend mit diesen am höchst entfremdeten und gebrochenen Bewusstseinszuständen, ein Ort so fürchterlich, dass ein Gott, »Der nur Licht und in Dem gar keine Finsternis ist«, ihn nicht betreten kann?

Hinsichtlich dieser Christi-Höllenfahrt-Mythologie hatte ich in meinem Verständnis einen ziemlich unerwarteten großen persönlichen Durchbruch anlässlich einer Diskussion mit einer meiner Studentinnen vor einigen Jahren. Sie hatte sich am Abend zuvor den Kinofilm *Cold Mountain* angeschaut, und als mitfühlende Seele, die sie war, fühlte sie sich ob der gezeigten menschlichen Gräueltaten heftig bedrückt. Nachdem sie die ganze Nacht nicht hatte schlafen können, kam sie am nächsten Morgen sehr niedergeschlagen in die Klasse und fragte: »Wie kann solch eine Dunkelheit nur existieren? Wie können wir diese Dunkelheit von unserem Planeten vertreiben?«

»Erkennen Sie denn nicht«, hörte ich mich antworten, »dass Sie alles nur noch schlimmer machen, indem Sie urteilen? Sie tun dies, indem Sie versuchen, das Schwarze zu stoppen und alles weiß zu tünchen. Indem Sie sagen, dies hier können wir akzeptieren und das da müssen wir ablehnen, verstärken Sie diesen Kreislauf der Polarisierung, durch den das Problem überhaupt erst erzeugt wird.« Und ich glaube, dass genau dies schon immer die fatale Fallgrube auf der »Gott ist Licht«-Landkarte gewesen ist, diese Orientierung in Richtung Licht, indem wir versuchen, den Schatten zu leugnen oder zurückzuweisen. Dies führt lediglich dazu, dass der Schatten immer dunkler und tiefer wird. Die Lösung liegt nicht darin, dass ich die Spannung zwischen den Gegensätzen aufhebe, indem ich einen von ihnen ausschalte. Es muss etwas geben, das tiefer geht, etwas, das beides enthalten kann.

Ist die Liebe größer als Gott?

Einer der größten Mystiker des Mittelalters, Jakob Böhme, stellte die herausfordernde Behauptung auf: Gott kann die Hölle nicht betreten, aber die Liebe kann es und sie dort erlösen.[22] Jahrelang habe ich über diese Aussage gegrübelt. Doch unmittelbar nach meinem Wortwechsel mit dieser Studentin verstand ich plötzlich, was Böhme meinte und worum es Jesus während dieses zentralen Augenblicks der Leidensgeschichte gegangen war. Er *saß einfach dort* in den dunkelsten, tiefsten, entfremdetsten Zuständen eines schmerzerfüllten Bewusstsein – vielleicht können wir ihn uns vorstellen, wie er dort unter jenen gespiegelten Fratzen des kollektiven falschen Selbsts sitzt, die uns in der Kreuzigungsszene begegnet sind: der Qual des Judas, der Unentschlossenheit des Pilatus, der Feigheit des Petrus, der Scheinheiligkeit der Pharisäer –, saß einfach dort inmitten all dieser Finsternis und verurteilte keinen, gab keinem die Schuld, sondern ließ alles in Liebe einfach geschehen. Und genau damit erlaubte er der Liebe, tiefer zu gehen, den ganzen Weg hinunter zum allerinnersten Grund, aus dem sich die Gegensätze erheben, und hielt *diese* ins Licht. Eine stille, beruhigende Liebe drang in die tiefsten Orte der Finsternis und Schwärze vor auf eine Weise, welche diese nicht überstrahlte oder auslöschte, sondern sie mit dem Ganzen sanft wieder verband.

Vor Jahren stieß ich auf ein wunderschönes Gedicht einer unbekannten englischen Nonne, das den Geschmack dieses tiefen sakramentalen Augenblicks präzise einfängt und Jesus in den letzten Augenblicken seines menschlichen Lebens mit den Worten beschreibt:

> In Stille ans Kreuz genagelt.
> Um alle Zeit, alle Veränderung und alle Umstände
> in und an den Armen der Liebe zu tragen.«[23]

22. Nach Jacob Boehme: *The Way to Christ,* herausgegeben von Peter Erb, Mawah, NJ: Paulist Press, 1978, Seite 179. [Entsprechende Stelle bei Jakob Böhme: *Christosophia – ein christlicher Einweihungsweg,* herausgegeben und kommentiert von Gerhard Wehr, Freiburg im Breisgau: Aurum Verlag, 1976, Seiten 153–157: »Denn da unser lieber Herr Christus in der Höllen stund, so war die Hölle nicht Gott, aber die Liebe war da und zerbrach den Tod« [A.d.Ü.].

23. Das Gedicht war auf die Vorderseite einer kleinen Grußkarte gedruckt, die mir eine befreundete englische Betschwester geschenkt hatte. Ich erfuhr, dass es

Dieses anschauliche Bild fasst die ganze Bedeutung der Höllenfahrt Christi zusammen: alle begrenzenden Bedingungen dieses Reichs (Zeit, Veränderung und Umstände) »in und an den Armen der Liebe« zu tragen und sie dadurch aus dem Griff der Dualität zu befreien. Wir sehen also, weshalb Böhme und einige der anderen erleuchtetsten christlichen Mystiker dies als kosmischen Wendepunkt begriffen haben: Nicht, weil ein einzelner Mensch persönlich über die Bedingungen dieser Welt triumphiert hat (eine Leistung, die in fast allen großen religiösen Traditionen bezeugt wird), sondern weil er es auf eine Weise getan hat, die diese Bedingungen nicht verurteilte oder verdammte, sondern es ihnen vielmehr erlaubte, das zu sein, was sie waren. In diesem höchsten »Seinlassen« verwandelte er sie in heilige Gefäße Göttlicher Liebe. Und dies ist die mystische Bedeutung der großen paulinischen Aussage im Brief an die Kolosser (1.17): »... und in ihm hat alles Bestand« [Einheitsübersetzung] oder »in ihm halten alle Dinge zusammen« [King-James-Bibel].

Und das Sonnenlicht spiegelt sich in einer Schneeflocke

Existiert das Böse als eine objektive Macht? Dies war zu allen Zeiten eine Schlüsselfrage religiös suchender Menschen, und meine kurzen abschließenden Kommentare an dieser Stelle werden sie schwerlich beantworten können. Meine eigene Auffassung zu diesem Thema lautet, dass das Böse in hohem Maße eine Funktion der Dualität ist. Damit will ich nicht sagen, dass wir uns das Böse nur einbilden. Dualität ist eine objektive Sphäre. Insoweit ist das Böse auch eine objektive Macht und größer als die individuelle menschliche Subjektivität und das menschliche Bewusstsein. In diesen tief verborgenen Stunden des Ostersamstags sehen wir, wie Jesus auf den Grund dieser Dualität geht und sie in einer größeren Liebe umarmt und ummantelt, sodass sie festgehalten wird unter der Herrschaft und in Gehorsam gegenüber dieser Liebe – wenn wir dem kenotischen Weg einfach erlauben, sich zu entfalten. Mit

zu den Anrufungen eines Ordens gehört, der als »Schwestern der Liebe Gottes« bekannt ist, aber es gelang mir nicht, mehr über die Identität seiner Autorin herauszufinden.

dieser Erlaubnis können wir ihm an den Ort folgen, zu dem er gegangen ist.

Das ist der Augenblick, in dem sich das Sonnenlicht endlich in einer Schneeflocke spiegelt.

II

Das große Osterfasten

VOM KARSAMSTAG KOMMEN WIR ZUM OSTERSONNTAG, VON einem schwebenden Wartezustand zu einem wundersamen Ausbruch der Freude. Von Anbeginn bis heute haben Christen Ostern und die fünfzig direkt anschließenden Tage als eine Zeit der reichlichen Danksagung und des Triumphs gefeiert. Das österliche Opfer wurde vollendet und die Liebe hat sich siegreich erhoben. Nun folgt das große Osterfest, denn, in den Worten einer alten orthodoxen Hymne: »Christus ist auferstanden von den Toten, hat zertreten im Tode den Tod und schenkte denen in den Gräbern das Leben!«

Diese Zeit des Osterfests (»die großen fünfzig Tage«, wie sie in der liturgischen Überlieferung genannt werden) gliedert sich im Grunde genommen in zwei Teile. In den ersten vierzig Tagen ist Jesus zurück auf dem Planeten und unter seinen Jüngerinnen und Jüngern, gibt seine letzten Lehren und Übermittlungen in einer Reihe wundersamer Heimsuchungen, die man als die »Auferstehungserscheinungen« kennt. Dann folgt die Himmelfahrt Christi, derer im Kirchenjahr jeweils am Donnerstag vierzig Tage nach Ostern gedacht wird. An diesem Tag erinnert man sich des körperlichen Aufstiegs Jesu in den Himmel in einem dramatischen, endgültigen Weggang, der im ersten Kapitel der Apostelgeschichte geschildert wird. Es folgen zehn Tage gedämpften, gespannten Wartens. Dann kommt die verheißene, feurige Ausgießung des Heiligen Geistes, welche von den Christen als Pfingsten gefeiert wird, der »Geburtstag der Kirche«.[24]

24. Ich muss gestehen, dass mir diese Vorstellung von einem »Geburtstag der Kirche« schon immer etwas zuwider war und dies nicht nur wegen der Aus-

Das Feiern ist aber in Ordnung, oder etwa nicht? Die Qualen der Passion und der Kreuzigung sind vorbei und auch die sechs langen Wochen des Fastens haben wir hinter uns. Also handelt es sich doch sicher um einen Tippfehler in der Überschrift dieses Kapitels. Gemeint ist doch wohl eher das Oster*fest?*

Nein, ich spreche vom »Fasten«. Es mag sein, dass ich ein wenig bärbeißig klinge, wenn ich dazu aufrufe, dass unter allen christlichen Festzeiten insbesondere diese als eine Fastenzeit beibehalten werden sollte, als das große Osterfasten – und in dieser Frage bleibe ich unnachgiebig. Wenn wir wirklich verstehen würden, worum es in dieser Zeit geht und was während dieser intensiven, turbogeladenen Zeit spirituell möglich ist, wäre das Fasten ein sehr günstiger Preis. Das Fenster der Möglichkeiten ist ziemlich eng, aber das Mögliche selbst ist grenzenlos.

Erlauben Sie mir, etwas auszuholen und über das Fasten zu sprechen. Eine Fastenzeit hat nichts mit Buße und Selbstkasteiung zu tun. Das wäre eine sehr mittelalterliche Einstellung, welche die Bedeutung des Fastens völlig verzerrt. Fasten ist eine echte Übung – genau wie ein sportliches Training – zum Zweck, unser ganzes verkörpertes Wesen darauf einzustellen, ein spirituelles Ziel zu erreichen, das wir uns gesetzt haben. Im Fall der Osterzeit geht es darum, körperlich fähiger zu werden, die Wahrheit auf einer feinstofflichen und wesentlich intensiveren Ebene zu empfangen. Erinnern wir uns, wie Jesus unmittelbar nach seiner Taufe im Jordan in die Wüste ging, um dort vierzig Tage lang zu fasten. Dies war keine Zeit der Buße und der Selbstverleugnung. Tatsächlich ging es darum, dass er »die Finger ließ« von Nahrung auf der physischen Ebene, sodass sein Herz fähig wurde, tiefer hinzuhören, und sein feinstofflicher Körper sich unmittelbar gütlich tun konnte

wüchse, zu denen es bei den einschlägigen Gemeindefeierlichkeiten häufig kommt (Geburtstagskuchen, Ballons und ähnliches Brimborium), sondern vor allem wegen der außerordentlich anachronistischen Theologie, auf der diese Idee beruht. Sie unterstellt, der Zweck von Jesu Aufenthalt auf Erden sei es gewesen, eine Religion namens »Christentum« zu begründen, wofür er seine männlichen Jünger ausgebildet und zu Priestern bevollmächtigt habe. Diese Vorstellungen, die noch immer tief im christlichen Selbstverständnis verankert sind, weichen von den Erkenntnissen der modernen Bibelwissenschaft nahezu vollständig ab und bilden den größten Stolperstein in der Beziehung der Kirche zur Weisheitstradition, zu Frauen und zu anderen Mitgliedern der Familie der Weltreligionen. Für eine tiefgründige Analyse siehe Karen King: *The Gospel of Mary of Magdala,* insbesondere das letzte Kapitel: "The History of Christianity."

an Fleisch und Blut des Göttlichen Wortes, das in ihm lebendig wurde.[25] Er stimmte sein Instrument genau darauf ein, die subtilere Strömung dessen zu erfassen, was vor ihm lag.

Ich glaube fest daran, dass während dieser großartigen fünfzig österlichen Tage dieselbe Einladung an jede und jeden von uns ausgesprochen wird: uns der Strömung anzuvertrauen, in die uns Jesus ruft, und unsere Fähigkeit zu vertiefen, die intensive spirituelle Energie zu empfangen, die während dieser heiligen Zeit wie ein Katalisator für unsere eigene Transformation verfügbar ist – anstatt sie einfach in Feierstimmung zu verjubeln und dann wieder zum Alltagsgeschäft zurückzukehren. Jesus geht während dieser fünfzig Tage auf etwas Großartiges zu und lädt uns ein mitzukommen – wenn wir Schritt halten können.

Mal sehen wir ihn, mal wieder nicht

Lassen Sie uns diese Osterzeit noch genauer betrachten. Wie in drei der vier Evangelien beschrieben,[26] zeigt sich Jesus in den direkt auf Ostern folgenden vierzig Tagen wieder physisch, wandert mit seinen Jüngerinnen und Jüngern und trifft sich wieder mit den Menschen, die er liebt. Je nachdem, wie sie gezählt werden, und ob sie so aufgefasst werden, dass die Evangelien ein Ereignis in verschiedenen Versionen beschreiben oder über unterschiedliche Vorkommnisse berichten, scheint es jedenfalls vier dieser Auferstehungserscheinungen zu geben. Die erste ist jene mit Maria Magda-

25. Eine exzellente Einführung in das Prinzip der Askese (Entsagung) als ein sportliches Training findet man bei KYRIACOS MARKIDES: *Riding with the Lion*, New York: Viking Penguin, 1994, insbesondere auf den Seiten 282–283. Eine hilfreiche Diskussion des Themas Fasten aus der Perspektive der Sufis liefert KABIR HELMINSKI: *The Knowing Heart*, Boston: Shambhala, 1999. Auf Seite 74 macht er die bemerkenswerte Beobachtung: »Eine weitere Kur für das Herz besteht darin, den Magen leer zu behalten. Ein Übermaß an Essen verhärtet das Herz.« Den Zusammenhang zwischen Askese und spiritueller Transformation erörtere ich auch in meinem Artikel "The Gift of Life: The Unified Solitude of the Desert Fathers", im Magazin *Parabola* 14:2, Sommer 1989, Seiten 27–35.

26. Die ursprüngliche Fassung von Markus endet mit Marias erschreckender Entdeckung des leeren Grabs und widmet sich der Wiederauferstehung gar nicht. Die meisten Wissenschaftler gehen davon aus, dass die heutigen abschließenden Abschnitte (Markus 16.9–20) später hinzugefügt wurden, und schreiben sie dem Einfluss des Evangeliums und der Apostelgeschichte des Lukas zu.

lena, die am frühen Ostermorgen am Grab steht, (sie wird in allen vier Evangelien beschrieben). Die zweite spielt sich in Jerusalem später am selben Tag ab, als er seine Jünger beruhigt, die sich im Obergemach ihres Unterschlupfs dicht zusammendrängen, und er sich unmittelbar darauf Thomas auf sehr anschauliche und kraftvolle Weise zu erkennen gibt (beschrieben bei Johannes 20.19). Die dritte geschieht zwei seiner Jünger, die sich auf der Straße nach Emmaus befinden (Lukas 24.13). Die vierte beschreibt nochmals eine Begegnung mit seinen Jüngern, doch dieses Mal findet sie in Galiläa am See Genezareth statt (Johannes 21). In dieser letzten Erscheinung isst er gemeinsam mit ihnen, hilft ihnen, eine große Menge Fisch zu fangen und gibt ihnen ihre abschließenden Instruktionen und Aufträge. Er sendet sie aus, nicht länger als Jünger, sondern als Apostel dieses neuen und tieferen kenotischen Wegs, der ihnen nun in Gänze enthüllt wurde.[27]

Wenn wir uns diese Auferstehungserscheinungen anschauen, erkennen wir sofort, dass sie irgendetwas Merkwürdiges an sich haben. Jesus ist zurück und er ist es ohne Zweifel leibhaftig, aber es ist nicht genau derselbe Leib, in dem er die Welt verlassen hat. Auch gibt er keinerlei Hinweise, dass er für eine längere Zeit zu bleiben plant. Er tauchte nicht nochmals in Jerusalem auf, um sozusagen seine Koffer auszupacken, Unterstützer zusammenzutrommeln und ein Jesus-Christus-Institut für spirituelle Transformation zu gründen. Er hätte das tun können (oder zumindest etwas im ersten Jahrhundert Entsprechendes), und niemand hätte ihn daran hindern können. Doch spüren wir von Beginn an, dass er nur vorübergehend hier ist und diese Erscheinungen flüchtig und kurzlebig sind, ausgerichtet auf ein höheres Ziel, das in kurzer Zeit erreicht werden muss.

Sicherlich ist sein physischer Körper vollkommen wirklich und dreidimensional, wie seine Begegnung mit Thomas auf dramatische Weise verdeutlicht. Als Thomas insistiert: »Wenn ich nicht das

27. Das bei Lukas 24.33–53 aufgezeichnete Erscheinen berichtet wahrscheinlich über dieselbe Episode wie Johannes 20.19. Bei Lukas kommt Thomas zwar nicht im Dialog vor, doch ist eine identische Betonung der physischen Präsenz Jesu erkennbar, als dieser seine Jünger fragt: »Habt ihr etwas zu essen hier?« und dann vor ihren Augen ein Stück gebratenen Fisch zu sich nimmt. Bei Lukas wird auch erwähnt, wie Jesus Simon erscheint, doch wird dies hier weder weiter ausgeführt, noch durch die anderen Evangelien bestätigt. Matthäus lässt Jesu letzte Versammlung mit den Jüngerinnen und Jüngern in Galiläa geschehen, doch statt am See Genezareth findet sie auf einem Berg statt.

Mal der Nägel an seinen Händen sehe und wenn ich meinen Finger nicht in das Mal der Nägel und meine Hand nicht in seine Seite lege, glaube ich nicht« (Johannes 20.25), lädt Jesus ihn ein, genau dies zu tun. Und in der wunderbaren Erzählung desselben Ereignisses bei Lukas zeigt Jesus, dass er hungrig ist, und sagt zu seinen Freunden: »Habt ihr etwas zu essen hier?« Sie reichen ihm ein Stück gebratenen Fisch und er isst es vor ihren Augen.

Er ist kein Gespenst, so viel ist sicher. Und dennoch ist etwas deutlich Gespensterhaftes in seinem Auftreten. Scheinbar geht er durch Wände, so wie er es tat, als er seinen Jüngern an jenem Abend plötzlich in ihrem höhergelegenen Versteck erschien, und er vermag, an Ort und Stelle aufzutauchen und wieder zu verschwinden und sich Jüngerinnen und Jüngern gleichzeitig an unterschiedlichen geografischen Orten zu zeigen. Dieser »Nun seht ihr mich, und nun wieder nicht«-Aspekt ist besonders ausgeprägt in seinem Aufsuchen der zwei Jünger auf der Straße nach Emmaus. Plötzlich taucht er aus dem Nichts auf, geht eine Weile an ihrer Seite, bricht während des Abendessens das Brot mit ihnen und verschwindet dann geheimnisvoll. Offensichtlich unterliegt sein Körper nicht denselben Gesetzen der Schwerkraft wie die unsrigen. Die Überlieferung spricht (etwas vorsichtig) von seinem »Auferstehungskörper«. Es ist ein physischer Körper, gewiss, jedoch mit einer viel feineren Dichte: ein Körper, der für ein anderes Reich des Seins geeignet ist, für eine andere Wohnung im Haus des Vaters.

Welchen Teil dieses Jesus verstehen wir nicht?

Ein weiteres mysteriöses Leitmotiv, das sich durch all diese Begegnungen zieht, besteht darin, dass Jesus nicht sogleich erkannt wird. Maria Magdalena verwechselt ihn mit dem Gärtner. Die Jünger in Jerusalem halten ihn für einen Geist; die auf der Straße nach Emmaus erkennen ihn zwar, allerdings auch nur im Nachhinein, nachdem er bereits verschwunden ist. Und die Jüngerinnen und Jünger am See Genezareth sind erst dann in der Lage, ihn zu identifizieren (anhand seiner offenbarten Charakteristik der Fülle), nachdem er auf wundersame Weise ihre Netze gefüllt hat.

Einige Autoren gehen davon aus, dass der Grund, dass er nicht erkannt wurde, darin liegt, dass der Auferstehungskörper alterslos ist.[28] Er wird nicht ausgesehen haben wie der Jesus, der nur einige Tage zuvor gefoltert und hingerichtet worden war: ein archetypischer, altersloser Jesus könnte nun durch seine menschliche Gestalt hindurchgeschienen haben. Vielleicht stimmt das, aber meiner Meinung nach geht es vor allem um den Punkt, den ich im allerersten Kapitel aufgebracht habe. In der Weisheit Jesu zu gehen, bedeutet auf jedem Schritt des Weges ein Erkenntnisdrama. Auf jeder neuen Stufe von Feinheit oder Feinstofflichkeit muss etwas in uns fähig werden, *den* erkennen zu können und unseren Weg zu *dem* zu finden, der er jetzt ist. In diesen Beispielen also, in denen es Schwierigkeiten gibt, ihn zu erkennen, hält Jesus in Tat und Wahrheit seinen Freunden einen Spiegel vor, um ihnen zu zeigen, was ihnen noch im Weg steht, worauf sie achten und woran sie innerlich noch arbeiten müssen, um imstande zu sein, ihn mithilfe ihres eigenen Herzenslichts zu erkennen. Tatsächlich scheint dies der eigentliche Hauptgrund dafür zu sein, dass er unter ihnen weilte. Er muss sie noch einmal mit durch dieses Drama der Erkenntnis nehmen, damit sie ohne den leisesten Zweifel lernen, wie sie ihn aus ihrem Inneren heraus finden, wie sie ihn künftig erkennen können, immer und überall, wenn seine körperliche Erscheinung noch feiner wird.

Die Begegnung mit den zwei Jüngern auf der Straße nach Emmaus ist ein lehrbuchmäßiger Leitfaden für spirituelle Erkenntnis. Was diese beiden guten Seelen daran hindert, ihren Meister zu erkennen, liegt auf der Hand: Es ist ihr Selbstmitleid und ihre wehmütige Erinnerung. Als Jesus die beiden auf der Straße einholt und sie fragt, warum sie so traurig seien, antworten sie:

> »Bist du so fremd in Jerusalem, dass du als Einziger nicht weißt, was in diesen Tagen dort geschehen ist? [...] Das mit Jesus aus Nazareth. Er war ein Prophet, mächtig in Tat und Wort vor Gott und dem ganzen Volk. Doch unsere Hohepriester und Führer haben ihn zum Tod verurteilen und ans Kreuz schlagen lassen. Wir aber hatten gehofft, dass er der sei, der Israel erlösen werde« (Lukas 24.18–21).

Ganz offensichtlich hängen sie noch immer in ihrer Geschichte fest, und genau dieses Festhängen hindert sie daran, die Person zu

28. Valentin Tomberg: *Meditations on the Tarot,* Seite 574.

erkennen, die direkt vor ihren Augen steht. Sie stecken in der Falle ihrer Vergangenheit, erfüllt von Selbstmitleid und Zweifeln; und in solch einem Zustand ist niemand fähig, irgendetwas zu erkennen. Was Jesus in diesem Fall tut, ist eine wunderbare Anwendung »geschickter Mittel« [wie sie im Buddhismus heißen]: Er schreibt ihre Geschichte für sie um. Vers um Vers führt er sie durch die entsprechenden Schriften des Alten Testaments, interpretiert deren Bedeutung im Licht seiner selbst neu und bringt sie damit zur unvermeidlichen Schlussfolgerung, dass der Tod nicht das Ende sein kann. Als Nächstes bricht er mit ihnen das Brot auf eine Weise, die unmittelbar das Letzte Abendmahl heraufbeschwört, und verschwindet danach. Schließlich kapieren sie es: »Brannte nicht unser Herz in uns, als er unterwegs mit uns redete?« Endlich begreifen sie – und der ausschlaggebende Durchbruch geschieht nicht so sehr durch das, was sie erkennen, sondern vielmehr durch die Art, *wie* sie erkennen. Sie sind zu dem Verständnis gelangt, dass ihre eingestimmten Herzen die Instrumente des Erkennens sind und dass es dieselben eingestimmten Herzen sind, die sie mit ihrem auferstandenen Herrn Augenblick für Augenblick und für immer verbinden werden. Endlich haben sie das Leuchtfeuer entdeckt, das sie nach Hause bringt.

Ganz ähnlich, wenn auch eine Spur dramatischer, spielt es sich bei Maria Magdalena ab. Ihr Liebesschmerz macht sie blind. Sie hat lange und intensiv Wache gehalten. Sie hat bis zum allerletzten Augenblick seines menschlichen Lebens an Jesu Seite gestanden und Zeugnis abgelegt, als alle anderen ihn bereits verlassen haben. Am Morgen seiner Auferstehung ist sie treu ans Grab zurückgekehrt, um mit kostbaren Ölen seinen Körper zu salben. Doch ihre Sehnsucht nach ihm in seiner Leiblichkeit schürt ihre überwältigende Verzweiflung, ihr Gefühl, dass alles verloren ist. Das unerwartete Verschwinden seines Körpers aus dem Grab beschäftigt sie dermaßen, dass sie in der Situation, als Jesus sie anspricht, eins und eins nicht zusammenzählen kann; sie bleibt völlig gefesselt von ihrem Vorhaben, diese letzte Hülle seines physischen Wesens wiederzubeschaffen. Und dann, in einem wunderbar symbolhaften und sakra-mentalen Augenblick, ruft er sie bei ihrem Namen – »Maria« – und in einem Sturzbach der Ekstase erwacht sie schließlich und ruft: »*Rabbuni, Rabbuni!* Mein geliebter Herr!« Wie Schuppen fällt es ihr von den Augen und sie wirft sich ihm entgegen, um ihn zu umarmen und zu liebkosen, wie es alle Liebenden tun. Doch seine darauf folgenden Worte halten sie sanft davon ab und lehren sie das Tiefschürfende, das sie in genau diesem Moment hören muss: »Halte nicht an mir fest, denn ich bin noch nicht zu meinem Vater aufgestiegen.« Damit hat er tatsächlich den Punkt benannt, an dem sie feststeckt. Sie war aufgrund ihrer tiefen Hingabe fähig gewesen, ihm ein gutes Stück auf dem kenotischen Pfad zu folgen, aber noch klammert sie sich an die physische Person, an ihre besondere Liebesgeschichte und deren tragisches Ende. Noch immer sucht sie nach Jesus als greifbarem Leichnam, nicht als un(be)greifbare Lebendigkeit. Erst als sie ihre Perspektive wechselt, wird er sichtbar.

Zeichen und Wunder

In diesen unterschiedlichen Auferstehungserscheinungen ist ein interessantes Phänomen am Werk, das, wie ich glaube, einem geltenden spirituellen Prinzip entspricht. Je fortgeschrittener eine Person in spiritueller Hinsicht ist, so könnte die Logik lauten, desto fähiger müsste sie sein, Jesus in einer gänzlich fleischlichen Wiederauferstehungserscheinung zu begegnen – »Gleich und Gleich gesellt sich gern« sozusagen. In Wirklichkeit laufen die Dinge jedoch genau andersherum. Jesus ist nur insoweit in der physischen Dichtheit gegenwärtig, wie es nötig ist, um der Verdichtung des Zweifels zu entsprechen, der die Schau blockiert. Maria Magdalena muss ihn lediglich sehen, um sich sicher zu sein, und so erscheint ihr Jesus als Vision. Bei Thomas sitzt der Zweifel tief in seinen Eingeweiden, also bekommt er eine gänzlich »organische« Auferstehungserscheinung. Und einige, die auf dem Pfad besonders fortgeschritten sind, wie beispielsweise Johannes, der geliebte Jünger,[29] bedürfen scheinbar überhaupt keiner persönlichen Heimsuchung; diese verfügen in ihrem Inneren bereits über das vollständige Bild. Jesus

29. Das Johannesevangelium bezieht sich mehrfach auf eine Gestalt, die als »Lieblingsjünger« besonders herausgehoben wird. Traditionellerweise wird diese mit Johannes selbst identifiziert, doch in jüngster Zeit sind, befeuert durch die Neueinschätzungen von Baigent, Leigh und Lincoln in ihrem Buch *Holy Blood, Holy Grail* (siehe Fußnote 53 auf Seite 89), einige neue Kandidaten auf der Liste aufgetaucht, einschließlich Lazarus und Maria Magdalena. Da der Punkt, um den es mir hier geht, es nicht erforderlich macht, dass wir in diese stürmische See stechen, will ich für den Augenblick bei der üblichen Zuschreibung bleiben.

ist nur in dem Maße körperlich gegenwärtig, in dem Menschen noch nicht mit dem Auge ihres Herzens sehen können. Wenn sich das Auge des Herzens öffnet, werden wir immer freier, die physischen Spuren hinter uns zu lassen und der puren Unmittelbarkeit der Liebe ganz einfach eine Begegnung von Herz zu Herz zu erlauben.

Und dies ist es natürlich, worauf das österliche Abenteuer zusteuert. In den vierzig Tagen bis zu seiner Himmelfahrt drängt und stößt Jesus seine Schar unnachgiebig in Richtung einer neuen Ebene der Feinsinnigkeit, wie eine Vogelmutter, die ihre flügge gewordenen Jungen aus dem Nest schubst. »Ihr wisst nun, wie ihr es tun könnt«, scheint er ihnen zu sagen. »Ihr *wisst* den Weg. Als meine Jünger und Jüngerinnen habt ihr die Grundsätze gelernt. Und was vor dem Sakrament meiner Passion noch in euch fehlte, fehlt euch nun nicht mehr. Was euch bisher hat stolpern lassen – eure Angst, euer Zweifel, euer Verlangen –, habt ihr überwunden. Die Brücke ist überquert; ich selbst bin diese Brücke. In meinem verwirklichten ewigen Wesen habt ihr den unmittelbaren Zugang zu eurer eigenen verwirklichten zeitlosen Natur.«

Er hinterlässt ihnen auch ein paar praktische Lehren darüber, wie sie ihre Herzen im liebenden Dienst aneinander und an der Welt gestimmt halten können. Bei ihrem letzten Treffen am See Genezareth (Johannes 21.15) kommt es zwischen Jesus und Petrus zu einem interessanten Gespräch. Im Grunde ist ihr Austausch nicht ins Englische übersetzbar, da unsere Palette an Verben nicht breit genug ist. In der englischen [wie auch in der deutschen] Fassung fragt Jesus Petrus dreimal: »Petrus, liebst du mich?« Petrus antwortet mit wachsendem Unmut: »Ja, Herr, du weißt, dass ich dich liebe.« Die Antwort Jesu lautet jedes Mal: »Weide meine Lämmer.« Dieser Dialog erscheint vollkommen kryptisch, bis wir begreifen, dass im Griechischen zwei Verben für »lieben« zur Wahl stehen. Das eine verweist auf eine klammernde, verhaftete, erotische Liebe. Das ist das Verb, das Petrus nutzt, wenn er sagt: »Ja, Herr, ich liebe dich« – so, wie Liebende ihre Geliebten lieben, so, wie auch Maria Magdalena in der zuvor geschilderten Episode an Jesus hing. Doch das Verb, das Jesus gebraucht, lautet *agape,* was eine nicht verhaftete Liebe beschreibt, die sich frei verschenkt. Jedes Mal also, wenn Petrus sich mit seiner emotionalen, besitzergreifenden Liebe Jesus zuwendet, dreht dieser sie um und lässt sie frei: »Weide meine Lämmer.« Sanft führt er Petrus immer wieder zu der tiefen, gegenseitigen kenotischen Liebe zurück, zu der Liebe, die die Essenz des Weges Jesu ausmacht und durch die seine Präsenz unter ihnen sich immer zeigen wird.

Nachdem die Unterweisung abgeschlossen ist, steigt Jesus von der physischen Ebene auf – seine irdische Arbeit ist vollendet. Er weiß, dass seine Jünger und Jüngerinnen nun fähig sein werden, den Geist der Wahrheit zu erkennen, wenn dieser sich zehn Tage später zu Pfingsten auf sie herabsenken wird. In diesem bemerkenswerten großen Finale (beschrieben in der Apostelgeschichte 2.1 ff) fahren plötzlich ein brausender Sturm und Zungen aus Feuer auf sie herab; sie werden erfüllt vom Geist und sind in der Lage, das Evangelium in allen bekannten Sprachen der Zivilisation ihrer Zeit zu verkünden. Zumindest symbolhaft wurde der Geist der Wahrheit in die Herzen aller Menschen eingepflanzt.

Ist das wirklich geschehen?

Was sollen wir mit den abschließenden Kapiteln dieses großen Auferstehungsdramas anfangen? Es gibt viele Skeptiker, die sagen, die Auferstehung Jesu sei ein Mythos und habe nie stattgefunden. Ich für meinen Teil glaube daran, dass er auferstanden ist, und vertrete meinen Standpunkt auf Basis der christlichen Überlieferung, wenn ich behaupte, dass diese Auferstehung tatsächlich einen großen Unterschied macht in Bezug darauf, wie wir unser Leben hier und jetzt führen. Ich sage dies nicht aus blindem Nachbeten irgendeines Glaubensgrundsatzes, sondern als Folge meiner eigenen inneren Arbeit. Bei dieser Arbeit erhielt ich unschätzbare Hilfe auch von spirituellen Lehrerinnen und Lehrern anderer Traditionen, die beteuern, dass solch eine Auffahrt des Körpers nach dem Tod keineswegs ein gar so ungewöhnliches spirituelles Kunststück sei. Wenn erst einmal eine gewisse Stufe der spirituellen Leuchtkraft erreicht ist (die Jesus ganz gewiss manifestierte), ist es nicht mehr ganz so schwierig, die physische Gestalt neu zu erzeugen. Und tatsächlich scheint Jesus im Logion 22 des Thomasevangeliums genau davon zu sprechen:

> Wenn ihr fähig seid,
> ein Auge anstelle eines Auges zu machen
> und eine Hand zu formen anstelle einer Hand

oder einen Fuß für einen Fuß,
indem ein Bild das andere ablöst
– dann werdet ihr eintreten.

Ist unser zeitliches Wesen (das »andere Bild« in der Sprache des Thomasevangeliums) erst einmal tief mit seinem ursächlichen Archetyp oder Urbild (oder dem »einen Bild«) verschmolzen, sodass zwischen ihnen keine Kluft oder Dissonanz mehr besteht (also »wenn ihr fähig seid, zwei zu einem werden zu lassen«), dann kann durch eigene bewusste Willenskraft die zeitliche Form abgelegt und wieder aufgenommen werden – obwohl immer nur aus triftigem Grund, aus spiritueller Dienstbereitschaft, nicht zu persönlichem Ruhm. Ein ganzer Strom spiritueller Lehren bezeugt, dass nicht nur Jesus, sondern viele andere dies getan haben und dass dies an sich lediglich ein sehr fortgeschrittenes spirituelles Wesen bestätigt, nicht notwendigerweise eine kosmische Singularität.[30] Die Frage, ob Jesus *der einzige* von den Toten Auferstandene ist oder ob ihn dies *zum einzigen* Sohn Gottes machte, ist wahrscheinlich nicht die richtige Frage.

Worauf es wirklich ankommt, ist Folgendes: Was Jesus uns in seinem Übergang vom Tod zum Leben so einschneidend demonstriert, ist, dass die Mauern zwischen den Reichen so dünn sind wie Papier. Entlang des ganzen Schöpfungsstrahls durchdringen sich die »Wohnungen« gegenseitig und sind wechselseitig durchlässig für die Liebe. Der Tod unserer körperlichen Gestalt bedeutet nicht den Tod unseres individuellen Menschseins. Unser Menschsein bleibt lebendig und ganz, »mit Christus verborgen in Gott« (um die schöne Wendung aus dem Brief des Paulus an die Kolosser 3.3 zu zitieren), und hier und jetzt können wir daraus (und auch aus ihm) Stärke ziehen, um unser zeitliches Leben mit der ganzen Fülle

30. Murat Yagan, ein zeitgenössischer spiritueller Meister sowohl aus der Sufi- als auch aus der christlichen Tradition, behauptet sogar, die echte esoterische Bedeutung von »Stirb, bevor du stirbst« liege darin, dass wir fähig werden müssten, »den Wohnsitz, der uns nach unserem Tod erwartet, bereits vorher willentlich zu besuchen.« Durch dieses bewusste Reisen zwischen den Reichen entwickle man nicht nur Vertrauen in die Weite und Güte des Göttlichen Mitgefühls, man werde auch zu einem Kanal für diese spirituellen Eigenschaften und nehme sie zum Nutzen der ganzen Menschheit mit zurück in das irdische Reich. Ein bemerkenswertes Interview mit Murat Yagan zu genau diesen Punkten findet sich im Artikel "Sufism and the Source" im Magazin *Gnosis,* Ausgabe 50, Winter 1994, Seiten 40–51.

der Ewigkeit zu führen. Wenn wir diesen Kernpunkt in unser Herz einschließen können, wird sich das Übrige des christlichen Pfades von selbst ergeben.

Der mystische Leib Christi

Seine physische Form wandelt nicht mehr auf diesem Planeten – dem ist so. Doch nehmen wir ihn beim Wort, so bedeutet dies keine Unterbrechung der Innigkeit, wenn wir lernen, ihn auf dieser anderen Ebene zu erkennen, so wie er sich seinen Jüngerinnen und Jüngern in diesen vierzig Tagen der Osterzeit gezeigt hat.

Auch ist diese Vertrautheit während der vergangenen zweitausend Jahre nicht abgeflaut – zumindest bezeugt dies die lange Linie christlicher Mystiker, die mit einer Stimme erklären, dass unser ganzes Universum tief von der Präsenz Christi durchwirkt ist. Er umgibt, erfüllt und hält diese menschliche Sphäre, in der wir leben, zusammen. Der gesamte Kosmos ist sozusagen zu seinem Leib geworden, und das Blut, das diesen durchströmt, ist seine Liebe. Das sind keine Aussagen, die sich wissenschaftlich erhärten ließen, doch für das mystisch eingestimmte Herz klingen sie glaubhaft. Und wie wir im letzten Kapitel gesehen haben, waren dieselben mystischen Visionäre zumeist der Auffassung, dass diese »pankosmische« und bis ins tiefste Mark der erschaffenen Welt hineinwirkende Durchtränkung mit seinem Wesen der kosmische Eckstein war, den er in seinem Hindurchgang durch den Tod umdrehte.[31] Ohne der Beschaffenheit dieser irdischen Ebene auch nur

31. Ich möchte diesbezüglich noch einmal auf Ladislaus Boros' bemerkenswertes Buch *Mysterium mortis: Der Mensch in der letzten Entscheidung* hinweisen. In Fußnote 20 auf Seite 145 zitierte ich seinen Kommentar bezüglich der kosmischen grundlegenden Veränderung, die im Augenblick des Todes Christi erfolgte. An dieser Stelle möchte ich anfügen, was er über den Zustand Christi nach dessen Auferstehung sagt:

> Der Verklärungsleib Christi ist das Urbild des schon geheimnisvoll und verborgen in den Zustand der Verklärung versetzten Universums [...] Er ist auch der Inbegriff unserer leiblichen Berührung Christi. Frei von der »fleischlichen« Raumzeitgebundenheit vermag Christus die Menschen aller Zeiten und aller Räume zu erreichen und sie zu Gliedern seines verklärten Leibes zu machen, das heißt, ihnen Anteil an seiner »pneumatischen« Leiblichkeit zu geben. [...] Abstieg in das Innere aller Sichtbarkeit und Aufer-

irgendwie zu widerstehen oder sie gar aufzuheben, hat er sie vollständig durchdrungen, ihr seine eigene innere Weite eingeflößt und uns alle in dieses unsichtbare, aber vollständig zusammenhängende Energiefeld eingeladen, damit wir als ein Leib leben können – als der »mystische Leib Christi«, wie er in der christlichen Überlieferung genannt wird – und das Reich Gottes hier und jetzt manifestieren. In seinem aufgestiegenen Zustand ist Jesus nicht weiter von den Menschen entfernt, sondern noch enger mit ihnen verbunden. Er ist der Gesamtgrund oder die Grundgesamtheit, in der unsere bedingten menschlichen Leben schon immer wurzeln und aus der wir immer die Hilfe erhalten, die wir brauchen, um weiterzukommen auf dem schwierigen Weg, den wir hier zu gehen haben. Wenn das Auge unseres eigenen Herzens offen und in diesem Wahrnehmungsfeld ausgerichtet ist, erkennen wir, wer an unserer Seite geht.[32]

Ein Mensch, dessen Herzensauge ganz sicher weit geöffnet war, war Symeon der Neue Theologe, der griechisch-orthodoxe spirituelle Meister aus dem elften Jahrhundert. In einer besonders erfrischenden und intimen Art spricht sein Gedicht »Der Leib Christi« von der wundersamen Verflechtung des Wesens Christi mit unserem eigenen und von der heilenden Liebe, die aus dieser Umarmung hervorquillt:

stehung als Eintritt in die pneumatische Offenheit der Leiblichkeit sind also zwei ineinandergreifende Aspekte eines und desselben Todesvorganges Christi. (Seiten 196–197).

32. Ich habe diese Aussage bewusst auf diese Art formuliert, um die Implikation zu vermeiden, dass alle Menschen auf einer bestimmen Ebene spiritueller Errungenschaft Jesus Christus begegnen werden. Obwohl viele Christen dies behaupten, finde ich es nicht nur unhaltbar, sondern auch spirituell imperialistisch. Ich gehe davon aus, dass Buddhisten derselben spirituellen Ebene wahrscheinlich eher dem Buddha, Muslime eher Mohammed begegnen werden und so weiter – obwohl es auch bemerkenswerte Ausnahmen gibt. Ich glaube, dass stets eine Rückkopplungsschleife besteht zwischen der Universalität des Göttlichen Seins und den Konzepten und Archetypen, durch die eine bestimmte spirituelle Tradition sich ausdrückt. Anstatt zu behaupten, dass alle Menschen Christus begegnen werden (und ihn als diesen erkennen), würde ich einfach anmerken wollen, dass eine Begegnung mit Christus, wann immer und wem immer sie geschieht, eine höchste Begegnung ist. Nicht »höher« oder »weniger hoch« als eine entsprechende Begegnung auf einem anderen spirituellen Pfad, sondern *von derselben Höhe* wie es in der Sprache und Form dieser bestimmten Gläubigen am exaktesten ausgedrückt wird.

Wir erwachen im Leib Christi,
so wie Christus unsere Körper erweckt,
und meine ärmliche Hand ist Christus. Er tritt ein
in meinen Fuß und ist unendlich ich.

Ich bewege meine Hand, und wunderbarerweise
wird meine Hand zu Christus, wird alles von ihm
(denn Gott ist unteilbar ganz
und makellos in Seiner Gottheit).

Ich bewege meinen Fuß, und all sogleich
erscheint er im Strahl eines Blitzes.
Klingen meine Worte blasphemisch? –
Dann öffne ihm dein Herz

und lasse es zu, den einen zu empfangen,
der sich dir so tief öffnet.
Denn wenn wir ihn aufrichtig lieben,
erwachen wir im Leib Christi,

wo unser ganzer Körper, einfach überall,
in jedem noch so verborgenen Teil,
in Freude verwirklicht ist in ihm.
Und er macht uns ganz und gar wirklich.

Und alles, was verletzt ist, alles,
was uns so dunkel, grob, beschämend erschien,
verstümmelt, hässlich und unwiederbringlich
beschädigt, ist in ihm verwandelt

und als Ganzes erkannt, liebenswürdig
und strahlend in seinem Licht.
Wir erwachen als die Geliebten
in jedem letzten Teil unseres Körpers.[33]

33. Dieses Gedicht lernte ich durch Bruder Curtis Almquist (von der Society of Saint John the Evangelist, SSJE) anlässlich einer Priesterkonferenz der episkopalen Diözese von Colorado im Mai 1997 kennen. Seither verwende ich die Übersetzung, die er uns gab; es gelang mir nicht, deren Urheber herauszufinden.

Versuchen Sie es. Bewegen Sie Ihre Hand, bewegen Sie Ihren Fuß. Werden diese in einem Blitzstrahl zu Christus? Wird alles zu ihm? Ganz ehrlich – wahrscheinlich nicht. Auch bei mir klappt dies meistens nicht. Für fast alle von uns bleibt diese Vorstellung vom mystischen Leib Christi, der alles umgibt und alles trägt, die meiste Zeit über ein abstraktes Konzept. Es ist wie beim Versuch, in einem dieser unsäglichen Punktrasterbilder die in den Punkten versteckte Blume zu erkennen – meistens übersehen wir sie. Und allzu oft übersehen wir den Leib Christi, der sich im Punktraster unseres alltäglichen, gewöhnlichen Lebens verbirgt. Doch hie und da, wenn Sie es zulassen, wird er kommen, um Ihnen zu begegnen; und mit dem geduldigen Öffnen des Auges Ihres Herzens kann dies mehr und mehr zu einem bleibenden Zustand Ihres Seins werden.

Jesus, dem Meister der Weisheit, begegnen

Und dies bringt uns zur Frage der Praxis. Nun, da wir vor dem letzten Teil dieses Buchs stehen, möchte ich Ihnen eine Hypothese vorlegen, und das meine ich wortwörtlich. Eine Hypothese ist nichts, was einem eingetrichtert wird, sie gleicht eher jener Einladung, die Jesus vor zweitausend Jahren aussprach, als seine Jünger fragten: »Meister, woher kommst du?«, und er antwortete: »Kommt und seht!« Die Hypothese lautet: Jesus, der lebende Meister, ist wirklich, lebendig, vertraut und umhüllt Sie genau jetzt kraftvoll. Tatsächlich ist er sogar noch präsenter als Ihr Atem und Ihr Herzschlag. Aber um diese Gegenwart tatsächlich zu erkennen, müssen wir uns auf eine andere Wellenlänge einstimmen und von unserem normalen binären Betriebssystem auf die Herzfrequenz umschalten, auf der diese Jesus-Verbindung sendet. Weisheitschristentum ist praxisgetrieben. Wenn wir Übungen machen, die unser Herz nähren, werden wir diese Verbindung als eine lebendige Beziehung wahrnehmen; unser Wesen wird empfänglich für die höhere Bedeutung. Wenn diese Übungen zur Aufrechterhaltung dieser Begegnung aufgegeben werden, fallen wir auf unser normales Betriebssystem zurück und die Verbindung schwindet.

Mit anderen Worten: Sie sind das Gefäß, das Instrument, das die Weisheit empfängt. Wenn Sie dieses Instrument einstimmen und fein justieren, werden Sie erkennen. Es geht nicht darum, *mehr* zu wissen, eine neue Tatsache oder eine zusätzliche innere Information zu erhalten; es geht darum, *tiefer* zu wissen, unter immer größerem Einsatz Ihres Seins zu erkennen.

Im letzten Teil dieses Buchs werden wir uns fünf Grundübungen anschauen, mit denen Sie hier und jetzt arbeiten können – wo auch immer Sie gerade sein mögen und wie auch immer Ihre Lebensumstände aussehen –, um diese Weisheitsverbindung zu erwecken oder zu vertiefen. Doch bevor wir damit beginnen, möchte ich noch etwas klarstellen. Möglicherweise ist bei Ihnen der Eindruck entstanden, dass ich, wenn ich davon spreche, »tiefer in Ihr Herz zu gehen, um den lebendigen Christus zu entdecken«, eine subjektiv emotionale Erfahrung meine. Aber das tue ich nicht. Die Weisheitstradition hat schon immer gelehrt, dass das Subjektive (oder das, was wir »subjektiv« nennen)[34] in Wirklichkeit von unserer Persönlichkeit erzeugt und vom binären Betriebssystem aufrechterhalten wird. Wenn Sie aber tiefer graben, hinunter zu den stillen Wassern, werden Sie tatsächlich fähig, eine Wahrheit zu widerspiegeln, die letzten Endes objektiv und daher für alle Herzen erkennbar ist, die im selben Ausmaß offen sind. »Selig sind, die reinen Herzens sind; denn sie werden Gott schauen.« Erinnern Sie sich an diese Seligpreisung? Die Forderung nach Reinigung ist berechtigt, denn es ist ein Missbrauch von Offenbarung, wenn wir himmlische Einsichten einfach in unser ungezähmtes Ego herunterladen. Das ist der Hauptgrund, weshalb sich die Kirche vor der Weisheit zu fürchten begann und sich stattdessen für einfache, konkrete Glaubensbekenntnisse und Praktiken entschied; diese führen zwar nicht zu großartiger mystischer Erkenntnis, aber sie bewahren das System zumindest vor wilden Spekulationen.

Doch wir dürfen das Kind nicht mit dem Bade ausschütten. Echte Ungeteiltheit des Herzens ist nur schwer zu erlangen. Dazu braucht es viel geduldiges Üben und Reinigung. Aber Jesus höchstpersönlich verspricht, dass der Geist der Wahrheit in uns liegt und uns mit der Wirklichkeit verbindet, nicht nur mit unseren subjektiven Windungen. So lassen Sie uns also, im Sinne dieser Hypothese, einen Blick auf die Übungen werfen.

34. Für gewöhnlich verwenden wir den Begriff, um unsere persönliche innere Welt zu bezeichnen. In den inneren Traditionen wird das Wort präziser für die Sicht verwendet, die besteht, solange der Subjekt-Objekt-Dualismus noch nicht zur Non-Dualität transzendiert wurde. Für eine etwas technische, aber enorm hilfreiche Diskussion dieses Punktes verweise ich auf RAIMON PANIKKAR: *Christophany*, Seiten 67–71.

Teil drei

Christliche Weisheitsübungen

12

Die Meditation des Gebets der Sammlung

Friedliches Licht auf dem Grund meines Wesens,
bringe mich zu dir.
Leite mich vorbei an den Fallstricken der Sinne,
hinaus aus den Irrgärten des Verstandes.
Befreie mich von Bildern und Worten,
auf dass ich das Bedeutende entdecke:
das nicht gesprochene Wort in der Dunkelheit,
die den Grund meines Wesens verhüllt.

Byzantinische Hymne

WIE KANN ICH HINTER »DIE IRRGÄRTEN DES VERSTANDES« gelangen und zu einem tieferen Weisheitswissen? Die Antwort ist einfach, wenn auch nicht unbedingt leicht: durch Meditation. Meditation ist eine der ältesten aller universellen spirituellen Übungen und der Eckstein der Weisheitsbegegnung mit Christus. Vielleicht sind Sie bereits mit dem Nutzen von Meditation zum Stressabbau oder zur Entspannung des Geistes oder des Körpers vertraut; doch hinsichtlich der Weisheit liegt ihr wirklicher Wert darin, die Art unseres Denkens zu transformieren. Ihre unmittelbare und offensichtliche Wirkung besteht darin, die Tyrannei des gewöhnlichen Verstandes mit seinem konstanten zwanghaften Denken zu durchbrechen. Ihre grundsätzlichere und wesentlich mächtigere Wirkung indes liegt darin, Sie in eine direkte, nicht durch Denkvorgänge vermittelte Seinserfahrung als solche zu katapultieren und Ihnen einen starken Geschmack davon zu geben, wie sich Herzenswahrnehmung tatsächlich anfühlt. Meditation ist das Werkzeug, das wir benutzen, um »unser Betriebssystem aufzurüsten«, um vom »entweder / oder«-Denken des binären Verstandes loszukommen und uns hin zu einer ausgedehnteren Herzenswahrnehmung zu entwickeln, die den Weisheitsweg des Wissens unterstützt.

Meditationsübungen gibt es in einer großen Vielfalt, jede mit einer eigenen besonderen Art, den gängigen Verstand zu beruhigen und Sie tiefer ins Sein zu bringen. Vielleicht praktizieren Sie bereits eine bestimmte Meditation, und falls dem so ist, möchte ich Sie dazu ermutigen, dabei zu bleiben. Doch falls Sie noch nicht meditieren oder aus irgendeinem Grund nicht bei Ihren bisherigen Übungen bleiben wollen, lade ich Sie ein, die Methode zu erlernen, die ich nutze: das Gebet der Sammlung oder das »zentrierende Gebet«. Ich wurde vor fast zwanzig Jahren durch Vater Thomas Keating, den großen Patriarchen des Wiedererwachens der christlichen Kontemplation, darin eingeführt, und ich kann bestätigen, dass diese Methode einen entscheidenden Unterschied bewirkt hat in der Art, wie ich mein Christentum lebe. In diesem Kapitel möchte ich Ihnen einen Überblick über das Gebet der Sammlung geben, gefolgt von einem praktischen Schnelldurchgang, der ausreichen sollte, um Sie in die Lage zu versetzen, mit dieser Übung zu beginnen. Falls Sie später tiefer einsteigen möchten, gibt es eine Menge Bücher, einschließlich meines eigenen mit dem Titel *Centering Prayer and Inner Awakening*, CDs und Workshops, die dabei helfen können, Fleisch an den Knochen dieser hier ziemlich abgespeckten Anleitung zu bringen.[1]

Unter den verschiedenen, weltweit verbreiteten Meditationspraktiken ist das Gebet der Sammlung durchaus innovativ. Sie mögen denken, dass es in allen Meditationen um »Gedankenstille« oder die »Konzentration auf einen Punkt« oder »unverfälschte Achtsamkeit« geht. Tatsächlich haben die meisten Meditationsarten diese zum Ziel. Das Gebet der Sammlung hingegen arbeitet überhaupt nicht mit dem Verstand; es zielt direkt aufs Herz. Es ist eine Methode der Hingabe oder des Sich-Ergebens, unverfälscht und einfach, eine Übung, die ganz auf dem unverzüglichen Gehenlassen der Gedanken beruht, sobald diese auftauchen. Für mich ist sie Ke-

1. Die beiden anerkanntesten Lehrer und Autoren auf dem Gebiet des Gebets der Sammlung sind Vater Thomas Keating und Vater Basil Pennington; beide gehören zu den ursprünglichen Entwicklern dieser Praxis, die erstmals in den frühen 1970er-Jahren in der Saint Joseph's Abbey in Spencer, Massachusetts, vorgestellt wurde. Im Jahr 1983 gründete Vater Keating das Netzwerk Contemplative Outreach (www.contemplativeoutreach.org), das sich der Bereitstellung von Hilfsmitteln und der Unterstützung für Laien widmet, die den kontemplativen Weg beschreiten. Dieses Netzwerk bietet regelmäßig Einkehrtage für verschiedene Stufen an sowie eine beachtliche Auswahl an Büchern, CDs und Videos von Vater Keating und seiner aufgehenden Saat von Schützlingen.

nosis in Meditationsform, ein Verfahren, um diese unablässige Geste von »lass gehen, lass gehen, lass gehen«, die dem Weg, den Jesus selbst gegangen ist, zugrunde liegt, unserem Wesen einzuprägen.

Wegen dieser grundsätzlichen theologischen Übereinstimmung resoniert das Gebet der Sammlung besonders mit dem emotionalen Herzen des Christentums und wird Sie sehr schnell in dieses Herz »hineinbringen«. Es ist eine warmherzige Übung, ein bisschen salopper und verträumter als die klassischen Methoden der Aufmerksamkeits- und Achtsamkeitsübungen. Sie werden sich manchmal in Tagträumereien verlieren, zumindest zu Beginn, und dieses vibrierende, prickelnde Gefühl von »Ich bin hier«, das in so vielen Meditationsübungen geschätzt wird, ist nicht wirklich ein Ziel im Gebet der Sammlung. Aber sein Pfad wird Sie direkt zu dem Ort führen, wo, wie es Paulus in seinem Brief an die Römer formuliert, »der Geist in Ihnen betet«, und der Geist weiß, was Sie im Herzen tragen.

Die Methode auf einen Blick

Hier sind also die wesentlichen drei Punkte, an die es sich zu erinnern gilt, wenn Sie sich an das Gebet der Sammlung machen.

Das Gebet der Sammlung funktioniert **1** ganz und gar mit der Energie der Intention. In den meisten klassischen Meditationspraktiken, die mehr mit *Aufmerksamkeit* als direkt mit Intention arbeiten, lernen Sie, Ihren »unkontrollierten Geist« dadurch zu zähmen, dass Sie ihm etwas Einfaches zu tun geben wie beispielsweise, Ihrem Atem zu folgen oder ein Mantra zu wiederholen. Das Gebet der Sammlung baut einzig und allein auf Ihre Absicht, auf Ihr »nacktes, reines Ausgerichtetsein auf Gott«, wie es in dem mittelalterlichen Klassiker *Wolke des Nichtwissens* heißt.[2] In dem Ausmaß, in dem Ihre Intention klar und stark ist, wird es auch Ihre Übung sein. Verlieren Sie Ihre Absicht aus den Augen oder wird sie konfus, wird es auch Ihre Übung. Bevor Sie sich also überhaupt erst auf Ihre Gebetsbank oder Ihren Stuhl setzen, ist es wichtig, dass Sie sich so klar wie möglich darüber sind, warum Sie die Übung machen und ob Sie wirklich bereit sind, sich ihr ganz und gar hin-

2. Willigis Jäger [Hrsg.]: *Wolke des Nichtwissens,* Freiburg im Breisgau: Kreuz Verlag, 2012, Seite 50.

zugeben. Ich meine damit nicht, dass Sie dies in Worte fassen müssen (die wenigsten Leute können dies) – doch Sie müssen innerlich wissen, worum es Ihnen geht, und bereit sein, sich um einen aufrichtigen Versuch zu bemühen.

Ganz allgemein gesprochen machen Sie es richtig, wenn es Ihr Ziel ist, zutiefst für Gott erreichbar zu sein – das heißt, erreichbar in den Tiefen Ihres Wesens, tiefer als Worte, Erinnerungen, Gefühle oder Sinneswahrnehmungen, sogar tiefer als Ihr Gefühl von »Ich bin hier.« Sie sollen nur da sein und sich selbst vollständig in diese tiefere, mysteriöse Präsenz hineingeben.

Beachten Sie, dass ich *nicht* vorschlage, sich selbst leer machen oder still werden zu wollen. Versuchen Sie noch nicht einmal etwas Derartiges. Wie beim Versuch, nicht an einen Elefanten zu denken, wäre es dann nämlich ziemlich sicher, dass Ihr Gebet der Sammlung zu einem konstanten, unaufhörlichen Gedankenstrom wird. Lassen Sie jegliches Interesse an einem Ergebnis fallen wie auch alle Vorstellungen über den idealen Zustand, den Sie für Meditation halten. Verbleiben Sie einfach in diesem stillen gesammelten innerlichen Warten.

Verleihen Sie Ihrer Absicht Nachdruck

Im Gebet der Sammlung ist Intention alles; aber wie wir alle wissen, »ist die Straße zur Hölle gepflastert mit guten Vorsätzen.« Sie mögen sich mit der festen Absicht, vollkommen offen für Gott zu sein, auf Ihren Gebetsteppich setzen, und keine dreißig Sekunden später ist Ihr Verstand in irgendein ausgeklügeltes Szenario verstrickt: Vielleicht träumen sich in den für kommendes Wochenende geplanten Wanderausflug hinein oder gehen nochmals den Streit durch, den Sie kurz vor Feierabend mit Ihrem Chef hatten. Deshalb erfordert das Gebet der Sammlung, dass Sie »der Absicht Nachdruck verleihen«; und dies gelingt am besten, **2** indem Sie eine einfache innere Übereinkunft treffen, die Sie von mir aus gerne einen »Deal« nennen können. Der Deal ist folgender: Wenn Sie sich beim Denken ertappen, lassen Sie den Gedanken gehen. Unverzüglich, still und ohne sich Vorwürfe zu machen lassen Sie einfach den Gedanken los und beginnen von vorn. Das ist die Essenz der Methode des Gebets der Sammlung. Thomas Keating verdeutlicht diesen Punkt wunderschön in einer Geschichte, die mittlerweile unter Lehrern, Lehrerinnen und Praktizierenden des Gebets der Sammlung legendär ist. In einem seiner ersten Ausbildungs-Workshops versuchte sich eine Nonne an ihrer ersten zwanzigminütigen Kostprobe des Gebets der Sammlung und klagte danach: »Ach, Vater Thomas, ich habe bei diesem Gebet total versagt. In den zwanzig Minuten hatte ich zehntausend Gedanken.« »Wie schön«, antwortete Thomas Keating wie aus der Pistole geschossen, »zehntausend Möglichkeiten, wieder zu Gott zurückzukehren!« Das Gebet der Sammlung ist in der Tat ein Weg der Rückkehr, praktisch sogar zur Gänze. Die Wirksamkeit dieser Methode misst sich nicht an Ihrer Fähigkeit, Ihren Verstand in einem stabilen Zustand der Klarheit, Offenheit oder Stille zu halten. Sie wird nach Ihrer Bereitschaft beurteilt, immer und immer wieder – wenn nötig zehntausend Mal – zu diesem Zustand offener Empfänglichkeit zurückzukommen, wenn Sie ihren Verstand beim »Ausflug« mit einem Gedanken ertappen.[3]

Wenn Sie dies also verstanden haben, ist Ihnen die Methode des Gebets der Sammlung in ihren Grundzügen klar. Aber eine kleine Verfeinerung kommt noch hinzu. Um die Kufen schmieren zu helfen, auf denen dieses »Loslassen« vonstattengeht, und es Ihnen zu ermöglichen, einen Gedanken unverzüglich und mühelos wieder freizulassen, empfiehlt das Gebet der Sammlung den Gebrauch von etwas, **3** das als »heiliges Wort« bezeichnet wird. Dies ist ein Wort oder ein kurzer Satz (nur ein, zwei Silben), der Ihre Bereitschaft »für den Deal« symbolisiert. Dabei kann es sich um ein Wort aus einem klassischen Gebet handeln wie »Geist« oder »Jesus« oder »Komm, Herr«, oder es ist ein Wort, das zur inneren Empfänglichkeit anregt wie »offen«, »zurückkehren«, »tief«, »hier sein«, »ja«. Sie suchen sich Ihr Wort selbst aus oder – falls Sie sich in dieser Ausdrucksweise wohler fühlen – Sie bitten den Heiligen Geist um die Wahl eines Wortes. So oder so funktioniert es wie ein Fingerzeig auf den Mond Ihrer Intention. Es ist kein klassisches Mantra, weil Sie es nicht ununterbrochen wiederholen, sondern nur dann benutzen, wenn etwas in Ihnen bemerkt, dass Sie sich in einem

3. In der Terminologie des Gebets der Sammlung wird das Wort »Gedanke« im weitestmöglichen Sinn verwendet und schließt auch jegliche Sinneswahrnehmung mit ein. Es subsumiert nicht nur mentale Aktivitäten, sondern auch Körperempfindungen, Gefühle, Reflexionen, Erinnerungen, Vorstellungen und spirituelle Erfahrungen: alles, was das offene, diffuse Bewusstsein zerbricht und einen Brennpunkt für die Aufmerksamkeit erzeugt.

Gedanken verheddert haben. In diesem Augenblick wird es auftauchen und Ihnen dabei helfen, den Gedanken ohne allzu große mentale Aufregung wieder gehen zu lassen.

Zusammenfassend sind die drei grundlegenden Prinzipien des Gebets der Sammlung also folgende:

1. Haben Sie eine klare grundsätzliche Absicht.
2. Schließen Sie »den Deal« ab: Wenn Sie sich selbst beim Denken ertappen, lassen Sie den Gedanken wieder gehen.
3. Gebrauchen Sie Ihr heiliges Wort, damit es Ihnen dabei hilft, den Gedanken unverzüglich (ohne mentale oder emotionale Reaktion) freizulassen, und kehren Sie zu einem Zustand der offenen Erreichbarkeit zurück.

Ihr erster Durchlauf

Das ist also die grundlegende Theorie des Gebets der Sammlung; nun lassen Sie uns schauen, wie es in der konkreten Praxis aussieht. Setzen Sie sich erst einmal auf einen Stuhl (oder auf Ihre Gebetsbank oder ein Kissen oder einen Teppich; es kommt nicht darauf an). Ihre Körperhaltung sollte gleichzeitig entspannt und aufmerksam sein. Sitzen Sie so aufrecht wie möglich, ohne sich anzuspannen oder Ihren Rücken unnatürlich gerade zu halten. Ihre Beine sollten nicht gekreuzt sein.[4] Ihr Kopf sollte mittig auf den Schultern ausbalanciert sein, das heißt, weder nach unten hängen noch überspannt nach oben gestreckt. Im Grunde genommen ist es dieselbe Haltung wie beim Singen, die Ihrem Körper dabei hilft, in diesem Gebet seinen Beitrag zu leisten, der darin besteht, Sie physisch zu unterstützen, während er sich selbst weitgehend unsicht-

4. Außer natürlich, Sie können im Lotossitz sitzen und bevorzugen es, auf eine östliche Art zu meditieren, also auf einem Kissen oder einem Teppich. Wenn dies der Fall sein sollte, können Sie selbstverständlich weiterhin in dieser Position meditieren. Die meisten Menschen im Westen werden sich wahrscheinlich eher zu einem Stuhl hingezogen fühlen (zumindest am Anfang); in diesem Fall ist es sehr wichtig, sich von der kulturell bedingten Gepflogenheit zu verabschieden, die Beine übereinanderzuschlagen, da dies definitiv den Energiefluss im Körper behindert. Wenn Sie eher klein sind, kann Ihnen ein Kissen oder auch ein dickes Buch unter Ihren Füßen dabei helfen, Ihre Knie bequem horizontal zu halten.

bar macht. Ihre Augen sind geschlossen, da wir es hier mit einem Gebet in Form eines zweitweisen Rückzugs aus den Stimulationen der Außenwelt zu tun haben. Aber verlieren Sie bei all dem nicht Ihren gesunden Menschenverstand: Falls Sie einzuschlafen drohen, öffnen Sie Ihre Augen und konzentrieren sich für ein paar Augenblicke neu, sodass Sie wieder wach werden.

Vielleicht möchten Sie Ihren Weg in das Gebet der Sammlung mit einem kurzen Gebetssatz erleichtern, wie etwa »In Deine Hände befehle ich meinen Geist« oder »Sei still und wisse, dass Ich Gott bin«, oder mit einem Gesang oder einem Psalm (mehr dazu in Kapitel 14), oder Sie nehmen ein paar bewusste Atemzüge. Manchmal hilft es auch, sich direkt zu fragen: »Bin ich wirklich bereit, während der nächsten zwanzig Minuten hier zu sitzen und mich, so gut ich kann, an ›den Deal‹ zu halten?« Wie auch immer Sie sich sammeln, es ist in Ordnung. Das Gebet der Sammlung beginnt erst in dem Augenblick, in dem Sie Ihr heiliges Wort »aussprechen« – natürlich nicht laut, sondern still, sanft und am Anfang stetig, um allmählich ins tiefere Wasser zu gelangen.

Der nächste Schritt in diesem Prozess ist entscheidend und auch am schwierigsten zu erklären. Die üblichen Instruktionen lauten ungefähr so: Sobald Sie merken, dass Sie nicht länger zu Gedanken hingezogen werden, können Sie das heilige Wort sein lassen. Aber natürlich hebt sich diese Anweisung selbst auf und viele Leute verheddern sich in dieser Instruktion. Wie können wir »merken«, dass wir nicht mehr denken, ohne zu denken? Wie können wir »entscheiden«, das heilige Wort nun wegzulassen, ohne dass dies bereits wieder ein Gedanke ist?

Was bei diesem Schritt tatsächlich vor sich geht, ist aber absolut schlicht und natürlich, wenn Sie ihn einfach geschehen lassen können. Das Wort fällt nämlich von allein weg; Sie müssen sich gar nicht dazu entscheiden. Wie beim abendlichen Einschlafen können Sie den Augenblick, in dem es geschieht, gar nicht bemerken. Der unbemerkte Augenblick, in dem Ihr heiliges Wort weggleitet, ist in ihr Unterbewusstsein einprogrammiert als fester Bestandteil Ihrer Herzensabsicht, sich zutiefst für Gott zu öffnen. Die harte Arbeit wurde bereits durch die Kraft Ihrer Absicht erledigt. Sie werden also den Moment, in dem Sie aufhören zu denken, gar nicht erkennen. Was Sie merken werden (wenn Sie aufmerksam sind), ist der Moment, in dem Sie wieder zu denken *beginnen*. Etwas in Ihnen »kommt zu sich« und realisiert, dass Sie vom Kurs abgekommen sind; und nun haben Sie sich in einem Gedanken verfangen. Vielleicht handelt es sich dabei nur um einen kleinen harmlosen Gedanken, wie zum Beispiel, was es am Abend zu essen gibt, oder aber Sie gehen gedanklich nochmals ein größeres emotionales Problem durch. Ganz egal, was es ist, Sie gebrauchen einfach Ihr heiliges Wort, um den Gedanken gehen zu lassen und in die Stille zurückzukehren. Und falls sofort anschließend der nächste Gedanke folgt, lassen Sie auch diesen geduldig wieder gehen.

Das ist die Grundübung. Sie praktizieren diese zwanzig Minuten lang. Wenn die Zeit um ist, öffnen Sie langsam Ihre Augen und erlauben sich, ganz ohne Hast und Heftigkeit zurück in Ihren normalen Bewusstseinszustand zu kommen. Nehmen Sie sich für diesen Übergang eine Minute – oder auch zwei – Zeit, stehen Sie dann auf und tun Sie, was Sie zu tun haben.

Für die meisten Leute verläuft ein typisches Gebet der Sammlung wie eine Sinuskurve: mit einer Menge Höhen und Tiefen. Es gibt Augenblicke, in denen der Verstand ruhelos und sprunghaft ist und ein Gedanke den nächsten jagt. Doch da sind ebenso die Momente der Stille, manchmal sehr tiefer Stille. Natürlich wird es Ihnen nicht gelingen, diese Momente festzuhalten, weil sie in dem Augenblick, da Sie über sie nachzudenken beginnen, verschwinden. Aber nachdem Sie aufgestanden sind und sich durch Ihren Tag bewegen, werden Sie sich aufgrund einer gewissen stillen ›Gesammeltheit‹ an sie ›erinnern‹. Durch die sich akkumulierende Energie dieser angesammelten Stille wird sich das Gebet der Sammlung mehr und mehr in Ihr Herz einprägen.

Wie Sie wissen können, wann die zwanzig Minuten vorbei sind? Eine gute Frage. Sie können eine Eieruhr benutzen, falls Sie eine finden, deren Klingelton Sie nicht durch die Decke gehen lässt. Manche Leute nehmen sich ein persönliches Meditationsband auf: Nach zwei oder drei Minuten ihrer Lieblingsmusik, mit der sie in die Stille kommen, läuft das Band dann zwanzig Minuten lang lautlos weiter und bringt danach wieder Musik, um anzuzeigen, dass die Meditation vorüber ist. Meine eigene Lösung ist noch einfacher: Ich schaue auf meine Armbanduhr.

Übrigens sind die *zwanzig* Minuten nicht sakrosankt. Thomas Keating empfiehlt sie als Minimum mit der einfachen Begründung, dass es im Allgemeinen diese zwanzig Minuten braucht, bis die meisten Leute in die Übung hineinkommen und einen Geschmack davon erfahren, was hinter dem Affentheater des Denkapparats liegt. Wenn Sie wollen, können Sie zwanzig Minuten lang meditieren oder auch dreißig und sogar etwas länger.[5] Wichtig ist, im Vorfeld zu entscheiden, wie lange Sie zu sitzen planen, und dass Sie Ihren Plan dann auch einhalten. Das vermindert das Risiko, dass Sie die Länge Ihrer Meditation an das subjektive Erleben des Meditationsverlaufs knüpfen: »Ich habe gerade eine tiefe, wunderbare Meditation, also werde ich die Zeit etwas verlängern«, oder: »Ach, ist das heute zäh, und ich habe eine Unmenge an Gedanken. Ich glaube, ich höre jetzt lieber auf.« Im Gebet der Sammlung geht es nicht um irgendwelche großartigen Erfahrungen; Sie sollten die Übung ganz unabhängig von der Art des jeweiligen Erlebnisses praktizieren. Manchmal sind es genau die sich besonders harzig anfühlenden Gebetsübungen, durch welche der meiste innere Boden erlangt wird.

Übung macht den Meister

Jede Form von Meditationspraxis muss zu einem Gewohnheitsmuster in unserem Leben gemacht werden; erst dann kann sie anfangen, Wirkung zu entfalten und unser Bewusstsein zu transformieren. Vater Keating empfiehlt als »Standarddosis« für das Gebet der Sammlung zweimal täglich je zwanzig Minuten, am besten einmal morgens direkt nach dem Aufstehen und einmal während des Abends (aber nicht direkt vor dem Schlafengehen; Meditation kann manchmal dazu führen, dass man keinen Schlaf findet). Ich stimme dem vollkommen zu und ermutige Sie, diesen Ratschlag zu befolgen. Wenn Sie allerdings zu den Leuten gehören, deren Terminkalender restlos vollgepackt ist, würde ich Ihnen empfehlen, das Gebet der Sammlung einmal täglich zu praktizieren; ansonsten werden Sie wahrscheinlich immer eine Übungszeit verschieben, weil Sie nicht wissen, wie Sie alles hinbekommen können. Entscheiden Sie sich für die Tageszeit, die Ihnen die beste Möglichkeit verspricht,

5. Vater Keating rät entschieden, dass am Tag nicht länger als zwei Stunden meditiert werden sollte, außer Sie haben einen erfahrenen Supervisor oder eine erfahrene Supervisorin an Ihrer Seite, der oder die Ihnen hilft, unbewusste Gedankeninhalte oder psychische Energien, die durch die intensive Meditation hochkommen können, einzubinden. Abgesehen von Fällen, in denen eine Psychose oder ein extremes Trauma vorliegt, ist Meditation bis zu einer Dauer von vierzig bis sechzig Minuten am Tag absolut sicher.

zwanzig Minuten ununterbrochen still sein zu können. Ein regelmäßiges Zeitfenster ist von Vorteil, doch wenn dies nicht zu bewerkstelligen ist, verpflichten Sie sich einfach, täglich zu üben und zwar, wann immer sich ein Zeitfenster dafür bietet. Entscheidend ist, *irgendwo* zu beginnen und sich nicht einfach der Illusion hinzugeben, Sie würden damit anfangen, sobald sich die äußeren Dinge in der Welt beruhigt hätten (das werden sie nämlich nicht tun). Wenn Sie einfach den ersten Schritt machen können, die Übung in Ihren Tagesablauf einzubauen, wird sie von selbst für alles Übrige sorgen und nach und nach Ihre Prioritäten auf den Kopf stellen. Einer meiner sehr beschäftigten Freunde, der sagte, er habe für das Gebet der Sammlung einfach keine Zeit, war schließlich fähig, sich für die Übungen zu verpflichten, als ihm klar wurde: »Hm, eine Mahlzeit habe ich in meinem ganzen Geschäftsleben noch niemals verpasst.« Wir investieren sehr viel Zeit für unser physisches Wohlbefinden, aber diese andere Art von »Wellness«, dieses Hervorbringen eines tieferen Herzensbewusstseins, ist vielleicht das Allerwichtigste, was es zu tun gibt. Es bildet den Resonanzboden, der nicht nur diese Welt, sondern alle Welten in unserem offenen Herzen zum Klingen bringt.

13

Lectio Divina

WIE ICH BEGINNEN KANN, DIE BIBEL AUS DIESER TIEFEREN Weisheitsperspektive heraus zu lesen? Eine sehr gute Frage! Viele Leute fühlen sich ein bisschen eingeschüchtert, wenn sie allein für sich die Schrift aufschlagen, weil sie denken, nur Bibelgelehrte hätten die Autorität, tiefer darin einzutauchen. Doch das ist überhaupt nicht der Fall. Fünfzehn Jahrhunderte lang bedienten sich christliche Mönche – und heute auch eine steigende Anzahl von Laien – einer Praxis namens *lectio Divina* (das ist lateinisch und bedeutet »Göttliche Lesung«), um sich tiefer in ihr eigenes Herzenswissen hineinbringen zu lassen. Es ist ein einfacher und doch gründlicher Weg des Betens der Schrift, der über das geistige Verarbeiten hinausführt in eine tiefere Form der spirituellen Nahrungsaufnahme. Tatsächlich sprachen die frühen Mönche vom »Wiederkäuen der Schrift«: nicht *über* die Schrift grübeln (also darüber nachdenken), sondern sie wiederkäuen, wie eine Kuh ihr Futter wiederkäut. Die *lectio Divina* ist eine altbewährte Methode des »Wiederkäuens der Schrift« – sich von ihr speisen lassen, sie tief in das eigene Wesen aufnehmen, wo sie, wie jedes Essen, die Nahrung und die Energie für das Wachstum bereitstellt.

Dies impliziert selbstredend, dass die Schrift Nahrung sei – und tatsächlich ist dies die Grundvoraussetzung der *lectio Divina.* Die Praxis basiert auf der Hypothese, dass die Schrift ein *lebendiges* Wort ist – nicht nur Geschichte, nicht bloß Zahlen und Fakten, die wir in einem Buch nachlesen können, sondern eine Quelle permanenter persönlicher Führung, die hier und jetzt zu unserem Herzen sprechen kann, die Einsichten ermöglicht und verblüffend zeitgerechte Hilfe anbietet. Ich habe bewusst das Wort »Hypothese« benutzt, weil, wie in jeder Weisheitsarbeit, nichts unkritisch übernommen werden sollte. Doch eine große Mehrheit der Menschen, die regelmäßig mit der *lectio Divina* arbeiten, berichtet, dass diese Hypothese zutrifft. Wenn Sie sich mit größtmöglicher innerer Empfänglichkeit für diese Übung öffnen, werden Sie staunen, wie häufig Sie genau zu dem geführt werden, was Sie in dem Augenblick hören müssen, oder wie oft Ihnen genau der Schubs versetzt wird, den Sie brauchen, um in die Gänge zu kommen.

In der *lectio Divina* arbeiten Sie intensiv mit einem kurzen Abschnitt aus der Schrift und dies in den vier Schritten: *lectio* (Lesung), *meditatio* (Reflexion), *oratio* (Gebet) und *contemplatio* (Kontemplation). Diese Schritte werden normalerweise als aufeinanderfolgend beschrieben, doch ist dies bei Weitem keine eiserne Regel. In dieser Praxis geübte Menschen erleben die *lectio Divina* genauso häufig als einen zirkulären Prozess, in dem sich die Schritte in beliebiger Reihenfolge entfalten. Wenn wir jedoch erst am Anfang stehen und uns mit dieser Praxis vertraut machen, ist es sinnvoll, sie in ihrer traditionellen Reihenfolge zu belassen.

Lebendiges Wasser

Lassen Sie uns für unseren ersten Durchgang mit dem Abschnitt 4.6–15 aus dem Johannesevangelium arbeiten, dem Gespräch zwischen Jesus und der Frau am Brunnen, das wir bereits ganz am Anfang in Kapitel 1 unter die Lupe genommen haben. Sammeln Sie sich in einem Moment der Stille oder mit einem kurzen Gebet und lesen Sie dann den folgenden Abschnitt langsam und, wenn möglich, laut. Wenn Ihre Augen über die Seite huschen, erlauben Sie es sich, zu einem Satz, einer Formulierung oder auch nur zu einem einzigen Wort hingezogen zu werden, das irgendwie Ihr Interesse oder Ihre Neugier weckt. Hier also der Text:

> Dort befand sich der Jakobsbrunnen. Jesus war müde von der Reise und setzte sich daher an den Brunnen; es war um die sechste Stunde. Da kam eine Frau aus Samarien, um Wasser zu schöpfen. Jesus sagte zu ihr: »Gib mir zu trinken!« Seine Jünger waren nämlich in die Stadt gegangen, um etwas zum Essen zu kaufen. Die Samariterin sagte zu ihm: »Wie kannst du als Jude mich, eine Samariterin, um etwas zu trinken bitten?« Die Juden verkehren nämlich nicht mit den Samaritern. Jesus antwortete ihr: »Wenn du wüsstest, worin die Gabe Gottes besteht und wer es ist, der zu dir sagt: ›Gib mir zu trinken!‹, dann hättest du ihn gebeten und er hätte dir lebendiges Wasser gegeben. Sie sagte zu ihm: »Herr, du hast kein Schöpfgefäß und der Brunnen ist tief; woher hast du also das lebendige Wasser? Bist du etwa größer als unser Vater Jakob, der uns den Brunnen gegeben und selbst daraus getrunken hat, wie seine Söhne und seine Herden?« Jesus antwortete ihr: »Wer von diesem Wasser trinkt, wird wieder Durst bekommen; wer aber von dem Wasser trinkt, das ich ihm geben werde, wird niemals mehr Durst haben; vielmehr wird das Wasser, das ich ihm gebe, in ihm zu einer Quelle werden, deren Wasser ins ewige Leben fließt.« Da sagte die Frau zu ihm: »Herr, gib mir dieses Wasser, damit ich keinen Durst mehr habe und nicht mehr hierherkommen muss, um Wasser zu schöpfen!«

Solch ein langsames, achtsames Lesen heißt *lectio* und ist der erste Schritt in dem Prozess. Wenn Sie möchten, halten Sie für einen Moment inne und beginnen dann, den Text von Neuem zu lesen. Während des Lesens hören Sie gleichzeitig aktiv zu.

Der Kniff, den es bei diesem ersten Schritt herauszufinden gilt, besteht darin zu lernen, der Bewegung Ihres Geistes zu folgen, sobald sich dieser von einer besonderen Stelle angezogen fühlt und Sie mit Ihrem »täglichen Brot« versorgt. Vielleicht ist es die eindrucksvolle Zusicherung Jesu: »Wer aber von dem Wasser trinkt, das ich ihm geben werde, wird niemals mehr Durst haben«, oder die wunderschönen Worte, in denen die Frau ihm antwortet: »Herr, gib mir dieses Wasser, damit ich keinen Durst mehr habe.« Vielleicht ist es auch etwas Schlichteres, wie der Ausdruck »lebendiges Wasser« oder sogar etwas, das eigentlich nicht so sehr im Vordergrund zu stehen scheint, wie die Worte: »Herr, du hast kein Schöpfgefäß.« Entscheidend ist nicht, durch *was* Sie angezogen werden, sondern *dass* Sie dabei bleiben – also Ihre Bereitschaft, darauf zu vertrauen, dass, wenn Sie sich diesem Abschnitt im tiefen Zuhören und auf eine empfängliche Art und Weise öffnen, tatsächlich etwas rufen wird. Bleiben Sie dabei und folgen Sie seiner Führung.

Lassen Sie sich auf den Text ein

Der zweite Schritt in der *lectio Divina* ist *meditatio* oder »Meditation«, womit im spirituellen Wortschatz des Westens üblicherweise die gezielte mentale Reflexion gemeint ist. In dieser Phase erlauben Sie Ihren Fähigkeiten – Ihrem Verstand, Ihrer Fantasie, Ihrem Gedächtnis und Ihren Gefühlen –, in Ruhe mit diesem Abschnitt zu arbeiten. Der Prozess wird jedes Mal ein wenig anders aussehen. Es kann sein, dass der Abschnitt eine Assoziation aus Ihrem eigenen Leben hervorruft, Ihr Nachdenken anregt, Sie verwirrt oder sogar verärgert. Versuchen Sie herauszufinden, warum dies so ist. Vielleicht überrascht Sie auch irgendein Wortspiel, eine Formulierung oder ein eindringliches Bild, zum Beispiel »eine Wasserquelle, die in das ewige Leben sprudelt.« Ein weiterer sehr wirkungsvoller Weg mit einem Text zu arbeiten, ist es, die Rolle einer der vorkommenden Figuren zu spielen. Stellen Sie sich selbst als die Frau am Brunnen vor und schauen Sie, ob Sie den Regungen der Frau bei jedem Schritt dieses bemerkenswerten Gesprächs innerlich folgen können. Oder stellen Sie sich in der Rolle Jesu vor (was gäbe es für einen besseren Weg, sich die Gesinnung Christi überzustülpen?) und schauen Sie, wohin es Sie führt. Nehmen wir einmal an, Sie hören sich selbst die Worte sprechen: »Gib mir zu trinken!«, worauf Ihnen vielleicht der Gedanke kommt: »Hm...

Sogar Jesus wird von Zeit zu Zeit durstig gewesen sein. Hat er wirklich menschliche Bedürfnisse gehabt? Gibt es etwas, das er von uns braucht? Von *mir?*«

Dieses sind nur einige Vorschläge, um Ihnen zu helfen, Ihren eigenen Weg in die Meditation zu finden. Was auch immer Ihre Aufmerksamkeit gefangen nimmt, bleiben Sie dabei und arbeiten Sie damit. Wenden Sie all Ihre Fantasie darauf an. Aber vergessen Sie nicht, dass wir hier keine Bibelforschung betreiben. Greifen Sie nicht zu wissenschaftlichen Kommentaren oder Konkordanzen – jedenfalls nicht in diesem Moment. Bei dieser Übung geht es nicht darum, Informationen zu sammeln oder in Erfahrung zu bringen, was die Experten zu sagen haben, sondern dem Text zu ermöglichen, aufzubrechen und in der Autorität Ihres eigenen Herzens Widerhall zu finden.

Der dritte Schritt in diesem Prozess wird mit *oratio* betitelt, was auf Latein »Gebet« heißt. Wenn aus dieser Herz-zu-Herz-Begegnung mit der Schrift Gefühle in Ihnen aufsteigen, lassen Sie sie zu. Sitzen Sie still mit ihnen und spüren Sie, ob sie sich zu einem Gebet formen. Vielleicht entdecken Sie zum Beispiel, dass die Worte »Herr, gib mir dieses Wasser, damit ich keinen Durst mehr habe« exakt Ihre tiefste spirituelle Sehnsucht ausdrücken. Beten Sie sie auf diese Art und lassen Sie sie zu Worten Ihres eigenen Herzens werden. Vielleicht bringt Sie auch irgendetwas in dem Text zum Weinen oder lässt sie Reue oder Dankbarkeit empfinden. Nehmen wir an, dass Sie über die Idee nachdenken: »Braucht Jesus wirklich etwas von mir?« Vielleicht werden Sie plötzlich von der Erkenntnis erfasst, dass es eine tiefe Gegenseitigkeit in der Begegnung gibt; Ihre Gabe zählt. Ein Gefühl von Innigkeit durchflutet Ihr Wesen und Sie sind von Dankbarkeit erfüllt. Lassen Sie solche Gefühle fließen. Dies ist Gebet in seiner exquisitesten Form, es ist der Augenblick, in dem – mit den Worten des Paulus gesprochen – der Geist in Ihnen zu beten beginnt. (Und denken Sie daran, dass ein Gebet nicht immer in Worten geschieht; Gefühle an sich können ein Gebet sein.)

Manchmal kommt es einfach nicht zu diesem Moment. Sie sitzen dort mit einem Textabschnitt und obwohl Sie Ihr Bestes geben, bewegt Sie nichts zum Beten. Machen Sie sich deswegen keine Sorgen. Täuschen Sie nichts vor; zwingen Sie sich nicht dazu, eine emotionale Begegnung mit dem Text zu haben, wenn die Gefühle gar nicht da sind. Wenn sich heute nun mal in der »Abteilung *ora-*

tio« partout nichts rührt, gehen Sie einfach weiter zum nächsten Schritt.

»In Gott ruhen«

Der letzte Schritt in der *lectio Divina* ist die *contemplatio,* was in der monastischen Tradition traditionell als »in Gott ruhen« beschrieben wird. Der Ausdruck selbst stammt vom Kirchenvater Gregor dem Großen aus dem sechsten Jahrhundert, doch der Klang, den er hervorruft, verweist zurück auf einen wesentlich älteren Text, den Psalm 131, den Mönche bis heute gerne zitieren, um die Essenz der *contemplatio* zu beschreiben:

> Herr, mein Herz überhebt sich nicht,
> nicht hochmütig blicken meine Augen,
>
> ich gehe nicht um mit großen Dingen,
> mit Dingen, die mir nicht begreiflich sind.
>
> Vielmehr habe ich besänftigt,
> habe zur Ruhe gebracht meine Seele.
>
> Wie ein gestilltes [entwöhntes] Kind bei seiner Mutter,
> wie das gestillte Kind, so ist meine Seele in mir.[6]

Ein entwöhntes Kind auf dem Schoß seiner Mutter ist nicht mehr hungrig; erfüllt von Zufriedenheit, ruht es sich einfach aus und erlaubt es der Verdauung stattzufinden. Auf genau dieselbe Art unterbrechen Sie auf dieser Stufe der *lectio Divina* alle mentalen und emotionalen Aktivitäten und »ruhen« in der Fülle des Festmahls.

6. Ich persönlich verwende vor allem die Übersetzung aus dem *Episcopal Book of Common Prayer,* die ich wegen ihrer Einfachheit und Auswahl bewundere. Jedoch lässt diese Übersetzung das Wort »entwöhnt« aus; sie lautet nur »wie ein kleines Kind bei seiner Mutter«; [ebenso wie die deutsche Einheitsübersetzung, im Gegensatz zur Zürcher Bibel und zur Schlachter Bibel (»entwöhnt«) und zur Gute-Nachricht-Bibel (»satt«), A.d.Ü.]. Ich habe es hier nicht nur wegen der textlichen Genauigkeit wieder eingefügt, sondern auch, weil es die Essenz des kindhaften Gemüts zum Ausdruck bringt, das nicht länger hungrig ist und gefüttert wird, sondern zufrieden ruht.

Die Verdauungsarbeit geschieht unterhalb der Ebene Ihres bewussten Verstandes.

Falls Sie meinen, dass sich dieser Schritt ein wenig wie das Gebet der Sammlung anhört, haben Sie absolut Recht. Als Vater Thomas Keating und seine Mönchsbrüder in der Saint Joseph's Abbey in Spencer, Massachusetts, die Übung des zentrierenden Gebets in den 1970er-Jahren entwickelten, verstanden sie es im Wesentlichen als eine Extrapolation und Neuausrichtung des schweigsamen Ruhens im vierten Schritt der *lectio Divina* zu einer eigenständigen Meditationspraxis. Sollten Sie die Zeit und die Gelegenheit finden, können Sie das Gebet der Sammlung natürlich in seinem ursprünglichen klösterlichen Rahmen praktizieren, und die Ergebnisse werden spürbar sein. Doch wie es immer der Fall ist, wenn klösterliche Praktiken in die gänzlich anderen Bedingungen des säkularen Lebens exportiert werden, kommt es sehr auf Nachhaltigkeit an: Beißen Sie also nicht mehr ab, als Sie kauen können.

Da wir schon beim Thema sind: *Wie viel* Zeit sollte für diese Übung aufgewendet werden? Klassischerweise arbeitet ein Mönch oder eine Nonne mit der *lectio Divina* an die ein oder zwei Stunden in der eigenen Zelle und geht nicht nur einmal durch all die Schritte, sondern mehrmals und auch nicht notwendigerweise in der beschriebenen Reihenfolge. Obschon *lectio, meditatio, oratio* und *contemplatio* die traditionelle Abfolge darstellt, neigen erfahrene Praktizierende dazu, der Bewegung des Geistes zu folgen und auf eine wunderbar fließende Art zwischen den Schritten hin und her zu pendeln. Manchmal führt die *meditatio* direkt zur *contemplatio,* dann zurück zur *oratio*, wenn die stillen Tiefen sich im Herzen zum Gebet formen. Bisweilen führt die *lectio* geradewegs zur *oratio* und entlässt Sie dann langsam zurück zur *meditatio* – oder drängt Sie direkt in die *contemplatio.* Wenn Sie erst einmal den Dreh raus haben, gleicht es einem Tanz mit einem unsichtbaren Partner. Schon wenn Sie am Tag eine halbe Stunde dafür Zeit haben oder vielleicht nur eine halbe Stunde jeden zweiten Tag, werden Sie drastische Veränderungen im Grad der Vertrautheit mit der Schrift feststellen. Jene Worte und Bilder, die Sie während Ihrer Zeit mit der *lectio Divina* kauen, werden unterhalb der Oberfläche Ihres Alltags weiter in Sie einsickern und das, was Sie sehen und tun, auf eine Art und Weise prägen, wie Sie es sich nicht hätten vorstellen können.

Übrigens ist der Textabschnitt, mit dem wir soeben gearbeitet haben, hinsichtlich der Länge das absolute Maximum. Sie könnten ihn halbieren und er wäre für die *lectio Divina* noch immer mehr als ausreichend. Ich kenne viele Mönche, die mit einem einzigen Satz arbeiten – oder auch nur mit einem Wort – und das manchmal tagelang, bis der Text schließlich seinen verborgenen Schatz enthüllt. Im Allgemeinen sind drei oder vier Sätze ideal.

Wo fange ich an?

Wenn Mönche von der *lectio Divina* sprechen, wird üblicherweise davon ausgegangen, dass das Buch, mit dem Sie arbeiten, die Bibel ist. Andere Quellen, egal wie wertvoll oder erleuchtend sie sein mögen, gelten offiziell nicht als *lectio*-Texte. Die traditionelle Praxis der *lectio Divina* entwickelte sich zu einer Zeit, in der man kulturell und interspirituell wesentlich weniger offen war als in der unsrigen; aber alles ist der Veränderung unterworfen. So können Sie selbstverständlich die grundlegende Übung des aufmerksamen inneren Zuhörens auch mit anderen heiligen Texten der christlichen oder einer anderen spirituellen Überlieferung praktizieren. Es kann wunderbar sein, die *lectio Divina* mit dem Sufi Dschalāl ad-Dīn Rūmī, dem Dhammapada (den Aussprüchen des Buddhas), den Upanischaden des Hinduismus oder dem Thomasevangelium zu praktizieren. In diesem Sinn ist die Praxis generisch und mit allen Texten anwendbar, die unser Herz tief berühren. Doch wenn Sie einen christlichen Weg gehen, ist es wichtig, sich daran zu erinnern, dass der Bibel eine besondere Vorrangstellung zukommt. Für Generationen war sie das »lebendige Wasser« christlicher Heiliger und Suchender, der Kontext, in dem sich die christliche Konversation entfaltet. Um die gesammelte Weisheit dieser christlichen Überlieferung wahrhaftig empfangen zu können, sind Sie daher eingeladen, Ihr vorrangiges Augenmerk bei der *lectio Divina* auf die Bibel zu richten.

Aber wo in der Bibel soll ich anfangen? Das ist eine sehr gute Frage. Grundsätzlich gibt es zwei Strategien. Die erste, und bei weitem die problemloseste, ist die Arbeit mit dem, was wir als tägliches Lektionar kennen. Die meisten Hauptströmungen der christlichen Glaubensgemeinschaften (römisch-katholisch, episkopal, lutherisch, methodistisch, uniert und presbyterianisch) gebrauchen eine Standardsammlung von Lesungen für die Sonntags- und die Tagesandachten, welche Sie im Buchhandel, in den Büros der Kirchgemeinden oder über das Internet beziehen können. Sie werden darin drei Lesungen für jeden Tag finden: je einen Ausschnitt aus dem Alten Testament, aus den Episteln (das heißt aus jedem Teil des Neuen Testaments außer den Evangelien) und aus einem der Evangelien. Wählen Sie einen dieser Tagestexte aus und arbeiten Sie damit in Ihrer *lectio Divina,* oder nehmen Sie die Lesungen des kommenden Sonntags und arbeiten Sie damit ein wenig im Laufe der Woche (an einem Tag mit dem Evangelium, am nächsten Tag mit dem Epistel und am darauffolgenden Tag mit dem Alten Testament) – was immer für Sie am besten funktioniert.

Der Vorteil des Arbeitens mit dem Lektionar liegt darin, dass Sie in ihm kurze, vorab getestete Dosierungen von Texten finden (das heißt, hier müssen Sie sich also zum Beispiel nicht mit den langatmigen Reinheitsvorschriften des dritten Buchs Mose abmühen), die sich thematisch jeweils um eine Schlüssellehre des Christentums drehen. Wenn Sie mit dem Lektionar arbeiten, können Sie auch sichergehen, im Gleichtakt mit Ihrer Kirche zu sein, falls sich das für Sie hilfreich anfühlt. Wenn Sie auf diese Art die Texte studieren und mit ihnen beten, tun Sie dies im Wissen, dass Tausende anderer Menschen auf der ganzen Welt mit denselben Abschnitten auf dieselbe Art (und vielleicht sogar zur selben Zeit) arbeiten. Es gibt Ihnen ein Gefühl des spirituellen Gewichts und der Verbundenheit, das der traditionellen Vorstellung der Kirche als dem Leib Christi eine tiefe Bedeutung verleiht.

Die andere Strategie ist es, sich einfach etwas aus der Bibel auszusuchen und damit zu beginnen. Wenn Sie diese Methode wählen, schlage ich vor, dass Sie mit einem der Evangelien starten, da sie das hauptsächliche Reservoir für das direkte Eintauchen in den Geist Jesu sind. Wenn Sie sich hier erst einmal zurechtfinden, und sich an deren eindeutig unterschiedlichen Geschmäckern erfreuen können, werden Sie für die außergewöhnliche Schatztruhe mystischer Erkenntnisse in den Schriften des Paulus bereit sein. Seine bekanntesten – obwohl überaus schwierigen – Arbeiten sind seine Briefe an die Römer und an die Korinther; falls Sie mit diesen Texten arbeiten, müssen Sie es der tiefen Stille Ihrer *contemplatio* erlauben, ein wenig ›Dekonditionierung‹ zu leisten – insbesondere, wenn Sie in einer fundamentalistischen Tradition erzogen wurden. Es ist ein markanter Unterschied, ob einem diese Texte wie die

Paragraphen eines Dogmas eingetrichtert werden oder ob wir sie als Fenster zur mystischen Wahrheit betrachten. Auch in den vier wundervollen »geringeren« Briefen an die Galater, Epheser, Philipper und Kolosser werden Sie besondere Weisheitsschätze entdecken. Wenn Sie mit diesen Texten arbeiten, werden Sie auf mindestens ein halbes Dutzend Texte stoßen, die sich nicht anders denn als »heilige Hymnen« bezeichnen lassen (der Kenosis-Abschnitt in Philipper 2.5–11 ist einer davon): Abschnitte, in denen die Brillanz der Erkenntnisse des Paulus und die Schönheit seiner Poesie zu reiner Seelenmusik verschmelzen.

Auch die Psalmen sind ein ewig reicher Boden für die *lectio Divina,* und die Tradition, mit ihnen auf diese Weise zu arbeiten, hat bereits mehr als tausend Jahre vor dem Christentum ihren Anfang genommen. Ich habe einmal Vater Theophane, den Obedientiar am Saint Benedict's Monastery in Colorado, gefragt, weshalb den Psalmen in der klösterlichen Tradition eine solche Zuneigung entgegengebracht werde. Seine umgehende Antwort lautete: »Mir gefällt der Gedanke, dass ich in denselben Worten bete, die auch schon Jesus verwendet hat.« Und tatsächlich ist es durchaus aufregend, wenn Sie sich vorstellen, wie Jesus auf eine ganz ähnliche Art und Weise mit den Psalmen arbeitete, wie Sie es jetzt tun, ihre Bilder tief in sich aufnahm und es ihnen erlaubte, sein grundlegendes Gefäß der Selbsterkenntnis zu formen. In einem etwas kleinerem Ausmaß lässt sich dasselbe über jene anderen wunderbaren Weisheitstexte des Alten Testaments sagen: Ekklesiastes, die Sprüche, Hiob und das Hohelied. Die schöne Symbolik und tiefe kontemplative Weisheit dieser Texte bildeten den Nährboden, auf dem Jesus selbst sein Bewusstsein entfaltete.[7]

Wenn Sie an diesem Prozess genügend lange und geduldig arbeiten, werden Sie vielleicht die ganze Bibel abdecken. Mein Betbruder am Saint Benedict's Monastery in Colorado, Bruder Raphael, hat dies tatsächlich nicht nur einmal getan, sondern fünf Mal: von der ersten bis zur letzten Seite, angefangen bei Genesis und endend mit den Offenbarungen, jeweils mit zwei, drei Versen. Er brauchte vierzig Jahre dafür, aber er liebte es: Es war sein tägliches Brot.

7. Eine ausgewählte Schatztruhe solcher Weisheitstexte des Alten Testaments für die *lectio Divina* findet sich in der großartigen Zusammenstellung von RAMI SHAPIRO: *The Divine Feminine in Biblical Wisdom Literature,* Woodstock: SkyLight Paths, 2005.

Wie auch immer Sie mit Ihrem Text arbeiten wollen, erinnern Sie sich daran, dass das Ziel langfristig angelegt ist: die Bibel auf innige und fortgesetzte Art kennenzulernen, nicht hindurchzurasen und so schnell wie möglich fertig zu sein, um zum nächsten Lesestoff zu gelangen. Mit den Worten von Philip Booth, dem Poeten aus Maine: »Wie du dahin kommst, ist, wo du ankommst.«[8]

Die lectio Divina *in der Gruppe*

Die *lectio Divina* war traditionellerweise als eine einsame Beschäftigung angelegt – durch einen Mönch oder eine Nonne in der Zelle. Doch seitdem sich kontemplative Praktiken auch bei Laien durchgesetzt haben, wird es immer üblicher, die *lectio Divina* auch in Gruppen zu praktizieren. Dies kann in der Tat eine kraftvolle Erfahrung und eine natürliche Ergänzung zu einem Gruppengebet der Sammlung sein, obwohl das Beibehalten der inneren Ruhe und des für die Übung wichtigen Flusses recht herausfordernd sein kann.

Wenn Sie darüber nachdenken, eine solche Gruppe ins Leben zu rufen, sollten Sie unbedingt daran denken, dass eine *lectio-Divina-*Gruppe etwas anderes ist als eine Bibelgruppe. Sie treffen sich nicht, um etwas zu teilen, zu diskutieren oder zu erörtern. Vielmehr gleicht es einer gemeinsamen Meditation, bei der die Gruppe ihren Raum mit einem biblischen Text teilt. Manchmal wird zwar gesprochen, doch die Worte müssen immer in die Stille eingepasst werden und dürfen sie nicht überrumpeln.

Ich möchte Ihnen hier ein einfaches, aber wirkungsvolles Format für die Anleitung eines solchen *lectio-Divina-*Prozesses geben. Zunächst einmal muss eine Person bestimmt werden, welche die Gruppe durch die Stufen hindurchleitet und darauf achtet, dass alle sie gemeinsam gehen. Beginnen Sie mit einer Zeit der Stille und lassen Sie dann eine Person den Abschnitt aus der Schrift lesen: langsam, leise und sanft. Vor der Lesung sollte die anleitende Person die anderen Gruppenmitglieder auffordern, still hinzuhören, welcher Satz, welche Formulierung oder vielleicht sogar welches einzelne Wort nach ihnen zu rufen scheint (also eine Erklärung des Vorgangs, den ich bereits zuvor in diesem Kapitel beschrieben habe).

8. Philip Booth: "Heading Out" in: *Selves,* New York: Penguin Books, 1990, Seite 28.

Nach der Lesung sollten alle nochmals für ein oder zwei Minuten in der Stille sitzen, bevor der Abschnitt erneut laut vorgelesen wird. Im Anschluss an dieses zweite Lesen ist jede Person, die es möchte, eingeladen, laut auszusprechen, welches Wort, welche Formulierung oder welcher Satz sie angesprochen hat. Auch sollte im Voraus darauf hingewiesen werden, dass es vollkommen in Ordnung ist, das »eigene« Wort zu wiederholen, auch wenn eine andere Person dasselbe bereits zuvor ausgesprochen hat. Die Wirkung dieses Wiederholens ist nämlich ziemlich magisch. Die Leute werden sehr verschiedene Textfäden aufnehmen, und der Zusammenklang gleicht dann einem schönen stereophonischen Lesen der Schrift, die gerade dabei ist, sich in jedes einzelne Herz einzupflanzen. Wenn der Prozess ausgelaufen ist, soll der Abschnitt ein drittes Mal gelesen und danach wieder für einige Minuten in der Stille verblieben werden. Schließlich kann die anleitende Person ein Abschlussgebet sprechen, bevor die Gruppe in Stille wieder auseinandergeht.

Sie sehen, dass hier eigentlich nur der erste Schritt, die *lectio,* gemeinsam praktiziert wird, und ich persönlich ziehe dies in der Gruppenübung vor. Es gibt auch stärker formalisierte Anleitungen, um Regungen von *meditatio* und *oratio* zu bewirken (»Nun lassen Sie uns alle ein Gefühl benennen, das von diesem Abschnitt ausgelöst wurde«, »Jeder soll nun ein Gebet sprechen, das für ihn aus diesem Abschnitt aufgetaucht ist« und dergleichen); ich persönlich finde jedoch, dass diese Methodik künstlich und einengend auf die essenziell fließende und persönliche Natur der *lectio Divina* wirkt. Wenn Sie die Schweigeperioden zwischen den Lesungen großzügig genug bemessen, werden die Leute Raum finden, ihre eigene *meditatio* und *oratio* auf die Art zu praktizieren, die für sie die richtige sein mag.

Lebendige Poesie

Beachten Sie vor allem, dass ich Ihnen geraten habe, die Abschnitte nicht zu diskutieren – und dies einzuhalten, ist von großer Bedeutung. Normalerweise werden wir durch ein gemeinschaftliches Teilen der Bibel, was für sich genommen eine gute und schöne Sache ist, zurück in unser gewöhnliches Selbst gezogen; der kontemplativere Ansatz der *lectio Divina* hingegen führt uns »über den Verstand hinaus« in die größere Herzenserkenntnis, welcher wir in diesem Buch nachgegangen sind. Das, was in einem Menschen aus der langsamen, geduldigen Arbeit in der *lectio Divina* auftaucht, ist nicht nur eine innige Vertrautheit mit der Schrift, sondern auch eine ausgesprochen poetische Beziehung mit ihr – üblicherweise als das »Erwachen der anagogischen oder vereinenden Vorstellungskraft« beschrieben.[9] Einige der erlesensten Predigten, die ich je gehört habe, stammten von Mönchen, die sich ihren Texten in der *lectio Divina* gewidmet hatten und sie in einem Haiku-ähnlichen Stil erläuterten: in einfachen Einzeilern, die voller Anspielungen waren, metaphorisch, und den Nagel genau auf den Kopf trafen. Seit mehr als zehn Jahren trage ich eine solche Homilie in meinem Gedächtnis, die von einem Mönch im Saint Benedict's Monastery in Colorado gepredigt wurde. An jenem Tag beschrieb die Evangeliumsstelle (Matthäus 4.19), wie Jesus seine ersten Jünger unter den Fischern von Galiläa anwarb, und schloss mit der Zeile (4.20): »Sofort ließen sie ihre Netze liegen und folgten ihm nach.« Der Mönch kommentierte lediglich: »Würden wir doch nur dasselbe tun können!« Sein metaphorisch eingestimmter Verstand hatte sofort begriffen, dass die Netze, mit denen jene Fischer beschäftigt waren, so sehr unseren eigenen Netzen der Unruhe und psychologischen Problemen gleichen, die uns an der Küste haben stranden lassen. Würden wir uns doch nur selbst entwirren können! Es mag keine große Gelehrtenpredigt gewesen sein, aber sie erleuchtete mein Herz mehr als jeder Wortschwall. Das ist fortgeschrittene *lectio Divina,* wo die Poesie der Schrift und die Poesie unseres eigenen Lebens zusammenkommen, um ein einziges Ganzes zu bilden. Und so kann es auch für uns werden. So zumindest lautet die Hypothese.

9. »Anagogisch« bedeutet: »erhebend« aufgrund der Erkenntnis eines höheren Sinns. Sie finden in meinem Buch *The Wisdom of Knowing,* San Francisco: Jossey-Bass, 2003, Seiten 93–96 einen kurzen Überblick über die monastische Lehre des »vierfachen Schriftsinns« (*quatuor sensus scripturae*) – womit das Sich-Einstellen eines immer feineren und ganzheitlicheren Weges des Hörens gemeint ist.

14

Chanting und Psalmodie

HABEN SIE IN IHREN LECTIO-DIVINA-SITZUNGEN BEMERKT, was es für einen Unterschied macht, ob der Bibelabschnitt still oder laut gelesen wird? Je nach Art des Lesens sind ganz andere Kräfte am Werk und man hört den Abschnitt auf eine völlig neue Art. Dieser Unterschied wird sogar noch größer, wenn man etwas *chantet* oder »vokaltönt«, anstatt es nur auszusprechen.

Probieren Sie es aus. Lassen Sie uns dafür als Beispiel den kürzesten aller Aussprüche im Thomasevangelium nehmen, das Logion 42: »Werdet Vorübergehende!« Sprechen Sie dies ein- oder zweimal laut aus. Geben Sie dann mehr Gesang in Ihre Stimme. Nehmen Sie einen tiefen Atemzug und fangen Sie einfach an – ein einziger Ton genügt, welche Tonhöhe auch immer für Sie stimmt. Bleiben Sie für eine Weile beim Tönen, wiederholen Sie die Worte mindestens vier oder fünf Mal. Wenn Sie diese einfache, aber bedeutsame Wasserscheide Ihres Wesens überschreiten, werden die Worte plötzlich auf eine ganz neue Art lebendig. Unterlegen Sie diesen Gesang mit einem einfachen geklatschten Takt (zum Beispiel 1-2-3-4-5-6-7-8 »wer-det Vor-ü-ber-ge-hende«) und Sie werden hören, wie sich ein Lied zu entwickeln beginnt.

Das Voklatönen, oder Chanten, ist im Kern aller heiligen Traditionen der Welt zu finden, und das aus gutem Grund: Es ist im Wesentlichen eine Erfahrung des tiefen Eintauchens in die Schöpfungskraft des Universums selbst. Um Musik zu machen, müssen wir jene drei wesentlichen Elemente einsetzen, aus denen die Erde geschaffen wurde und durch die auch jede spirituelle Transformation geschieht.

Das erste Element ist selbstverständlich der Atem. Viele der großen Weltreligionen schildern, wie die Erde durch das stetige, rhythmische »Atmen« Gottes erschaffen wurde und erhalten wird. In praktisch jeder Tradition beginnen spirituelle Übungen damit, dass wir unsere Aufmerksamkeit auf den Atem lenken und lernen, vollständig und bewusst zu atmen. Auch Vater Theophane, dem wir bereits im letzten Kapitel begegnet sind, erinnerte jeweils seine Teilnehmerinnen und Teilnehmer von Einkehrtagen daran: »Jeder Atemzug, den wir nehmen, ist der Atem Gottes.«

Das zweite Element ist Ton oder Vibration; also der Klang, der entsteht, wenn Sie diesem Atem Ihre Stimme hinzufügen. Und wieder sagen uns viele der heiligen Traditionen der Welt, dass die Schöpfung durch Schwingungskraft ins Dasein gelangte. Auch die String-Theorie der modernen Physik bestätigt diese Erkenntnis und geht davon aus, dass an der Wurzel von allem – im »Inneren« der Quarks, der kleinsten »Teilchen«, die wir heute kennen – winzige Frequenzfäden liegen, die in festen Verhältnissen vibrieren.[10] Diese faszinierende Entdeckung aus der aktuellen Quantenphysik bekräftigt die alte christliche Erkenntnis: »Im Anfang war das Wort, und das Wort war bei Gott, und Gott war das Wort.« Was ist »Wort« denn anderes als Schwingung verbunden mit Absichtlichkeit? Mythologisch ausgedrückt wurde das Wort ins Dasein »gesprochen«. Und wenn wir unseren Klang hinzugeben, verbinden wir uns mit genau diesem Sprechen.

Das dritte Element habe ich bereits kurz erwähnt: die Absichtlichkeit. Die großen Weisheitstraditionen haben immer behauptet, dass das Universum kein rein zufälliges Ereignis darstellt, sondern die ausgeklügelte Entfaltung einer Göttlichen Klugheit und Absicht – eines »Plans« sozusagen. Es ist die Kohärenz Göttlicher Intention, wodurch letzten Endes alles zusammengehalten wird. Ganz ähnlich verhält es sich beim Chanten: Die Qualität Ihrer Absicht und Ihrer Aufmerksamkeit macht den Unterschied zwischen Langweiligkeit und Schönheit. Wenn Sie sich in die Worte Ihres Vokaltönens hineingeben, wird deren spirituelle Kraft in Ihnen lebendig.

Zu diesen universalen Zusammenhängen kommt hinzu, dass wir auf eine sehr persönliche Art wissen, dass Gesang häufig eine höhere Gefühlspalette ins Spiel bringt, die dem Sprechen allein nicht zugänglich ist. Die Liedtexte mögen manchmal – sagen wir zum Beispiel bei »Stille Nacht, heilige Nacht« – auf dem Papier etwas fade und harmlos erscheinen; aber wenn Sie sie dann tatsächlich singen (vor allem in der Gemeinschaft mit anderen), geschieht

10. Eine hervorragende allgemeinverständliche Einführung in dieses abstrakte Fachgebiet finden Sie bei Brian Greene: *The Elegant Universe*, New York: Vintage Books, 1999; deutsch: *Das elegante Universum: Superstrings, verborgene Dimensionen und die Suche nach der Weltformel*, München: Goldmann, 2005.

eine magische Verwandlung. Östliche Meister waren sich schon lange der Kraft des Chantens bewusst, Veränderungen in den feinstofflichen Energiestrukturen des Körpers bewirken zu können; Mantras beispielsweise werden zu genau diesem besonderen Zweck eingesetzt. Obwohl die Menschen im Westen sich bei dieser Idee manchmal etwas unwohl fühlen und die Karikatur des östlichen Meditierenden belächeln, der mit gefalteten Händen vor der Brust sein »Om« chantet, haben einige unserer eigenen heiligen Chant-Worte, wie etwa »Amen«, »Halleluja« oder »Oh« (wie in »Oh Gott«) eine sehr ähnliche innere Wirkung, was vielen von uns gar nicht bewusst ist.[11]

Psalmodie und Göttliches Offizium

In der christlichen Tradition konzentrierte sich das heilige Vokaltönen schon immer auf die Psalmen. Bereits im letzten Kapitel haben wir uns ein wenig mit dem Grund dafür befasst, als ich die Worte von Vater Theophane anführte: »Mir gefällt der Gedanke, dass ich in denselben Worten bete, die auch schon Jesus verwendet hat.« Das Christentum baut auf die jüdische Spiritualität und Praxis auf, und als der junge Jesus die Psalmen singen lernte, wurde er in eine Tradition eingeführt, die schon damals über eintausend Jahre alt war. Die Psalmodie (also die Praxis des Psalmensingens) war offenbar ein grundlegendes Hilfsmittel für seine Selbsterkenntnis. Alle vier Evangelien erinnern daran, wie er in kritischen Stationen seines Lebensweges die Psalmen zitierte, am ergreifendsten vielleicht in seinen letzten Worten am Kreuz. Bei Matthäus lauten sie: »Mein Gott, mein Gott, warum hast Du mich verlassen« (nach Psalm 22.1) und bei Lukas: »In Deine Hände befehle ich meinen Geist« (nach Psalm 31.6).

Die frühste christliche Praxis der Psalmenrezitation war zwar unsystematisch, aber intensiv. Die Wüstenmönche sangen die Psalmen einfach einen nach dem anderen zur Fokussierung ihrer Aufmerksamkeit (und das taten sie natürlich auswendig, weil damals das Vorliegen der Texte wie auch die Fähigkeit, sie lesen zu

11. Die lateinische Sprache mit ihrer Häufigkeit der Vokale a und o ist hierzu prädestiniert, und dies ist meiner Meinung nach einer der Gründe dafür, dass viele Menschen die römisch-katholische Messe und liturgische Psalmodie als »sakraler« und »geheimnisvoller« empfinden, wenn sie auf Latein gehalten werden.

können, nicht die Regel, sondern die Ausnahme war). Laut Überlieferung sangen sie alle einhundertfünfzig Psalmen an einem Tag,[12] und obwohl hier zweifellos etwas übertrieben wird, ist doch unverkennbar, dass die Psalmodie den Schwerpunkt der täglichen Praxis bildete, durchsetzt nur von einfachen manuellen Aufgaben wie beispielsweise dem Flechten eines Stricks. Dass die Form des Rezitierens tatsächlich mehr ein Chanten als ein bloßes Aussprechen war, wissen wir aus einem diesbezüglichen Kommentar des spirituellen Wüstenvaters Eugarios Pontikos aus dem vierten Jahrhundert: »Es ist eine großartige Sache, ohne Ablenkung zu beten, doch ohne Ablenkung die Psalmen zu singen, ist sogar noch besser.«[13] Und tatsächlich wird überall im nahöstlichen Kontext das Chanten als der normale Umgang mit den Psalmen vorausgesetzt. Das Wort »Psalm« bedeutet eigentlich »Lied«. Ein gesprochener Psalm ist also ein ebensolcher Widerspruch in sich wie ein zweirädriges Dreirad.

Im sechsten Jahrhundert vereinfachte und kodifizierte der heilige Benedikt, der große Begründer des klösterlichen Lebens im Westen, dieses Prozedere. Anstelle dessen, was zu einem Chanten rund um die Uhr geworden war, entwickelte er ein System des Gebets und der Psalmodie zu sieben Zeitpunkten am Tag (sowie einem zusätzlichen ziemlich langen Gottesdienst während der Nacht): eine Struktur, die »Göttliches Offizium« genannt wird. Diese Bezeichnung übersetzt die lateinische Phrase *opus Dei* (»die Arbeit für Gott«), da es Benedikts feste Überzeugung war, dass die hauptsächliche Arbeit eines Mönchs darin bestehen sollte, Gott mit Gebeten und Gesang zu loben. Die Besonderheiten seines Schemas sind in der Benediktsregel ausformuliert;[14] im Wesentlichen gab der achtfache tägliche Gottesdienst den Mönchen ein Mittel an die Hand, sich innerhalb einer Woche systematisch durch alle einhun-

12. In der Benediktsregel des sechsten Jahrhunderts, welche das grundlegende Regularium für die monastische Praxis im Westen bildete, kommentiert Benedikt von Nursia, dass Mönche, die innerhalb einer Woche weniger als alle einhundertfünfzig Psalmen singen, »zu träge sind im Dienst, den sie gelobt haben. Lesen wir doch, dass unsere heiligen Väter in ihrem Eifer an einem einzigen Tag vollbracht haben, was wir in unserer Lauheit wenigstens in einer ganzen Woche leisten sollten« (*Benediktsregel*, 18.24, nach www.intratext.com/IXT/DEU0017/_INDEX.HTM).

13. Benedicta Ward [Übersetzerin]: *The Sayings of the Desert Fathers*, Kalamazoo, MI: Cistercian, 1984, Seite 64.

14. Benedikts Anweisungen die liturgische Psalmodie betreffend nehmen dreizehn der dreiundsiebzig Kapitel der Regel ein.

dertfünfzig Psalmen zu arbeiten. In seinen Grundzügen findet dieses System in den Benediktinerklöstern noch immer Anwendung, obwohl es heutzutage allgemein üblich ist, die Strenge etwas zu lockern und die Psalmodie in einem zweiwöchentlichen Zyklus abzudecken.[15] Wenn Sie sich in klösterliche Einkehrtage begeben, werden Sie ziemlich sicher dieser Praxis begegnen; sie bildet noch immer das Rückgrat des monastischen Alltags und den Teil, an den sich die meisten Teilnehmer und Teilnehmerinnen von Exerzitien als einen Höhepunkt ihrer Klostererfahrung erinnern.

Über die Jahrhunderte hinweg entstanden natürlich unterschiedliche musikalische Stilrichtungen als Grundlage dieses Vokaltönens. Im Westen sicherlich am bekanntesten ist das großartige Repertoire der gregorianischen Choräle, die seit über tausend Jahren das musikalische Vehikel des Chantens der Messe und des Göttlichen Offiziums sind. In den 1960er-Jahren wurde diese ehrwürdige Tradition einer dramatischen Überarbeitung unterzogen, und der westliche liturgische Stil bevorzugt heute einfache Psalmtöne in der jeweiligen Landessprache (obwohl auch der gregorianische Gesang langsam wieder an Boden zu gewinnen scheint). Im östlichen Teil der christlichen Welt überwiegt der byzantinische Gesang, und jenseits der byzantinischen Einflusssphäre hat das Chanten in den christlichen Gemeinschaften des Nahen und Mittleren Ostens sowie in Nordafrika eine ausgesprochen semitische Note und erinnert an das jüdische und das islamische Vokaltönen. Darüber hinaus sind, wie wir bald sehen werden, neue Stile des christlichen Chantings im Begriff, populär zu werden, die sich von der klassischen Psalmodie weg und in Richtung einfacherer, mantrischer Chantings entwickelt haben, wie sie von den meisten der großen Traditionen des Sakral-Chantings gepflegt werden.

Chanten als persönliche Übung

Obwohl die meisten Menschen die erhabene Aura, die durch das klösterliche Chanten erzeugt wird, zutiefst schätzen, stehen bis zum heutigen Tag nur wenig Hilfsmittel zur Verfügung, um diese Praxis auch zu den Menschen nach Hause zu bringen. Ich habe ver-

15. Im byzantinischen Christentum war es Basilius der Große (329–379), einer der gefeierten kappadokischen Kirchenväter und großen Patriarchen im Osten, der die Fundamente des monastischen Chantings legte.

sucht, diesem Mangel mit meinem Buch *Chanting the Psalms* (Shambhala, 2006) etwas abzuhelfen. Es enthält zum einen eine detaillierte Erklärung von Theorie und Hintergrund der klösterlichen Psalmodie und zum anderen eine praktische Anleitung zum Chanten nach Gehör und zum Lesenlernen einfacher Psalmtöne (dem Buch liegt zu diesem Zweck eine CD bei). Als Teil meiner persönlichen spirituellen Praxis chante ich selbst seit dreißig Jahren jeden Tag morgens und abends die Psalmen, und so kann ich die Wirkung dieses Vokaltönens für das Erwecken des Herzens und das Erscheinen der »vereinenden Vorstellungskraft«, von der ich im letzten Kapitel sprach, nur bestätigen. In diesem kurzen Überblick will ich Ihnen lediglich ein paar grundsätzliche Hinweise geben, mit denen Sie loslegen können.

Vokaltönen, oder Chanten, als eine spirituelle Praxis erfordert weder eine ausgebildete Stimme noch die Fähigkeit, Noten lesen zu können. Im Grunde genommen ist es ganz einfach: Sie schlagen die Bibel auf und *beginnen* – auf einer einzigen Note, wenn es sein muss, so, wie wir es mit dem Logion 42 geübt haben. Wenn Sie mögen, können Sie dann später Ihre eigenen Melodien erfinden, die als »Psalmtöne« bezeichnet werden (wie Sie das tun, beschreibe ich in meinem Buch *Chanting the Psalms*), oder Sie übernehmen eine, die Ihnen in der Kirche begegnet ist oder von Aufnahmen, die Sie sich anhören. Mit ein wenig Übung im Zuhören werden Sie herausfinden, dass Sie sich Psalmtöne ganz einfach aneignen und merken können. Manchmal nenne ich diesen Ansatz »die Suzuki-Psalmodie« in Anlehnung an die Musiklernmethode, bei der die Leute sofort nach Gehör losspielen und nicht erst damit beginnen müssen, Noten lesen zu lernen. Und in der Tat war dies auch die übliche Methode, wie die Mönche traditionellerweise das Chanten lernten; sogar die schwierigen Melodien der gregorianischen Gesänge erarbeitete man sich zunächst durch Zuhören und Auswendiglernen. Wenn Sie es auf diese Art versuchen, wird das Chanten, nebenbei bemerkt, mit einem tiefer liegenden Stromkreis Ihres Wesens betrieben, der weniger stark von den mentalen Aktivitäten (die beim Ablesen vom Blatt sofort anspringen) abhängig und direkter mit Ihrem Herzen verbunden ist. Es ist kein Zufall, dass es auf Englisch *learning by heart* heißt, wenn man neues Material auf diese Art auswendig lernt.

Ein System entwickeln

Wie es die Wüstenmönche taten, werden auch Sie sich vielleicht fragen: »Wo soll ich anfangen?« Die Überlegung, wie viele und welche Psalmen Sie in Ihren Alltag integrieren wollen, ist zumeist eine ganz persönliche Entscheidung, die davon abhängt, wie tief und systematisch Sie in diese Praxis eintauchen möchten. Am »formalen« Ende des Spektrums entscheiden Sie sich möglicherweise dafür, regelmäßig und systematisch mit den Psalmen in Ihrem eigenen täglichen Offizium arbeiten zu wollen. Falls dem so ist, gibt es zwei Hilfsmittel, die ich sehr empfehlenswert finde. Das *Episcopal Book of Common Prayer*[16] beinhaltet einen hervorragenden Psalter (der Name für eine Psalmensammlung) mit Psalmen in klaren, zweizeiligen Versen (ideal für das »Suzuki-Chanten«), die unterteilt sind in »Morgengebet« und »Abendgebet« und in einem Satz von etwa vier pro Offizium vorgeschlagen werden. Innerhalb eines Monats arbeiten Sie sich so durch den ganzen Psalter. Ein weiteres exzellentes Hilfsmittel ist das Buch *The Work of God* von Judith Sutera.[17] Es bietet ein Gerüst für die täglichen morgendlichen und abendlichen Offizien (auf Basis eines Zweiwochenzyklus) sowie lebendige, Haiku-ähnliche Übersetzungen der Psalmen. Sie können dieses Offizium in rund zehn Minuten tönen und erleben dennoch das ganze gediegene Ambiente eines traditionellen benediktinischen Gottesdienstes.

Aber Sie müssen Ihr Chanting nicht an ein offizielles tägliches Offizium binden, auch wenn es üblicherweise so gehandhabt wird. Falls Sie ein wenig des Notenlesens mächtig sind, werden Sie für die meisten bekannten Psalmen hinten in den Gesangbüchern der römisch-katholischen und der evangelischen Kirche einfache, singbare Psalmtöne finden.[18] Oder Sie kaufen sich ganz einfach eine Ihnen zusagende Psalmodie-CD, gregorianisch, byzantinisch oder zeitgenössisch, und singen mit.

16. Deutsche Version: *Das Allgemeine Gebetbuch der Reformierten Episkopalkirche in Deutschland,* Schwarzenborn: Reformierte Episkopalkirche, 2012.

17. JUDITH SUTERA: *The Work of God,* Collegeville, MN: Liturgical Press, 1999.

18. Im *Gotteslob* der katholischen Kirche die Nummern 707–761; im *Evangelischen Gesangbuch* die Nummern 782–794 [A.d.Ü.].

Müssen es die Psalmen sein?

Während die Psalmen in der christlichen kontemplativen Tradition eindeutig einen Ehrenplatz einnehmen, ist es bedauerlicherweise wahr, dass sich viele Suchende unserer Tage schwer tun, damit zu arbeiten. Abgesehen von ihrem schieren Wortschwall können sie im Vergleich zu den meisten der anderen Traditionen des heiligen Chantens voll von patriarchalischer Sprache, dualistischem Denken und sogar grundloser Heftigkeit sein. Manche der am fortgeschrittensten und gewissenhaftesten Christen – sogar eine wachsende Zahl von Äbten, Äbtissinnen und Kirchenältesten – kommen zunehmend zu dem Schluss, dass die Psalmen ein Luxus sind, den sich die Menschen nicht länger leisten können.

Ohne mir in dieser Frage ein Urteil anmaßen zu wollen, möchte ich darauf hinweisen, dass sich die Tradition in dieser Angelegenheit zurzeit stark im Wandel befindet und das Ergebnis noch völlig offen ist. Ich glaube, im Rahmen einer klassischen klösterlichen Praxis wohnt den Psalmen noch immer der Löwenanteil der spirituellen Reinigungsarbeit inne. Sogar die berüchtigten »Fluchpsalmen«[19] werden – wenn sie im Göttlichen Offizium und im grundsätzlichen Programm der klösterlichen Transformation eingebunden sind – zum Spiegel, in dem sich die auf dem Weg voranschreitenden Mönche selbst betrachten und die Schattenseite anerkennen (und somit auch erlösen) können, die diese Psalmen so tief beleuchten. Einer der größten Wüstenväter, Johannes Cassianus, schrieb die machtvolle spirituelle Wirksamkeit der Psalmen der Tatsache zu, dass sie »alle Gefühle in sich tragen, zu denen die menschliche Natur fähig ist.«[20] Allein wenn ich mich unter meinen eigenen klösterlichen Freunden und Vorbildern umschaue, kann ich erkennen, dass die Jahre des Arbeitens auch mit solcher Poesie sie nicht gewalttätiger haben werden lassen, sondern sie zu größerer innerer Gelassenheit führten. Und die Tatsache, dass die größten christlichen Heiligen – angefangen bei Jesus selbst bis hin

19. Ein Begriff, der einigen Psalmen aufgrund ihrer herausgeschleuderten Feindesverwünschungen gegeben wurde. Für seine Grausamkeit am bekanntesten ist Psalm 109, doch tauchen solche Ausbrüche tatsächlich zwischendurch immer mal wieder auf.

20. JOHN CASSIAN: *Conferences,* übersetzt von Colm Luibheid, Mahwah, NJ: Paulist Press, 1985, Seite 133.

zum heiligen Franziskus und in unserer Zeit zu Thomas Merton und Thomas Keating – alle mit dem Chanten auch dieser Psalmen die spirituelle Reife erlangten, belegt, dass ihre Wirkung nicht gar so schlecht sein kann.

Doch nun, da wir uns der Herausforderung stellen, monastische kontemplative Übungen über die Klostermauern hinauszubringen, müssen wir Toleranz zeigen und Anpassungen vornehmen. Diese Prozesse sind im zeitgenössischen christlichen Chanten im Gange und verheißen einen gänzlich neuen Rahmen für die uralte Tradition der Psalmodie.

Taizé-Singen

Die kraftvollste neue Strömung in den letzten drei Jahrzehnten ist wahrscheinlich das Auftauchen des Taizé-Chantings. Taizé ist ein winziges Dorf in Ostfrankreich, das sich seit den späten 1940er-Jahren zu einer ökumenisch-christlichen monastischen Gemeinschaft entwickelt hat, die danach strebt, den Ruf der Evangelien nach Aussöhnung wirklich zu leben. Als sich in den 1970er-Jahren die wertvolle Arbeit dieser Gemeinschaft mehr und mehr herumsprach und Menschen in immer größerer Zahl an ihre Tür klopften, begannen die Mönche unter dem Druck ihrer selbstauferlegten Verpflichtung zur Gastfreundschaft und Inklusion, eine deutlich einfachere und zugänglichere Form des Chantens für die öffentlichen Gottesdienste ihrer Gemeinschaft zu entwickeln.[21] Beim Taizé-Chanting wird ein einfacher Ausdruck oder Satz (wie beispielsweise »Der Herr ist mein Licht, mein Licht und mein Heil; in Gott lege ich mein Vertrauen, in Gott lege ich mein Vertrauen«) während fünf bis zu zehn Minuten immer und immer wieder gesungen. Viele dieser »Refrains«, wie sie genannt werden, stammen eigentlich aus den Psalmen, sind aber in ihrer Heftigkeit entschärft und werden vielmehr zur Bezeugung von Gottes Zartheit und Gegenwart genutzt. Als schlichte zwei-, drei- oder vierstimmige Harmonien oder als Kanon in diversen Sprachen gesungen, sind sie geeignet, Gruppen schnell in eine tiefe Herzensstille zu versetzen.

Dieses Chanting entwickelte schnell eine große Anziehungskraft vor allem auf junge Menschen. Heute besuchen jedes Jahr Millio-

21. In ihrem privaten Gemeinschaftsgottesdienst halten die Mönche an der traditionellen Psalmodie fest.

nen von Pilgerinnen und Pilgern von überall aus der Welt Taizé, um an den Gottesdiensten und Lehrveranstaltungen teilzunehmen, und die Gesänge haben sich um den ganzen Globus verbreitet. Ich erinnere mich, wie ich einmal im Abendmahlssaal in Jerusalem eines der Lieder angestimmt habe und eine internationale Gruppe von Touristen spontan mit einstimmte. Augenblicklich sangen die jeweiligen Grüppchen von amerikanischen, französischen, deutschen, holländischen, skandinavischen, japanischen und russischen Pilgern und Pilgerinnen mit und verschmolzen zu einem harmonischen *Ubi caritas et amor, Deus ibi est* (»Wo Liebe ist und Güte, da ist Gott«). Was für ein Hoffnungszeichen für die Familie der Menschen!

Taizé-Chants (heute gibt es über hundert von ihnen) sind einfach zu beziehen, entweder auf CD, in kleinen, preisgünstigen Gesangbüchern [oder direkt im Internet unter www.taize.fr/de].[22] Sogenannte »Taizé-Andachten« – einfach gehaltene Gottesdienste mit Chanting, Meditation, Lesungen der Schrift und häufig ergänzt durch stilles Beten – setzen sich auf der ganzen Welt immer mehr durch und bilden eine faszinierende neue Mischung: eine Art »vereinter Abendgottesdienst«, der das Herz des Christentums mit dem universalen Geist des heiligen Chantens verbindet.

Lieder der Präsenz

Doch Vokaltönen kann noch einfacher sein: Es braucht weder Melodien noch Gesangbücher. Im traditionellen Sufi-Gebet beispielweise wird ein einziges Wort immer wieder gechantet – einer der neunundneunzig Namen (oder spirituellen Merkmale) Gottes: »Barmherzigkeit«, »Wahrheit«, »Leben«, »Friede« und so weiter. Mit nichts anderem als diesem einzigen Wort, manchmal begleitet von einem Trommelrhythmus, und der bewussten Aufmerksamkeit der Teilnehmer und Teilnehmerinnen entsteht in der Erinnerung an Gott ein kraftvoller und schöner Chant (*dhikr*). Diese Art des Vokaltönens ist für Christen im Großen und Ganzen eher ungewohnt. Aber auch das ist im Wandel begriffen. In Weisheitszirkeln in ganz Nordamerika hält heute eine neue Form des Chantens

22. Mittlerweile sind Taizé-Gesänge auch bei vielen Musikstreaming-Diensten im Internet erhältlich [A.d.Ü.].

Einzug, die sich durch die spontane Improvisation einfacher Ausdrücke aus den heiligen Schriften auszeichnet. Ein wachsendes Repertoire solcher Chants, genannt *songs of presence* (Lieder der Präsenz), belegt die Lebendigkeit dieses Experiments. Das wirkliche Ergebnis sind jedoch nicht die Lieder, sondern der Prozess selbst.[23]

Wir haben mit diesem Ansatz bereits zu Beginn dieses Kapitels gearbeitet, als ich Sie bat, einen einfachen Chant aus dem Text »Werdet Vorübergehende!« des Thomasevangeliums ertönen zu lassen. Indem Sie etwas Stimme in die Worte legten und einen einfachen Rhythmus hinzufügten, haben Sie ein nagelneues »Lied der Präsenz« geschaffen. Und das können Sie tun, wann immer Ihnen danach ist. Finden Sie irgendeinen Kernsatz in der Schrift, der Ihnen etwas bedeutet. Es kann eine Zeile aus einem Psalm sein: »In Deine Hände befehle ich meinen Geist« (31.6), »Eine Tiefe ruft die andere« (42.8); »Schmecket und sehet, wie freundlich der Herr ist« (34.9); oder eine Zeile aus den Seligpreisungen oder irgendeine Lehre aus der Weisheit Jesu, die Ihnen besonders gefällt: »Wer Ohren hat zu hören, der höre!«, »Wer in mir bleibt und ich in ihm, der bringt viel Frucht«, »Dass ihr einander liebt, wie ich euch liebe.«

Der Ausspruch muss noch nicht einmal biblischer Herkunft sein; vielleicht möchten Sie mit einer Zeile Ihres Lieblingspoeten arbeiten – Rūmī, Rilke, Mary Oliver – oder irgendeine Redewendung benutzen, die Ihnen etwas bedeutet. Für welchen Text Sie sich auch entscheiden, der nächste Schritt besteht darin, dass Sie Ihre Stimme in die Worte legen und beginnen, sie zu chanten – entweder in einem monotonen Tönen oder in einer einfachen Melodie, die Sie selbst kreieren (oder die, wie einer meiner Freude sagt, bei Ihnen »ankommt«). Falls es andere Menschen gibt, die sich Ihnen anschließen (vielleicht Ihre Meditationsgruppe), werden Sie erleben, wie aufregend es ist, wenn sich Ihre kleine Melodie spontan harmonisch entfaltet; doch es ist auf jeden Fall an Ihnen, sie zu bewahren – oder sie zu opfern. Lassen Sie den Chant einige Male zu Beginn Ihrer Meditation oder vor Ihrer *lectio Divina* ertönen – oder, was genauso gut ist, chanten Sie ihn, wenn Sie mit Ihrem Auto im Straßenverkehr unterwegs sind, beim Joggen oder beim Kajakpaddeln oder sich in irgendeinem der unzähligen unerwarteten Momente befinden, die uns das Leben für eine kurze spi-

23. Die CDs lassen sich beziehen bei: www.praxisofprayer.com.

rituelle Übung bereitstellt. Zeiten und auch Traditionen kommen und gehen, aber die Präsenz bleibt immer dieselbe. Und der größte Nutzen des Chantens ist es, Sie mit Herz und Seele in die Schönheit dieser Präsenz zu bringen.

15

Willkommen!

IN GEWISSER HINSICHT IST ES BEDAUERLICH, DASS PAULUS sich dafür entschied, seine wunderschöne kenotische Hymne mit dem Satz einzuleiten: »Denn ihr sollt so gesinnt sein, wie es Christus Jesus auch war.« Wenn wir das Wort »Gesinnung« hören, denken wir unweigerlich an irgendein mentales Konstrukt und »so gesinnt sein wie Christus« wird interpretiert als »die *Haltung* Christi anzunehmen.« Dies wiederum wird im Allgemeinen so ausgelegt, dass wir jene bewundernswerten Eigenschaften abzubilden versuchen sollten, die wir im Wesen Jesu erkannt haben: Freundlichkeit, Mitgefühl, Zartheit, Integrität. Aber diese Eigenschaften einfach zu kopieren, ohne zu wissen, worauf sie in seinem Wesen gründen, bedeutet nicht wirklich, die Gesinnung Christi auf sich zu nehmen: Es heißt lediglich, dass man sich das äußerliche Gewand überwirft. Die »Gesinnung« wirklich zu übernehmen, bedeutet, dass wir tiefer gehen und in unserem Selbst das Geheimnis von Jesu Fähigkeit entdecken müssen, sich dem Leben auf solch eine außergewöhnliche Art und Weise zu öffnen.

In diesem Kapitel möchte ich eine Übung beschreiben, die, wenn sie konsequent und achtsam durchgeführt wird, uns genau dies erlaubt: »uns die Gesinnung Jesu zuzulegen«, indem wir unseren Weg zu derselben inneren Ausrichtung finden, die Jesus befähigte zu tun, was er tat, den ganzen Weg bis zu seinem eigenen Tod zu gehen und diesen zu umarmen. Die Übung wurde in den späten 1980er-Jahren von einer der engsten Mitarbeiterinnen Thomas Keatings entwickelt und seither in der Bewegung des Gebets der Sammlung unter verschiedenen Namen gelehrt: als »Übung des offenen Geistes und offenen Herzens«, als »Übung des

Begrüßens« und zurzeit als »Willkommensgebet«. Zu ihrer Durchführung gibt es unterschiedliche Varianten, und sie wird häufig missverstanden – auch von erfahrenen Anwendern. Doch wenn sie korrekt ausgeführt wird, zeigt sie ganz ohne Zweifel, dass die Kenosis, die Jesus lehrte und vorlebte, weit davon entfernt ist, passiv oder spirituell indifferent zu sein (»irgendwie...«), sondern ein Weg lebendiger spiritueller Kraft und Kreativität ist, der uns mit Energiefeldern verbindet, die weit jenseits unserer eigenen beschränkten Mittel liegen. Durch unsere Bereitschaft, auf dieselbe Art zu arbeiten, wie es Jesus tat, sind wir imstande, sein Wesen in unserem eigenen Leben zu bewahrheiten.

Die Übung ist ein dreistufiger Prozess: das *anzuerkennen,* was innerlich während einer quälenden physischen oder emotionalen Situation geschieht, es *»zu begrüßen«* und es *gehen zu lassen.* Diese Übung wird nicht zu einer bestimmten Tageszeit praktiziert, sondern mitten im Alltag angewendet – wann immer Ereignisse vorfallen, die uns aus dem Gleichgewicht bringen. Und da das Leben nun mal ist, wie es ist, werden wir sie wohl unweigerlich täglich – und vielleicht sogar mehrmals am Tag – praktizieren können.

Wahrnehmung, Wahrnehmung, Wahrnehmung

Bevor ich diese Übung im Detail vorstelle, möchte ich Sie zu einer kurzen Vorbereitung einladen. Schließen Sie Ihre Augen und stellen Sie sich in einer Stresssituation vor. Nehmen wir einmal an, Ihnen wurde gerade Ihr Job gekündigt oder es ist zwei Uhr morgens und Ihr Kind, ein Teenager, ist noch immer nicht zu Hause. Können Sie spüren, wie Sie sich innerlich zusammenziehen und verspannen? Bleiben Sie eine oder zwei Minuten bei dieser Wahrnehmung, erforschen Sie, wie es sich jetzt in Ihrem Körper anfühlt. Sind Ihre Schultern verspannt? Ist Ihre Atmung schnell und flach? Fühlt sich Ihr Magen aufgewühlt an? Versuchen Sie, all diese Wahrnehmungen absichtlich noch zu verstärken.

Nach ungefähr einer Minute bewegen Sie sich bewusst in die entgegengesetzte Richtung, noch immer direkt mit Wahrnehmung arbeitend. Öffnen Sie entspannt Ihre Brust, nehmen Sie einen tiefen Atemzug und kommen Sie in Ihr Wesen zurück. Werden Sie innerlich weicher. Öffnen Sie sich für die Wahrnehmung Ihrer eigenen Präsenz und versuchen Sie, bei dieser Präsenz zu bleiben, ganz egal, was für ein Radau in Ihrem Kopf abgeht. Kehren Sie immer wieder bewusst zu dieser Wahrnehmung der inneren Offenheit zurück, bis Sie spüren, wie eine Ruhe zurückzukehren beginnt. Wenn Sie geduldig und beständig dabeibleiben, wird sie sich schließlich einstellen. Die Lebendigkeit Ihrer »Ich bin«-Präsenz, auf diese unmittelbare Art wahrgenommen, wird letztendlich jede mentale oder emotionale Aufruhr »übertrumpfen«, die sie vorübergehend unterlaufen hat. Die Ruhe wird zurückkehren.

Glückwunsch! Sie haben soeben eine kenotische Übung auf der zellularen Ebene ausgeführt.

Mir ist klar, dass diese Vorübung, so wie ich sie aufgebaut habe, ein wenig akademisch daherkommt. Falls Sie in diesem Augenblick nicht *tatsächlich* gerade darauf warten, dass Ihr Teenager anruft, wird es relativ leicht sein, Ihr zurzeit ohnehin gelassenes Wesen zurück ins Gleichgewicht zu bringen (in einem echten Notfall hingegen werden Sie aber möglicherweise überrascht entdecken, dass die Anweisungen auch genauso funktionieren). Der Zweck dieser Visualisierungsübung war es, Ihnen schon von Beginn an ein klares inneres Kriterium zu geben für die Unterscheidung zwischen dem Arbeiten mit einer Haltung und dem Arbeiten mit einer Wahrnehmung. In einer solchen Situation mit unserer *Haltung* zu arbeiten, könnte bedeuten, dass wir uns selbst psychoanalysieren (»Warum bin ich so ängstlich?«) oder versuchen, uns selbst unsere Angst auszureden, oder uns vielleicht sogar selbst sagen: »Ich lasse diese Angst gehen und übergebe sie Jesus«; all dies sind Wege, sich mental auf die Situation einzulassen. Mit unserer *Wahrnehmung* zu arbeiten, bedeutet hingegen, uns auf die momentanen Energiemuster zu fokussieren, welche durch die Gefühle und Haltungen in unserem Körper geformt werden; hier wird echte kenotische Arbeit geleistet – und, wie ich glaube, *nur* hier.

Wenn Sie erst einmal den Unterschied zwischen Haltung und Wahrnehmung verstehen, werden Sie hören können, was die fundamentalste und schlichteste Aussage des kenotischen Wegs wirklich besagt, die da lautet: *Tun Sie niemals etwas in einem Zustand der inneren Verspannung – das heißt in einem Zustand des physischen Zusammenziehens und der inneren Gegenwehr: Sie werden feststellen, dass es niemals den Preis wert ist.*[24] Diese Aussage hat nichts mit

24. Für diese Erkenntnis bin ich dem Philosophen und Guru John de Ruiter zu Dank verpflichtet, der diese Feststellung das erste Mal während Einkehrtagen äußerte, die vom 20. bis zum 22. April 2000 in Edmonton, Kanada, stattfanden.

Aufgeben zu tun (das wäre eine Haltung) oder damit, dass Sie auf Ihr Recht verzichten sollen, sich zu verteidigen (auch das wäre eine Haltung). Auf der Ebene der Wahrnehmung geht es einfach um Folgendes: In jeder Lebenssituation, in der wir mit einer äußeren Bedrohung oder Möglichkeit konfrontiert sind, haben wir die Wahl zwischen zwei Optionen. Wir können uns entweder verhärten und defensiv verspannen oder innerlich einwilligen und weich werden. Die erste Reaktion wird Sie sofort in Ihr kleines Selbst stürzen mit all seinen tierhaften Instinkten und Überlebenstechniken. Die zweite wird es Ihnen erlauben, auf Ihr Herz ausgerichtet zu bleiben, wo die Chancen auf ein kreatives Ergebnis unendlich viel besser stehen.

Standhalten oder Rückzug?

Der Zustand einer weiten Herzensoffenheit wird in der spirituellen Überlieferung als *Ergebenheit* bezeichnet. Aber gemeint ist nicht das, was wir normalerweise bei dem Begriff »sich ergeben« assoziieren. Im Allgemeinen setzen wir das Wort mit Kapitulation gleich und betrachten es als ein Zeichen von Schwäche. Aber in einem spirituellen Verständnis hat es nichts mit einer äußeren Kapitulation zu tun, mit Umkippen und Sich-tot-Stellen. Vielmehr geht es hierbei darum, innerlich die richtige Ausrichtung beizubehalten, die es uns ermöglicht, im Fluss mit unserer tieferen, uns tragenden Weisheit zu bleiben – »die Macht zu spüren«, um es mit den legendären Worten des ersten *Star-Wars*-Films zu sagen. Und in diesem Zustand der Offenheit *entscheiden* Sie, was Sie hinsichtlich der äußeren Umstände der Situation tun werden. Was immer Sie dann auch tun, ob Sie sich fügen oder sich energisch zur Wehr setzen, Ihre Handlungen werden klar sein.

Jakob Böhme, der Mystiker aus dem siebzehnten Jahrhundert, war zutiefst in diese Erkenntnis vorgedrungen, als er schrieb:

> Und allhier ist nun die rechte Stätte, da du in solchem Göttlichen Augenblick magst ringen; so du allhier wirst feste stehen, und nicht davon weichen, so wirst du große Wunder sehen und empfinden. Dann wirst du in dir empfinden, wie Christus wird die Hölle in dir stürmen, und dein Tiere zerbrechen.[25]

25. Jakob Böhme: *Einleitung zum wahren und gründlichen Erkänntnis des großen Geheimnisses der Gottseligkeit,* Amsterdam: Wetstein, 1718, Seite 1270.

Es ist eindrücklich: Für Böhme ist die Essenz von Ergebenheit »feste stehen, und nicht davon weichen«, also das exakte Gegenteil dessen, wofür wir diesen Begriff normalerweise verwenden. Er versteht ganz genau, dass Ergebenheit als spiritueller Akt es erfordert, standhaft zu bleiben – doch entlang der vertikalen Achse des eigenen Seins, ausgerichtet auf die tiefe Herzenserkenntnis, anstatt es einfach geschehen zu lassen, dass wir in einem Strom von Reaktivität auf der horizontalen Achse davongetragen werden. Ich habe dieses Prinzip in vielen Jahren des Segelns vor der Küste von Maine instinktiv erfahren, lange bevor ich es verstandesmäßig begriff. Es ist immer einfach, mit dem Wind zu segeln, es der Luft und den Wellen zu erlauben, uns mit sich zu tragen. Doch um gegen den Wind voranzukommen, brauchen wir einen Kiel im Wasser und müssen standhaft auf unserem Kurs bleiben.

Bei der Übung der Ergebenheit geht es um genau dasselbe Prinzip. Böhme gibt auch zu verstehen, dass diese Zeit des »Ringens im Göttlichen Augenblick« nicht nur ein Test der spirituellen Willenskraft ist, sondern fast ein alchimistischer Durchbruch: Im Augenblick dieses Kampfes macht sich Christus auf geheimnisvolle Weise gegenwärtig und bringt die Dinge den Rest des Weges voran. Ergebenheit ist nicht einfach nur ein Mittel zur Wiedererlangung der inneren Ordnung, sondern wird zu einem Augenblick der direkten Begegnung mit dem geliebten Meister. Wenn Böhme Recht hat – und wir werden im Auge behalten, inwiefern dieser Prozess funktionieren kann –, erhalten wir von ihm einen klaren Anhaltspunkt dafür, wo unser eigener Ort der Begegnung mit diesem immer-gegenwärtigen Meister am wahrscheinlichsten gefunden werden kann.

Vom Gehirn aus gesehen

Wie alle Mystiker erhielt Böhme sein Wissen aus direkter Offenbarung, und seine Erkenntnisse finden ihren Widerhall in den Lehren aller großen spirituellen Traditionen: Ergebenheit ist ein Akt spiritueller Intelligenz und resultiert in einer merklich größeren Fähigkeit zu kreativen Antworten. Jüngste Entdeckungen auf dem Gebiet der Neurowissenschaft haben verblüffende physikalische Beweise für diese alte spirituelle Intuition erbracht. Da ich selbst keine Naturwissenschaftlerin bin, vertraue ich hier auf die

Arbeit von Sachkundigen auf diesem Gebiet wie Sharon Begley, Joseph Chilton Pearce und dem HeartMath Instiute.[26] Interessierte Leserinnen und Leser finden in deren Veröffentlichungen eine weiterführende Bibliografie zu den eher technischen Aspekten dieser Diskussion. Doch aus dem auftauchenden neuen Bild ergibt sich eine Quintessenz, von der wir annehmen dürfen, dass sie tiefe Implikationen für die kenotische Praxis hat.

Heute ist allgemein bekannt, dass das menschliche Gehirn eigentlich vier Gehirne in einem darstellt, die sich im Laufe von mindestens zehntausend Jahren der Evolution sequenziell entwickelt haben. Unser primitives Rautenhirn (das Rhombencephalon, auch »Reptilienhirn« genannt) teilen wir uns mit unseren tierischen Vorfahren, und wie bei allen tierischen Gehirnen gilt dessen Hauptaufgabe vor allem dem Überleben und der Selbstverteidigung. Auf diesem alten Gehirn und um es herum hat die Natur nach und nach drei weitere Gehirne gebildet: das »alte Säugergehirn« oder emotional-kognitive Gehirn, den Sitz unserer emotionalen Intelligenz; den Neokortex mit seinen Fähigkeiten des komplexen und kreativen Denkens; und die präfrontalen Lappen mit ihrer übergreifend harmonisierenden und integrierenden Wirkung und ihrer offenbar tiefen Verbindung zum elektromagnetischen Feld des Herzens. Gemeinsam bilden sie einen menschlichen Verstand, der über eine große Bandbreite an kreativen und flexiblen Reaktionsmöglichkeiten verfügt einschließlich der Fähig-

26. Sharon Begley: *Train Your Mind, Change Your Brain*, New York: Ballantine, 2007; deutsch: *Neue Gedanken – neues Gehirn,* München: Arkana, 2007. Begley ist eine wissenschaftliche Kolumnistin für das *Wall Street Journal* und hat eng mit dem Dalai Lama (der das Vorwort beigesteuert hat) auf seinen internationalen Mind-and-Life-Konferenzen zusammengearbeitet. Diese Konferenzen sind Teil einer anhaltenden Bemühung, einen hochkarätigen Dialog zwischen den klassischen Meditationsdisziplinen und den Erkenntnissen der modernen Neurowissenschaft zu etablieren.

Joseph Chilton Pearce: *The Biology of Transcendence,* Rochester, VT: Inner Traditions, 2004; deutsch: *Biologie der Transzendenz,* Freiamt: Arbor Verlag, 2004. Das Werk von Pearce ist eines meiner Lieblingsbücher, die einzigartige Synthese eines brillanten Verstandes und tiefer spiritueller Einsichten. Sein Buch stützt sich weitgehend auf das in Kalifornien ansässige HeartMath Institute, und, obwohl nicht so objektiv wie das Buch von Begley, ist es voller atemberaubender intuitiver Sprünge, die auf eine überzeugende Art und Weise einen Gesamtüberblick ergeben. Pearce ist außerdem schon immer ein Schüler der Weisheit Jesu gewesen, und seine Erkenntnisse in dieser Hinsicht sind ein ebenso wertvoller Teil des Buches wie seine wissenschaftlichen Erkenntnisse.

keit, das zu empfangen, was plausibel als »Göttliche Führung« ausgelegt werden kann.[27]

Hier wird das Bild nun so richtig interessant. Diese ineinander verwobenen Gehirne sind miteinander (und mit dem Herzen) verbunden durch komplexe Nervenbahnen entlang einer Vielzahl möglicher Routen. Was die Neurowissenschaft bestätigen konnte, ist, dass jede anfänglich negative Reaktion auf einen äußeren Stimulus sofort das Reptiliengehirn mit seinen hochenergetischen, aber extrem begrenzten archaischen Selbstverteidigungsmanövern aktiviert. Mit anderen Worten, jede Form inneren Widerstands oder Negativität (Angst, Zorn, Verspannung) sorgt dafür, dass wir von unserer eigenen höheren menschlichen Intelligenz abgeschnitten werden, von der noch so vagen Möglichkeit Göttlicher Hilfe ganz zu schweigen. Die Fähigkeit, sich zu entspannen, weicher zu werden und sich zu öffnen, aktiviert eine völlig andere neuronale Bahn und erlaubt es uns, von einer viel größeren Bandbreite unserer eigenen kreativen Intelligenz zu zehren, ja sogar, wie sich immer deutlicher herausstellt, jene holografischen Fähigkeiten der Herzenswahrnehmung zum Tragen zu bringen, denen wir uns in Kapitel 3 gewidmet haben. Die moderne Technologie belegt zunehmend, dass jene alten Mystiker nicht einfach irgendwelche Fantasien zusammengesponnen haben. Ersetzen wir das in die Jahre gekommene Wort »feinstofflich« (wie in »feinstofflichen Kräften«) durch den modernen Begriff »elektromagnetisch« (wie in »elektromagnetischen Resonanzfeldern«) – und die sich aus diesen

27. Unter den in Fußnote 26 genannten intuitiven Sprüngen in *The Biology of Transcendence* ist für mich keiner faszinierender als Pearce's Annahme, dass das Herz mit seinem großen, toroid- oder ringförmigen elektromagnetischen Feld ein »Frequenz-Generator« ist (Seite 68), der sich aus den elektromagnetischen Feldern in und jenseits unserer bekannten Raum-Zeit speist, um »Informationsfelder zu erzeugen, aus denen wir unsere Erfahrungen unserer selbst und der Welt aufbauen.« Darüber hinaus spekuliert Pearce, dass »unser Herz ein Instrument oder Repräsentant des universalen Herzens ist« (Seite 66) und dass »unser Gehirn und unser Körper die Manifestationen oder der individuelle Ausdruck der Diversität des universalen Herzens sind. Gehirn und Körper sind so gebildet, dass sie aus dem Frequenzfeld dieses Herzens Informationen übersetzen, aus denen wir unsere einzigartige, individuelle Welterfahrung zusammenbauen« (Seite 66). Diese Erkenntnisse passen gut zu der Weisheitserkenntnis, dass das Herz in einem gewissen Sinn ein Hologramm des Göttlichen Herzens ist und in diesem Sinn ein Kanal für eine Energie und Kohärenz unseres Wesens jenseits der Begrenzungen unserer individuellen Selbstheit. Durch unser Herz sind wir mit allen Herzen verbunden und empfangen das leitende Muster und die Energie des Ganzen.

unterschiedlichen Wissensbereichen abzeichnenden Bilder werden aufregend kongruent.

Die Willkommensübung

Unter den Praktizierenden des Gebets der Sammlung wird die Willkommensübung vor allem zum Zweck der »Haltungsjustierung« eingesetzt: als ein Weg, die Gegenwart Gottes auch inmitten einer bedrückenden physischen oder emotionalen Situation anzuerkennen. Im Kontext der Weisheitstradition hingegen werden die größeren Möglichkeiten der sinnvollen Methodik dieser Übung offensichtlich. Die Willkommensübung ist eigentlich eine energetische Praxis, die ihre Wirkung auf der Ebene der Wahrnehmung (nicht der Haltung) entfalten soll, um uns die kenotische Ergebenheit als unmittelbare erste Antwort auf alle Lebenssituationen aktiv einzuprägen. Durch das bewusste Trainieren des inneren Weichwerdens und Öffnens beginnt diese Übung, neue Nervenbahnen zur Unterstützung dieses tieferen Flusses des Mit-Gefühls anzulegen (nennen Sie ihn »höhere Intelligenz« oder »Göttliche Barmherzigkeit«; möglicherweise sind sie gar nicht so verschieden voneinander). Kenosis wird erfahrbar in dem (und durch den) Akt, mit dem wir uns in einen Zustand der *vorbehaltlosen Gegenwärtigkeit* bringen. In diesem umfassenderen spirituellen Zustand wird unsere Seinsenergie, die ansonsten vielleicht in identifizierten emotionalen Reaktionen nutzlos verzettelt worden wäre, gebündelt und direkt in den Dienst der spirituellen Transformation gestellt.

Diese Übung kann bei emotionaler und körperlicher Erregung eingesetzt werden. Sinnvoll ist sie ebenfalls am anderen Ende des Schmerz-Vergnügen-Spektrums, um sich »Pfauenfedern« entgegenzustellen, wie einer meiner Lehrer sie genannt hat: also jenen Gefühlen der selbstgefälligen Bequemlichkeit oder Wichtigtuerei, in denen das Ego genau das bekommt, was es will. Doch in dem Fall ist die Übung etwas schwieriger, einfach weil wir dann weniger motiviert sein werden, sie anzupacken. Normalerweise beginnen wir mit Schmerz, weil es anfangs leichter ist, ihn auszumachen, und wir einen größeren Antrieb haben, damit zu arbeiten.

Diese Übung sollte, wie bereits gesagt, zeitlich so nah wie möglich am eigentlichen Augenblick der Aufregung durchgeführt werden. Manchmal ist dies physisch nicht machbar (wenn Sie sich zum Beispiel mitten in einem Wortgefecht befinden, müssen Sie vielleicht warten, bis die Attacke vorüber ist, bevor Sie mit der Übung beginnen können); in dem Fall praktizieren Sie die Übung, sobald es Ihnen möglich ist und Ihre Gefühle oder Physis sich noch in einem aufgewühlten Zustand befinden. Vor allem am Anfang benötigt diese Übung eine geraume Zeit, da Sie die Spielzüge noch erlernen müssen. Wenn Sie mehr Erfahrungen damit gemacht haben, verringert sich die für die Übung nötige Zeit, bis sie irgendwann praktisch direkt im Augenblick der wahrgenommenen Aufgeregtheit durchgeführt werden kann.

Unabhängig davon, ob die Situation physischer oder emotionaler Natur ist, sind folgende drei Schritte einzuhalten:

1. Fokussieren oder einsinken.

2. Willkommen heißen.

3. Gehen lassen.

Fokussieren

Mit »fokussieren« ist hier gemeint, sich physisch dessen bewusst zu werden, was gerade in Ihrem Körper an Wahrnehmung vor sich geht. Genau wie wir es in unserer Vorbereitungsübung praktiziert haben, gehen Sie ganz dicht an das heran, was sich in Ihrem Inneren gerade abspielt. Egal, ob es sich um physischen Schmerz oder ein Gefühl wie Angst oder Ärger handelt, es drückt sich in Form einer Wahrnehmung aus. Seien Sie aufmerksam dafür. Fühlt es sich in Ihrer Brust eng an? Ist Ihr Atmen flach oder schwer? Pocht Ihr Herz?

Versuchen Sie nicht, irgendetwas daran zu ändern. Bleiben Sie einfach präsent. In der Vorbereitungsübung haben wir bewusst versucht, die innere Verspannung zu lösen, doch nur, um zu lernen, wie wir direkt mit Wahrnehmung arbeiten können; in der echten Willkommensübung ist dies kein Bestandteil der Methodik.

Nutzen Sie diesen Moment *nicht* – ich wiederhole: *nicht* – dazu, sich selbst zu analysieren oder zu beurteilen. Energetisch wäre dies, wie Öl ins Feuer zu gießen; die Gefühle würden nur noch höhere Flammen werfen. Vom Standpunkt der kenotischen Arbeit aus betrachtet, die wir hier tun wollen, ist es so, dass die Selbstanalyse Sie zurückwirft auf Ihr egoisches Betriebssystem mit seinem konstanten Strom an Geschichten. Hier aber bietet sich die Gelegenheit, darüber hinauszugehen, hinein in Ihr größeres Selbst.

Aus mehreren Gründen ist es wichtig, sich für diesen ersten Schritt Zeit zu nehmen. Zunächst einmal wird – wie in jeder guten Biofeedback-Arbeit – durch die bewusste Gegenwärtigkeit für Ihren Körper sichergestellt, dass Sie das Gefühl nicht unterdrücken oder sich davon absondern (zwei auf dem spirituellen Weg konstante »betriebsbedingte« Risiken). Zum Zweiten zwingt sie uns dazu, bei der Wahrnehmung zu bleiben, und darum geht es in dieser Arbeit ja schließlich.

»Willkommen!«

Der nächste Schritt fühlt sich zunächst klar widersinnig an. Inmitten Ihrer Aufgeregtheit, in der Sie gerade stecken, beginnen Sie, sanft und freundlich zu sagen: »Willkommen, Zorn!« oder »Willkommen, Angst!« oder »Willkommen, Schmerz!«

Aber warum in aller Welt sollten Sie etwas derart Verrücktes tun? Soll diese Übung etwa nicht dazu dienen, das unangenehme Gefühl oder das physische Unwohlsein loszuwerden?

Nein. Es geht darum, nicht zuzulassen, dass es Sie aus Ihrer Präsenz hinauswirft. Und der Weg – der einzige Weg – dies zu erreichen, führt darüber, dass Sie durch die Kraft Ihrer mitfühlenden Aufmerksamkeit Ihr tieferes Selbst ›darum herumwickeln‹. Denken Sie an die wunderbaren Zeilen Rainer Maria Rilkes in *Briefe an einen jungen Dichter:* »Vielleicht sind alle Drachen unseres Lebens Prinzessinnen, die nur darauf warten, uns einmal schön und mutig zu sehen. Vielleicht ist alles Schreckliche im tiefsten Grunde das Hilflose, das von uns Hilfe will.«[28] Das energetische Prinzip, um das es hier geht, ist klar: Diese »Drachen« sind Energiebündel im Strom Ihrer Aufmerksamkeit. Wenn Sie die stärkere Kraft Ihrer mitfühlenden Aufmerksamkeit darauf richten, werden sie sich auflösen und in den Fluss zurückfließen.

Ich empfehle, die »Drachen« vorsichtig beim Namen zu nennen, und dies ist ein Punkt, in dem ich von der vorherrschenden

28. Rainer Maria Rilke: *Briefe an einen jungen Dichter*, Frankfurt: Insel-Verlag, 1963, Seite 46.

Lehrmeinung in der Bewegung des Gebets der Sammlung abweiche; diese rät, einfach nur »Willkommen!« zu sagen. Aber ich habe herausgefunden, dass die meisten Leute ohnehin ein Etikett mitbringen, und in neun von zehn Fällen ist es das falsche. »Aber es ist ziemlich hart, Inzest willkommen zu heißen, nicht wahr?«, fragte mich einmal eine Frau, die sich nicht darüber im Klaren war, dass in genau jenem Moment der Ärger ihr Problem war und nicht der Inzest. Angesichts der, im Rahmen der christlichen spirituellen Praxis, langen und gefährlichen Geschichte der Gleichsetzung von innerer Ergebenheit mit äußerlicher Kapitulation ist es wichtig, diesen Punkt hier zu untermauern. Was Sie willkommen heißen, ist niemals eine äußere Situation, sondern lediglich die Gefühle und Wahrnehmungen, die in diesem Augenblick in Ihnen auftauchen. »*Dieser* Augenblick kann immer ertragen werden«, erinnert uns der bekannte zeitgenössische spirituelle Schriftsteller Gerald May,[29] und der Akt des Willkommenheißens verwurzelt uns fest im Jetzt. Wenn wir das, was unser augenblickliches Problem ist, innerlich erst einmal ausgehalten und wieder eingebunden haben, können wir entscheiden, was wir mit der äußeren Situation tun wollen. Ergebenheit bedeutet, etwas aus der Kraft der Integrität heraus zu tun, nicht, dass wir uns einem Zwang oder einer Beleidigung beugen.

Gehen lassen

Das Wichtigste, was ich zu diesem Schritt des Gehenlassens anmerken möchte, lautet: Unternehmen Sie ihn nicht zu früh oder zu schnell. Die Arbeit wird hauptsächlich in den ersten beiden Schritten getan, und diesen letzten sollten Sie erst in Angriff nehmen, wenn Sie spüren, dass die in der Aufgeregtheit angestaute Energie von selbst abzunehmen beginnt. Dann, und erst dann, lässt sie sich wie eine Coda in der Musik nutzen: ein letztes Lebewohl, wenn die Bewegung zur Vollendung gelangt ist.

Denken Sie daran, dass auch dieses Gehenlassen ausschließlich für diesen Moment gilt. Es ist kein Generaleid, niemals wieder zornig zu werden, sondern nur ein Gehenlassen des Zorns in diesem gegenwärtigen Augenblick. Zorn wird ziemlich sicher wiederkom-

29. Gerald May: *Will and Spirit: A Contemplative Psychology,* San Francisco: Harper and Row, 1982, Seiten 197–199.

men. Doch mit jedem Mal, bei dem Sie ihn im Lichtstrahl Ihrer mitfühlenden Aufmerksamkeit gehen lassen, verliert er mehr und mehr den Halt in Ihrem Wesen.

Das Gehenlassen selbst können Sie auf zwei Arten tun. Die einfachste ist zu sagen: »Ich lasse diesen Zorn los« (oder diese Angst oder diesen Schmerz), indem Sie dasselbe Wort benutzen, das Sie beim Willkommenheißen verwendet haben. Mary Mrozowski, die eigentliche Begründerin dieser Methode, bevorzugt jedoch eine gleichbleibende Litanei:

> Ich lasse mein Verlangen nach Sicherheit und Überleben gehen.
>
> Ich lasse mein Verlangen nach Wertschätzung und Zuneigung gehen.
>
> Ich lasse mein Verlangen nach Macht und Kontrolle gehen.
>
> Ich lasse mein Verlangen, die Situation zu verändern, gehen.[30]

Studentinnen und Studenten der Lehre Thomas Keatings werden die ersten drei Punkte als jene erkennen, die er »die Energiezentren« des Systems des falschen Selbsts nennt.[31] Unsere tiefsten Kränkungen in diesen Bereichen steuern, zusammen mit der fehlgeleiteten Suche nach Kompensation, den Großteil unseres unbewussten Verhaltens, das wiederum die Quelle unseres anhaltenden menschlichen Leidens bildet. Mary sagte gerne: »Ich mache dem Unbewussten eine klare Ansage.« Die vierte Zeile dieser Litanei räumt alle Zweifel aus, ob man diese Übung nicht etwa nur »benutzt«, um eine unangenehme Situation zu verbessern. Das Ziel ist ganz einfach, »für deren ganze Dauer« auf dieser tieferen Ebene präsent zu bleiben. Tatsächlich findet jeder Augenblick bewusster Gegenwärtigkeit in der Ewigkeit statt.

30. Weitere Details über Mary Mrozowski und ihre fesselnde Lebensreise zur spirituellen Meisterschaft finden Sie in meinem Buch *Centering Prayer and Inner Awakening,* Boston: Conley, 2004, Kapitel 13.

31. Einen Überblick über seine Lehren sowie eine weiterführende Bibliografie finden Sie ebenda, insbesondere in den Kapiteln 9 und 13. Seine umfassendste Behandlung des Systems des falschen Selbsts können Sie nachlesen in THOMAS KEATING: *Invitation to Love,* Rockport, MS: Element, 1992.

Der Moment der Begegnung

Wer in der Theorie der Bedürfnispyramide nach Abraham Maslow bewandert ist, mag ob der beschriebenen Litanei erschaudern. Wie kann man erwarten, dass ein Mensch die Idee in Erwägung zieht, diese grundlegenden physischen Erfordernisse aufzugeben? Aber die Weisheitspraxis hat schon immer um das tiefere Geheimnis gewusst, das Kabir Helminski in den folgenden Worten so schön zum Ausdruck bringt: »Wer auch immer alle Sorgen zu einer einzigen Sorge macht, nämlich zu der Sorge, einfach nur gegenwärtig zu sein, wird von allen anderen Sorgen befreit werden durch diese Gegenwart, welches die schöpferische Kraft ist.«[32]

Mit dieser Erkenntnis dringen wir direkt ins Herz des kenotischen Mysteriums vor, das in jeder Zelle unseres Körpers summt. Es geht nicht darum, Dinge aufzugeben, die wir wollen, oder den Kopf in den Sand zu stecken und uns tot zu stellen. Es geht darum, sich mit einer lebenserhaltenden Energie in Verbindung zu bringen, die so kraftvoll und pulsierend vom Unendlichen her durch unser Wesen strömt, dass alles andere im Vergleich dazu verblasst. Sie fließt nicht nur durch unser Wesen; sie *ist* unser Wesen.

Es gibt eine berühmte Geschichte aus der buddhistischen Tradition; wahrscheinlich ist sie uralt, doch heutzutage wird erzählt, sie habe während der chinesischen Invasion im Tibet gespielt. Ein Soldat platzt in eine Klosterzelle und stößt sein Gewehr in den Bauch eines meditierenden Mönchs. Der Mönch fährt mit seiner Meditation fort. »Du verstehst anscheinend nicht«, sagt der überraschte Soldat, »ich habe die Macht, dir das Leben zu nehmen.« Der Mönch öffnet kurz seine Augen und lächelt den Soldaten freundlich an. »Nein, du bist es, der hier nicht versteht. Ich habe die Macht, es dich tun zu *lassen*.«

Die Macht, es dich tun zu lassen..., sein zu lassen..., geschehen zu lassen: Wieder ist es die Kraft dieses *fiat*. Das innerste Geheimnis, das wir allmählich zu verstehen beginnen, lautet, dass der Akt des Gehenlassens, spirituell als ein *kosmischer Energieaustausch* verstanden, jene Kraft ist, dank der Jesus leben und seinem Weg treu bleiben konnte. Es ist die Kraft, durch die er heilte, die Kraft, mit der er verzieh, und die Kraft, durch die er uns jetzt begegnet. Doch

32. Kabir Helminski: *Living Presence,* Seite 26.

ist es nicht nur *seine* Kraft, die allein ihm als Teil seines Vorrechts, der einzige Sohn Gottes zu sein, verliehen wurde. Dieselbe Kraft ist fest in unserem eigenen Herzen und unserer Seele verdrahtet, und im Augenblick vollständiger Ergebenheit explodiert in uns eine Gegenwart, die gleichzeitig eine Begegnung mit dem Meister der Weisheit ist.

Das Leben liefert uns natürlich jede Menge Möglichkeiten für diese Übung. Manchmal scheint es gar, als ob das Leben nichts anderes sei als ein permanentes Sich-Ergeben »rund um die Uhr«. Das Problem liegt darin, dass wir uns die meiste Zeit über nicht dabei erwischen, wenn wir »in den Schlaf fallen« oder, wie es in der Weisheitsarbeit heißt, wenn wir uns zusammenziehen, uns verspannen und zurück in unser kleineres Selbst geworfen werden. Wir werden ganz automatisch unbewusst. Aber wenn Sie aufmerksam und in der Wahrnehmung geerdet bleiben und bereit sind, immer wieder aufzuwachen, sobald Sie entdecken, dass Sie in diese Anspannung gefallen sind, können Sie all die Abenteuer und Missgeschicke, die Ihnen das Leben vor die Füße legt, dazu nutzen, stärker zu werden und Ihre Verbindung zum Herzen zu vertiefen – und zu Christus.

16

Die Eucharistie

ES MAG MERKWÜRDIG ERSCHEINEN, UNSERE ERKUNDUNG der christlichen Weisheitspraxis mit einer Erörterung der Eucharistie oder der Heiligen Kommunion, wie sie im Volksmund genannt wird, abzuschließen. Dieses zeremonielle Zusammenkommen von Christen vor dem Altar, um im Gedenken an Jesus Brot und Wein miteinander zu teilen, mag Ihnen vielleicht nicht so sehr als eine spirituelle Praxis erscheinen, sondern eher als ein kultisches Ritual. Doch ich habe das Gefühl, dass sie im Anfang als eine spirituelle Übung begann und dass dies die ursprüngliche Absicht Jesu war. Und ihr wieder in diesem Kontext zu begegnen, bedeutet, dem Jesus der Weisheit direkt gegenüberzutreten.

Ich behaupte schon lange (und zwar ohne jeden ironischen Unterton), dass ich meine Qualifikation, etwas über die Eucharistie schreiben zu können, einer glücklichen Fügung verdanke, die nunmehr vierzig Jahre zurückliegt: Meine erste Kommunion habe ich nämlich absolut zufällig empfangen. Das ist kein Witz! Vielleicht wundern Sie sich, wie so etwas heutzutage möglich sein soll, aber bitte erinnern Sie sich, dass ich meine Kindheit auf jenen extrem protestantischen Außenposten der Christlichen Wissenschaft und des Quäkertums verbracht habe. Keiner von beiden ist eine liturgisch orientierte Tradition, und so brachte ich die ersten zwanzig Jahre meines Lebens in einer mehr oder weniger seligen Unwissenheit darüber zu, dass es eine ganze Welt von Sakramenten und Ritualen überhaupt gibt.[33]

Zum Ereignis meiner unerwarteten Initiierung kam es auf einem Wochenendausflug mit meiner Zimmerkollegin zu deren Freund nach London in der kanadischen Provinz Ontario. Zu dieser Zeit war ich bereits eine leidenschaftliche Liebhaberin von Alter Musik und daher höchst erfreut, als ich in der Lokalzeitung die Ankündigung eines Auftritts entdeckte, den der berühmte Knabenchor der Saint Paul's Cathedral in London, England, am nächsten Morgen in deren Namensschwester-Kirche haben sollte. Also schleppte ich meine unwillige und protestierende Zimmerkollegin dorthin, und es war gut, dass ich das tat. Ich war von der Musik von William Byrds *Messe für vier Stimmen* dermaßen hingerissen, dass ich die langen gesprochenen Unterbrechungen zwischen den Sätzen nicht recht bemerkte. Bis ein sehr finster dreinblickender Kirchendiener direkt neben unserer Bankreihe stand und uns aufforderte, uns nach vorne zu bewegen, war mir gar nicht klar gewesen, dass ich in einer Kommunionsreihe gesessen hatte.

Ich war zu Tode erschrocken, doch die Angst, das Missfallen dieses einschüchternden Kirchendieners zu erregen, überlagerte meine Furcht vor was auch immer da auf mich wartete. Meine gut katholisch erzogene Zimmerkollegin flüsterte mir zu: »Schau einfach, was ich tue, und mach dasselbe.«

33. Die Anhänger der Christlichen Wissenschaft feiern tatsächlich eine monatliche Kommunion der Oblaten-Einzelscheibchen-plus-Grapefruitsaft-Gläschen-Variante, wie sie typisch ist für viele evangelische Glaubensgemeinschaften. Allerdings war es denjenigen, die noch zur Sonntagsschule gingen, nicht erlaubt, daran teilzunehmen, und ich hatte die Christliche Wissenschaft schon lange vor meinem Sonntagsschulabschluss verlassen.

So näherten wir uns langsam der Kommunionsbank, und im Schlepptau meiner Kollegin kniete ich mich aufgeregt hin. Als eine kleine, runde Oblate in meine erhobenen Hände gelegt wurde, beugte sie sich zu mir und murmelte: »Nicht kauen!« Dann kam der große Silberkelch, und sie flüsterte: »Nicht *berühren.*« »Wie soll ich denn dann trinken?«, tuschelte ich zurück, doch sie zischte schnell: »Nicht mit den Händen, meine ich!« Mit diesen rudimentären Anleitungen empfing ich also meine erste Kommunion.

Als sich unsere Reihe wieder von den Knien erhob, war ich erleichtert, das Ganze überlebt zu haben, und auf meinem Weg zurück zur Kirchenbank dachte ich: »Nun, das ist es also.«

Ich hatte zwei Drittel der Strecke zu meinem Platz zurückgelegt, als ich plötzlich erkannte: »Nun, *das* ist es also!« Ganz still, nicht in einer donnernden charismatischen Konversion, wusste ich mit einem Mal, dass ich »meinen Meister« gefunden hatte: Etwas äußerst Wirkliches, seltsam Unwiderstehliches, eigenartig Vertrautes war an diesem Tag in mein Leben getreten – etwas, von dem ich noch nicht einmal gewusst hatte, dass es mir fehlte, aber durch das sich das Leben zum ersten Mal richtig anfühlte. Noch eindrücklicher war für mich indes die Tatsache, dass ich *wusste*, dass ich es wusste. Noch einmal: Es war ein Augenblick direkter Erkenntnis wie in jenem Schneeschauer viele Jahre zuvor, als eine Stimme in dem goldenen Licht zu mir gesprochen hatte. Nun stand ich wieder nackt vor der unerschütterlichen Gewissheit meines eigenen Herzens.

Was mich dieser Erfahrung so viel Gewicht beimessen lässt, ist die Tatsache, dass sie, soweit ich weiß, völlig aus dem Blauen heraus kam. Ich war so nah an einer reinen Heidin – oder reinen Jungfrau –, wie es nur eben geht: keine Vorbereitung, keinerlei Erwartungen, kein Katechismus. Ich konnte nur auf das vertrauen, was mein Instinkt mir sagte: dass dies eine Begegnung war – eine unmittelbare Begegnung mit einer Person, die von dem Augenblick an in meinem Leben niemals wieder ernstlich abwesend sein sollte. Lange bevor ich mich mit irgendwelchen Theologien über Gedächtnismahle oder Opferlämmer beschäftigte und meine Ahnungslosigkeit verlor in Bezug auf die feinen Nuancen von Kon- und Transsubstantiation, hatte ich die Eucharistie als einen Ort erfahren, wo ich in meiner menschlichen Form dem lebendigen Jesus in seiner feinstofflichen energetischen Form begegnet war. Und dies ist mir in all diesen Jahren in Erinnerung geblieben und ist im

Grunde genommen noch immer mein Prüfstein, wenn ich mir meinen Weg zwischen den Welten bahne.

Worum ging es Jesus in jener Nacht?

In diesem Buch habe ich verschiedentlich über die Gefahren der hundertprozentigen Rückschau gesprochen, und nirgends ist dieser blinde Fleck im christlichen Blickfeld offensichtlicher als in unserer Annahme, es sei das Ziel von Jesus gewesen, eine neue Religion namens »Christentum« zu gründen. Wenn Sie sich bewusst oder unbewusst dieser Annahme anschließen, ist es praktisch unvermeidlich, dass Sie das Letzte Abendmahl durch die rosarote Brille sakramentaler Theologie betrachten. Am Vorabend seines Todes, so lautet das traditionelle kirchliche Verständnis, stiftete Jesus das zentrale Ritual der christlichen Kirche und »weihte« seine elf männlichen Jünger zu deren Priestern und Aposteln.

Tatsächlich könnte nichts weiter von der Wahrheit entfernt sein. Worum es Jesus auch immer in dieser Nacht ging, die Gründung einer Kirche war das Allerletzte, was er beabsichtigte. Was er – unter einem Gesichtspunkt der Weisheit – *wirklich* beabsichtigte, ist wesentlich interessanter.

In den vergangenen Jahren wirbelte die Veröffentlichung des Judasevangeliums aus der Nag-Hammadi-Sammlung eine Menge Staub auf.[34] Dessen sensationelle neue Behauptung lautet, dass Judas schließlich doch kein Verräter war, sondern auf ausdrückliches Geheiß Jesu handelte, um die physischen Umstände zu schaffen, die zur Erfüllung des kosmischen Akts der Erlösung führen sollten. Diese Vorstellung gleicht eher der alten Theologie des *O felix culpa* (»Oh glückliche Schuld«), die wir in Kapitel 8 behandelt haben, aber dieses Mal auf Judas angewandt statt auf Eva.

Im Gegensatz zur Öffentlichkeit hielt sich meine eigene Überraschung in Grenzen, weil ich persönlich bereits mindestens zwanzig Jahre früher und zwar bei jenem unergründlichen Genie G.I. Gurdjieff mit dieser Idee in Berührung gekommen war. In seinem 1950 erschienenen Buch *Beelzebubs Erzählungen für seinen Enkel*[35]

34. BART E. EHRMAN: *The Lost Gospel of Judas,* New York: Oxford University Press, 2006.

35. G.I. GURDJIEFF: *Beelzebubs Erzählungen für seinen Enkel: Eine objektiv unparteiische Kritik des Lebens des Menschen,* Basel: Sphinx Verlag, 1981, Seite 739–743.

vertritt dieser die Ansicht, dass Judas ausgesandt worden sei, um »Zeit zu erkaufen«, wozu er die Truppen der Armee in ein wildes Katz-und-Maus-Spiel verwickelte, welches Jesus die Zeit verschaffte, die er brauchte, um mit seinen verbliebenen Jüngern und Jüngerinnen besondere innere Vorbereitungen abzuschließen, die für die Fortsetzung von deren gemeinsamer Arbeit essenziell waren. Als Jesus erkannte, dass die äußeren Ereignisse der Karwoche schneller ins Rollen kamen als erwartet, seine Jünger aber spirituell noch nicht weit genug vorbereitet waren, um auf eigenen Füßen im Reich Gottes zu stehen, öffnete er einen klassischen »feinstofflichen Körper«-Kanal zwischen sich selbst und ihnen, indem er Brot und Wein als die spezifischen Träger seiner Präsenz einsetzte.

Um die hier überraschend treffsichere Computersprache der modernen objektorientierten Programmierung zu verwenden: Brot und Wein wurden in einer *Instanziierung* zu »besonderen Instanzen« (oder Objekten) seines eigenen Auferstehungskörpers.[36] Aufgrund ihrer gemeinsamen Teilnahme an dieser spirituellen Übung konnten die Jünger fortfahren, seine energetische Gegenwart »zu sich zu nehmen«, und er konnte fortfahren, sie auf einer feinstofflichen energetischen Ebene, quasi von der »Innenseite ihrer eigenen Haut« her zu lehren.

Erinnern wir uns an das Logion 108 im Thomasevangelium: »Wer von dem trinkt, was aus meinem Munde kommt, wird werden, wie ich bin; und auch ich selbst werde so, wie sie sind, sodass das Verborgene offenbar werden wird.« Das fasst ziemlich genau zusammen, worum es Jesus bei diesem Letzten Abendmahl ging. Er würde zu einem Leben werden, das innerhalb ihres eigenen Lebens heranwachsen würde, zum Vertrauensmann ihres eigenen tiefsten Selbsts, damit das, was jetzt noch von Angst und Dualität verdunkelt wurde, schließlich fähig werden würde, in Stärke und Einheit hervorzutreten. Durch seine fortgesetzte Präsenz in ihrem innersten Wesen würden auch sie *ihidaya,* »Vereinte«, werden.

Gurdjieffs Wortwahl im Zusammenhang mit dieser Vorstellung ist sehr gewunden, aber seit zwanzig Jahren spüre ich, dass an dem, was der alte Fuchs hier sagt, etwas dran ist. Ganz sicher stimmt

36. Für diese Erkenntnis danke ich John Hiestand, einem Computer-Programmierer und ehemaligen Studenten am Northwest Theological Consortium, der diese Idee in einem wissenschaftlichen Artikel mit dem Titel "The Object-oriented God," entwickelte, den er mir großzügigerweise im September 2007 zur Verfügung stellte.

seine Interpretation mit meiner eigenen Erfahrung an jenem Tag an der Altarbank in Ontario überein. Dieses sakramentale Teilen von Brot und Wein auf eine bewusste und absichtliche Art und Weise ist nicht in erster Linie ein »Gedächtnismahl« oder ein »Verkünden des Todes des Herrn, bis er kommt in Herrlichkeit« (1 Korinther 11.26); das ist die Theologie von Paulus und nicht die von Jesus. Jesus ging es um eine lebendige Verbindung, einen offenen Kanal, der es ihm erlaubte, über die energetischen Reiche hinweg mit den Herzen derjenigen, die er liebte, in Gemeinschaft zu bleiben – »ich in dir und du in mir, sodass alles eins sein möge.« Brot und Wein, mit Absicht diesem Zweck gewidmet, waren ein Pfad der *anamnesis* oder »lebendigen Erinnerung«, durch die sein spiritualisiertes Menschsein fortfahren konnte, als lebendige Präsenz, als Segen und als Weisheit in ihnen zu fließen.

»Wenn du in dein Reich eingehst...«

Erinnern Sie sich an den Verurteilten am Kreuz aus Kapitel 10? In den letzten Augenblicken seines Lebens äußerte er jene ungewöhnlichen Worte: »Jesus, erinnere dich meiner, wenn du in dein Reich eingehst!« – worauf Jesus antwortet: »Wahrlich, ich sage dir: Noch heute wirst du mit mir im Paradies sein.«

Für mich gibt es keine einfachere oder bessere Theologie der Eucharistie; dieser kurze Austausch beinhaltet die ganze mystische Bedeutung dieser Praxis. In sämtlichen der großen heiligen Traditionen ist das Wort »Erinnerung« identisch mit »lebendiger Präsenz«. Der Verbrecher, der erkannte, wer Jesus wirklich war, bat darum, er möge sich seiner »erinnern« [Englisch: *remember*] – was buchstäblich »wieder zusammengesetzt werden« heißt – in jenem Raum des Königreichs. Jesus bestätigt, dass sein Akt des Wiedererkennens sein Übersetzen in das Königreich *ist,* und dieses Übersetzen geschieht unverzüglich. Und in ähnlicher Weise ist es, wenn wir heute auf der Altarbank knien, nicht so sehr Jesus, der in das Brot und den Wein »hineinkommt«, sondern wir sind es, die durch diese heiligen Pforten in den ewigen Festsaal eintreten.

In den frühsten Tagen des Christentums wusste man irgendwie intuitiv um dieses Mysterium. In ihren ersten zwei oder drei Jahrhunderten war die Kirche durchflutet von einer vereinenden Sichtweise und tanzte in kosmischer Vertrautheit. Dankbar nahmen jene Frühchristen an diesem einen sakramentalen Akt teil, den auszuführen Jesus ihnen ausdrücklich aufgetragen hatte: das Brot zu brechen und den Kelch miteinander zu teilen in lebendiger Erinnerung *mit* ihm (nicht *an* ihn) und dadurch ihr Gefühl der empfundenen Unmittelbarkeit über die ganze Zeit und den gesamten Raum auszudehnen. Und angetrieben von einer Kraft, die weit größer war als ihre eigene, wuchs die Kirche und verbreitete sich wie ein Lauffeuer.

Nach und nach flaute die Aufregung ab. Vielleicht musste es so sein. Wie lange lässt sich eine solche Flamme der lebendigen, brennenden, vertrauten Verbindung zu den Reichen des Jenseits wirklich aufrechterhalten? Im vierten Jahrhundert wurde das Christentum plötzlich von einer verbotenen Sekte zu einer imperialen Religion hochkatapultiert. Manche Christen flohen in die Wüste, um die alten Praktiken am Leben zu erhalten, durch die sie mit ihrem lebendigen Meister in Verbindung bleiben konnten. Aber die große Mehrheit steckte ihre Energie in den Bau von Basiliken und das In-Stein-Meißeln von Glaubensbekenntnissen, und allmählich, wie eine Flut der Begeisterung langsam wieder aus der Welt abebbt, veränderte sich das Christentum von einer Religion *von* Jesus in eine Religion *über* Jesus.

Und natürlich schrumpfte die kosmische Bedeutung der Eucharistie im Gleichschritt mit dieser allgemeinen Verengung. Für die nachfolgenden Generationen von Christen wurde sie je nachdem zu einem »Gedächtnismahl« (zu Ehren eines guten, aber abwesenden Meisters), zu einem »Gemeinschaftsmahl« (zu Ehren der eigenen christlichen Gemeinschaft), zu einem ausgeklügelten kultischen Ritual – und, in ihrem primitivsten Abziehbild, zu einer Art kultischer Magie, bei der Brot und Wein von jedweder Vorstellung eines Erinnerungsmahls entbunden und für sich allein als heilige Objekte verehrt werden.[37]

37. In vielen Teilen der christlichen Welt besteht noch immer die Praxis, die Monstranz zu verehren: ein großes, durchsichtiges Behältnis, in dem das geweihte Brot (die Hostie) für die Menschenmengen ausgestellt ist. Der Brauch, die sakramentalen Reste (bei der Kommunion übriggebliebenes, geweihtes Brot und manchmal Wein, der in einem speziellen Tabernakel aufbewahrt wird) zu verehren, sieht oberflächlich betrachtet wie eine ähnliche »magische Praxis« aus, doch viele Christen machen geltend (und ich habe es selbst erlebt), dass spürbare Energie aus dem Tabernakel ausströmt. Ich gebe der Vorstellung den Vorzug, dass dieses »Kraftfeld« nicht so sehr von den Objekten selbst ausgeht, sondern von der Energie der Absicht, welche diese in sich tragen. Wie auch immer man es inter-

Und dennoch fließt unter all dem oberflächlichen Hin und Her weiterhin lebendiges Wasser. Die zufällige Kommunion, die mich vor vierzig Jahren so sehr aus dem Gleichgewicht brachte, war das Ergebnis einer direkten Verbindung mit dieser noch nachhallenden Wirklichkeit, der Hintergrundstrahlung des »Big Bang« der ursprünglichen Absicht Jesu. Das Verblassen von menschlicher Vision und Stärke kann diese Wirklichkeit zwar verfinstern, doch ganz auslöschen kann sie sie nicht.

Jesus hat niemanden jemals darum gebeten, eine Kirche zu gründen, Priester zu weihen, ausgefeilte Rituale und Institutionen zu entwickeln und sich in Glaubensgemeinschaften zu zersplittern. Seine zwei großen Bitten lauteten, wir sollen »einander lieben, wie ich euch geliebt habe« und Brot und Wein miteinander teilen als einen offenen Kanal für diese gegenseitig fortdauernde Liebe. Ich bedaure zutiefst die in der römisch-katholischen Kirche, nach vierzig Jahren des beachtenswerten ökumenischen Teilens und Sich-Öffnens,[38] heute wieder so offen zutage tretende Tendenz, ihre Wagenburg neu aufzubauen und den Zugang zur Kommunion ausschließlich »Katholiken mit Mitgliedsausweis« vorzubehalten – das heißt nur jenen, die mit der römisch-katholischen Obrigkeit absolut konform gehen. Würden diese guten Bischöfe wirklich dem Meister vertrauten, an den zu glauben sie behaupten, dann würden sie dem großartigen Rat Jesu in seinem Gleichnis vom Hochzeitsfest folgen (Matthäus 22.1, Lukas 14.15) und hinaus auf die Fern- und Nebenstraßen gehen und jede und jeden hereinbitten, sodass Jesus selbst das Lehren »von der Innenseite« her übernehmen könnte, also auf die Art und Weise, wie er es selbst eingeführt und gebilligt hat. Aus meiner eigenen Lebenserfahrung kann ich bezeugen, dass er absolut fähig ist, uns seine Gegenwart spüren zu lassen.

Natürlich ist es nicht an mir, den Überlebenseifer einer umkämpften Machtstruktur herauszufordern (außer, dass ich nochmals unterstreichen möchte, wie fremd diese Haltung dem kenotischen Weg Jesu ist). Im Allgemeinen scheint im Christentum die Verschanzung das Gebot der Stunde zu sein, während seine Institutionen um ihr Überleben kämpfen und grundlegende theologi-

pretiert: Die Energie ist hinreichend spürbar, um eine gewisse Vorsicht walten zu lassen, bevor man diese Praxis bloß als »magisch« abtut.

38. Dieser neue Geist der Offenheit und Zusammengehörigkeit war eine der kraftvollsten Früchte des bedeutsamen Zweiten Vatikanischen Konzils, das von Papst Johannes XXIII in den frühen 1960er-Jahren einberufen worden war.

sche Prämissen und etablierte Bräuche sich überall im Umbruch befinden. Ich glaube, diese Gärung ist notwendig und gut; das Christentum wird sich dadurch entweder zu einer dem Bewusstsein des einundzwanzigsten Jahrhunderts angemessenen Form entwickeln oder es wird als Institution verschwinden und wir werden der bloßen direkten Präsenz Christi überlassen – gar keine so schlechte Option, wenn man darüber nachdenkt.

Meine Sorge geht vielmehr dahin, dass diejenigen unter Ihnen, die begonnen haben, ihren Weg in den Strom der Weisheit zu finden, in diesen Zeiten des institutionellen Abwehrverhaltens dazu verleitet werden, das Kind mit dem Bade auszuschütten. Wie Ken Wilber in seinem Buch *Integral Spirituality* so hilfreich aufzeigt, kann ein und dieselbe religiöse Praxis wie ein ganz anderes Tier aussehen, wenn sie sich auf verschiedenen Ebenen des menschlichen Bewusstseins ausdrückt.[39] Bis heute lagen die meisten der kirchlichen Artikulationen der Eucharistie auf niederen Bewusstseinsebenen, auf den von Wilber als »mythisch« und »rational« bezeichneten Stufen (um sich diese Begriffe nochmals zu verdeutlichen, können Sie sie in Kapitel 3 nachlesen). Doch im Kern ist die Eucharistie eine Weisheitspraxis, die einer non-dualen Bewusstseinsebene entspringt, und nur auf dieser Ebene ist sie, was sie wirklich ist. Wenn Brot und Wein verstanden werden als direkte Instanziierung – anstatt als Konsubstantiation oder als Transsubstantiation[40] –

39. Ken Wilber: *Integral Spirituality*, Seiten 183–186. Wilber bezeichnet dies als *the level/line fallacy* (der Ebene/Linie-Trugschluss): »Die Verwechslung der Stufe auf einer Linie [das heißt des Grads bewusster Entwicklung und Artikulation auf jeder gegebenen Stufe] mit der Linie selbst.«

40. Diese klassischen theologischen Kategorien beschreiben verschiedene Szenarien, wie Christus in der Eucharistie gegenwärtig ist. Bei der Transsubstantiation (die traditionell römisch-katholische Position) verändern sich Brot und Wein buchstäblich in den Körper und das Blut Christi. Bei der Konsubstantiation (die von den meisten Protestanten bevorzugte Interpretation) wird Jesus mit der und für die Kongregation präsent durch die Darreichung der Eucharistie als solche; hier wird der exakten Festlegung des Moments, in dem die Transformation der Substanz geschieht, weniger Gewicht beigemessen. Für mein Gefühl schauen diese beide traditionellen Sakramententheologien von der Rückseite auf das Bild: Es geht nicht so sehr darum, wie Jesus in Zeit und Form eintritt, sondern vielmehr wie wir selbst über diese hinaus entrückt werden. Das neue Modell der Instanziierung bietet eine hilfreiche Lösung dieses Dilemma, indem es postuliert, dass der Vorgang wie in jeder holografischen Realität unverzüglich und vollständig gegenseitig ist, weil das Ganze und der Teil in ihrem Kern nie voneinander getrennt werden können.

des mystischen Körpers Christi, treten wir durch sie in die lebendige Wirklichkeit einer gegenseitig beständigen Liebe ein und begegnen dem Meister der Weisheit von Angesicht zu Angesicht. Dann stehen weder unsere eigene Wirklichkeit noch seine jemals wieder infrage. Und wir werden mit immer größerer Sicherheit fähig, so zu werden, »wie er ist«, und unsere Leben in diesem großen Fließen von Geben und Empfangen zu leben.

Das Wort *Eucharistie* bedeutet buchstäblich »Danksagung«. Das ist es, worum es bei der Danksagung geht.

Haben Sie Geduld! Es wird noch eine gewisse Zeit dauern, bis Liturgien oberhalb des Radars auftauchen, die dieses Weisheitsverständnis der Eucharistie einfangen. Trotz all ihrer Beschränktheit und Verzerrung durch Menschenhand bietet sie einen echten Ort der Begegnung und des Austauschs zwischen den Reichen, durch den Sie auf Ihrer eigenen Weisheitsreise genährt werden und wachsen. Die Eucharistie ist eine christliche Herzenspraxis. Suchen Sie sich (oder schaffen Sie sich) in Ihrer Nähe die offenste, am stärksten integrierende und mystisch eingestimmte Gemeinschaft, die Sie finden können. Und ganz egal, ob Sie sich dann auf der Straße nach Emmaus oder auf dem Highway nach London, Ontario, wiederfinden – mögen Sie im Brechen des Brotes dem Meister der Weisheit (und Ihrem eigenen wahren Ich) begegnen.

❧ ❧ ❧

Bibliografie

ALMAAS, A.H.: *Spacecruiser Inquiry: True Guidance for the Inner Journey,* Boston: Shambhala, 2002, Seite 66. Deutsch: *Forschungsreise ins innere Universum,* Freiamt: Arbor Verlag, 2007.

Allgemeines Gebetbuch der Reformierten Episkopalkirche in Deutschland, Schwarzenborn: Reformierte Episkopalkirche, 2012.

AMIS, ROBIN: *A Different Christianity,* Albany, NY: SUNY Press, 1995. Ein augenöffnender Führer durch die christlichen inneren Traditionen, insbesondere jener, die aus der orthodoxen Tradition des Bergs Athos hervorgingen.

BAIGENT, MICHAEL und RICHARD LEIGH und HENRY LINCOLN: *Holy Blood, Holy Grail,* New York: Delacorte Press, 1982. Deutsch: *Der Heilige Gral und seine Erben,* Bergisch Gladbach: Lübbe, 1984.

BALDOCK, JOHN: *The Alternative Gospel: The Hidden Teachings of Jesus,* Boston: Element Books, 1997. Ein wichtiges Quellenwerk für eine Neubetrachtung Jesu als Meister der Weisheit.

BARNHART, BRUNO: *The Good Wine: Reading John from the Center,* Mahwah, NJ: Paulist Press 1993. Ein profunder Kommentar zum Johannesevangelium von einem zeitgenössischen Mönch und Kontemplationsmeister.

BARNHART, BRUNO: *Second Simplicity: The Inner Shape of Christianity,* Mahwah, NJ: Paulist Press, 1999. Eine poetische und aufschlussreiche Studie über den Verlust und das Wiederauftauchen einer christlichen vereinigenden Weisheit.

BARTH, KARL: *Christus und Adam nach Röm. 5,* Theologische Studien, Band 35, Zollikon-Zürich: Evangelischer Verlag, 1952.

BAUMAN, LYNN [Hrsg.]: *A Book of Prayers,* Telephone, TX: Praxis Institute Press, 1999,

BAUMAN, LYNN: *The Gospel of Thomas: Wisdom of the Twin,* Ashland, OR: White Cloud Press, 2003. Eine wichtige Neuübersetzung dieser Primärquelle von Jesu Weisheitslehren, inklusive Anmerkungen und Fragen zur Reflexion in einem für das Gruppenstudium bestens geeigneten Format.

BAUMAN, LYNN und WARD J. BAUMAN und CYNTHIA BOURGEAULT: *The Luminous Gospel,* Telephone, TX: Praxis Institute Press, 2009.

BEGLEY, SHARON: *Train Your Mind, Change Your Brain,* New York: Ballantine, 2007. Deutsch: *Neue Gedanken – neues Gehirn,* München: Arkana, 2007.

Die Bibel der Häretiker: Die gnostischen Schriften aus Nag Hammadi, eingeleitet, übersetzt und kommentiert von Gerd Lüdemann und Martina Janßen, Stuttgart: Radius-Verlag, 1997.

BOEHME, JACOB: *The Way to Christ,* herausgegeben von Peter Erb, Mawah, NJ: Paulist Press, 1978.

BÖHME, JAKOB: *Christosophia – ein christlicher Einweihungsweg,* herausgegeben und kommentiert von Gerhard Wehr, Freiburg im Breisgau: Aurum Verlag, 1976.

BÖHME, JAKOB: *Einleitung zum wahren und gründlichen Erkänntnis des großen Geheimnisses der Gottseligkeit,* Amsterdam: Wetstein, 1718.

BORG, MARCUS: *The Heart of Christianity: Rediscovering a Life of Faith,* San Francisco: HarperCollins, 2003. Eine einfach zu lesende Einführung in das im Christentum zum Vorschein kommende »neue Paradigma« (das heißt Weisheitsparadigma) von einem hervorragenden zeitgenössischen Wissenschaftler und Lehrer.

BOROS, LADISLAUS: *Mysterium mortis: Der Mensch in der letzten Entscheidung,* Topos Taschenbücher 2017. Eine außergewöhnliche Führung durch das christliche Ostermysterium, basierend auf der bahnbrechenden Erkenntnis, dass der Augenblick des Todes den Menschen die Möglichkeit eröffnet, ihre erste vollkommen freie und bewusste Entscheidung zu treffen. Dies ist ein Werk reinster mystischer Offenbarung, schwierig aber atemberaubend.

BOURGEAULT, CYNTHIA: *Das Auge des Herzens – Eine spirituelle Reise ins Reich des Imaginativen,* Xanten: Chalice Verlag, 2021.

BOURGEAULT, CYNTHIA: *Chanting the Psalms,* Boston: Shambhala, 2006. Eine umfassende Einführung ins christliche heilige Chanten, einschließlich einer Audio-CD.

BOURGEAULT, CYNTHIA: *Die Heilige Dreifaltigkeit und das Gesetz der Drei – Der Schlüssel zum Geheimnis des Christentums,* Xanten: Chalice Verlag, 2020.

BOURGEAULT, CYNTHIA: *Das Herz im Gebet der Sammlung – Non-duales Christsein in Theorie und Praxis,* Xanten: Chalice

Verlag, 2021. Ein vollständiger Führer zur Theorie und Praxis des Gebets der Sammlung oder des zentrierenden Gebets.

BOURGEAULT, CYNTHIA: "The Gift of Life: the Unified Solitude of the Desert Fathers" im Magazin *Parabola,* 14:2:1989, Seiten 27–35. Die Wüstenväter aus der Weisheitsperspektive und eine Darstellung darüber, wie diese Perspektive verloren ging.

BOURGEAULT, CYNTHIA: *Maria Magdalena: Die Frau im Herzen des Christentums,* Xanten: Chalice Verlag, 2022.

BOURGEAULT, CYNTHIA: *Mystical Hope: Trusting in the Mercy of God,* Boston: Cowley, 2001. Ein neuer Blick auf die christliche Metaphysik aus einer Weisheitsperspektive. [Erscheint 2022 auf Deutsch im Chalice Verlag.]

BOURGEAULT, CYNTHIA: *The Wisdom Way of Knowing,* San Francisco: JosseyBass, 2003. Eine einfache und praxisorientierte Einführung in die christliche Weisheitstradition.

BROCK, SEBASTIAN [Hrsg.]: *The Syriac Fathers on Prayer and the Spiritual Life,* Kalamazoo, MI: Cistercian, 1987. Ein wichtiges Quellenwerk für die Weisheitstradition im Frühchristentum.

BROWN, MICHAEL: *The Presence Process,* Vancouver, BC: Namaste Publishing, 2005. Deutsch: *Die Kraft gelebter Gegenwart,* 2012.

CASEY, MICHAEL: *Sacred Reading: The Ancient Art of Lectio Divina,* Liguori, MO: Liguori / Triumph, 1996. Deutsch: *Lectio divina – Die Kunst der geistlichen Lesung,* Eresing: EOS Verlag, 2009. Ein exzellenter Führer durch die *lectio Divina* von einem zeitgenössischen Trappistenmönch.

CASSIAN, JOHN: *Conferences,* übersetzt von Colm Luibheid, Mahwah, NJ: Paulist Press, 1985.

CHU-CONG OCSO, JOSEPH: *The Contemplative Experience: Erotic Love and Spiritual Union,* New York: Crossroads, 1999. Eine erhellende Erörterung der christlichen monastischen Liebesmystik als ein kenotischer Weg mit besonders hilfreichen Kapiteln zur Eucharistie und zur *lectio Divina.*

CLÉMENT, OLIVIER: *The Roots of Christian Mysticism,* Hyde Park, NY: New City, 1993. Eine grundlegende Studie zur visionären Schau und der Metaphysik der *theosis* (der Vergöttlichung der menschlichen Person) in den ersten fünf Jahrhunderten des christlichen Denkens. Clément zeigt bis ins kleinste Detail auf, wie die zeitgenössische christliche Theologie tatsächlich eine Verarmung der ursprünglich integrativen christlichen Weisheit darstellt.

COUSINS, EWERT H.: *Christ of the Twenty-first Century,* Rockport, MA: Element Books, 1992. Ein bahnbrechender Beitrag zur Befreiung Christi von der kulturellen Konditionierung durch ein übermäßig institutionalisiertes und verwestlichtes Christentum und zur Erarbeitung der Grundlagen eines authentischen interspirituellen Austauschs.

DILLARD, ANNIE: *Pilger am Tinker Creek,* Berlin: Matthes & Seitz, 2016.

EHRMAN, BART: *Lost Christianities: The Battle for Scripture and the Faiths We Never Knew,* New York: Oxford University Press, 2003. Eine brillante Studie der pluralistischen Anfänge des Christentums von einem bekannten neutestamentarischen Wissenschaftler.

EHRMAN, BART: *The Lost Gospel of Judas,* New York: Oxford University Press, 2006. Deutsch: *Das verschollene Evangelium,* Wiesbaden: White Star Verlag, 2006.

EHRMAN, BART: *Lost Scriptures: Books That Did Not Make It into the New Testament,* New York: Oxford University Press, 2003. Eine hilfreiche und ausgewogene Einführung in die wichtigsten Texte der christlichen Weisheitstradition.

FREEMAN, LAURENCE: *Jesus: The Teacher Within,* New York und London: Continuum, 2000. Eine einfühlsame und erhellende Erkundung von Jesus als Meister der Weisheit von einem führenden zeitgenössischen Kontemplationsmeister und Gründer der World Community for Christian Meditation.

GREENE, BRIAN: *The Elegant Universe,* New York: Vintage Books, 1999. Deutsch: *Das elegante Universum: Superstrings, verborgene Dimensionen und die Suche nach der Weltformel,* München: Goldmann Verlag, 2005.

GURDJIEFF, G.I.: *Beelzebubs Erzählungen für seinen Enkel: Eine objektiv unparteiische Kritik des Lebens des Menschen,* 3 Bände, Basel: Sphinx Verlag, 1981.

HALL, THELMA: *Too Deep for Words: Rediscovering Lectio Divina,* Mahwah, NJ: Paulist Press, 1988. Die klassische Einführung in die *lectio Divina,* geschrieben speziell für heutige Laien.

HELMINSKI, KABIR: *The Knowing Heart,* Boston: Shambhala, 1999.

HELMINSKI, KABIR: *Living Presence: A Sufi Way to Mindfulness and the Essential Self,* New York: Jeremy Tarcher, 1992.

JÄGER, WILLIGIS [Hrsg.]: *Wolke des Nichtwissens,* Freiburg im Breisgau: Kreuz Verlag, 2012.

KEATING, THOMAS: *Awakenings,* New York: Crossroads, 1990. Eine Sammlung von Homilien und Gleichnissen auf der Grundlage des wissenschaftlichen Werks von Bernard Brandon Scott. Folgebände: *Reawakenings,* Crossroads 1993, und *The Kingdom of God Is Like...,* Crossroads 1993.

KEATING, THOMAS: *Invitation to Love,* Rockport, MS: Element, 1992.

KEATING, THOMAS: *The Mystery of Christ,* Rockport, MA: Element Books, 1987. Eine Darlegung der christlichen Liturgie und des liturgischen Jahres als einer mystischen Teilhabe am Leben Christi.

KEATING, THOMAS: *Das Gebet der Sammlung: Einführung und Begleitung des kontemplativen Gebetes,* Münsterschwarzach: Vier Türme, 2010. Die klassische Einführung in das zentrierende Gebet von einem zeitgenössischen Kontemplationsmeister.

KELLY, J.N.D.: *Early Christian Doctrines,* New York: Harper and Row, 1960. Das klassische einführende Studienbuch in die Grundlagen der christlichen Orthodoxie.

KING, KAREN L.: *The Gospel of Mary Magdala: Jesus and the First Woman Apostle,* Santa Rosa, CA: Polebridge, 2003. Ausgezeichnete Übersetzung und guter Kommentar von einer der führenden heutigen Wissenschaftlerinnen. Insbesondere das Schlusskapitel "The History of Christianity" sollte für alle Christen zur Pflichtlektüre werden. Es belegt auf brillante Weise die pluralistischen Anfänge des Christentums und die Gefahr des Missbrauchs der Bezeichnung »Gnostizismus« als Abweichungskriterium von einer »Orthodoxie«, die in den ersten drei Jahrhunderten des Christentum gar nicht existierte.

LELOUP, JEAN-YVES: *The Gospel of Mary Magdalene,* Rochester, VT: Inner Traditions, 2002. *The Gospel of Philip, Rochester,* ebenda 2004. *The Gospel of Thomas,* ebenda 2005. Drei zentrale Texte des christlichen Weisheitskanons, vorgestellt von einem außergewöhnlichen zeitgenössischen Mystiker. Obwohl Leloups Übersetzungen sorgfältig auf Genauigkeit geprüft werden sollten, liefern seine tiefen Einsichten im visionären Bereich ein Sprungbrett für seine brillanten und beherzten Sprünge. Seine Kommentare zu diesen Übersetzungen sind ein veritables Festmahl christlicher innerer Erkenntnis.

LELOUP, JEAN-YVES: *The Sacred Embrace of Jesus and Mary,* VT: Inner Traditions, 2005. Eine mutige und aufschlussreiche Einführung in das christliche Tantra am Beispiel von Jesus und Maria Magdalena.

LIKE, HELEN: *Old Age,* New York: Parabola Books, 1987. Ein erhellender und weiser Führer zum Thema des Erwachens von Weisheit und Ganzheit im Menschen in seinen letzten Lebensjahren. Dieses Buch ist von seinem Thema her nicht spezifisch theologisch, doch es zeichnet ein außergewöhnliches Portrait des vollständig gelebten kenotischen Wegs.

LUSSEYRAN, JACQUES: *And There Was Light,* New York: Parabola Books, 1998. Deutsch: *Das wiedergefundene Licht,* München: Deutscher Taschenbuchverlag, 2006.

MARKIDES, KYRIACOS: *Riding with the Lion,* New York: Viking Penguin, 1994.

MARION, JIM: *Putting on the Mind of Christ,* Charlottesville, VA: Hampton Roads, 2000. Deutsch: *Der Weg zum Christus-Bewusstsein,* Petersberg: Via Nova, 2003. Eine einnehmende und höchst originelle Studie über Jesus als Meister der Bewusstseinstransformation.

MAY, GERALD: *Will and Spirit: A Contemplative Psychology,* San Francisco: Harper and Row, 1982.

MAYERS, GREGORY: *Listening to the Desert: Secrets of Spiritual Maturity from the Desert Fathers and Mothers,* Liguori, MO: Liguori / Triumph, 1996. Die Wüstentradition aus der Perspektive der spirituellen Transformation.

MCTAGGART, LYNNE: *The Field,* New York: Harper Collins, 2002. Deutsch: *Das Nullpunkt-Feld: Auf der Suche nach der kosmischen Ur-Energie,* München: Arkana, 2003.

MERTON, THOMAS: “A Member of the Human Race” in: *A Thomas Merton Reader,* herausgegeben von Thomas McDonnell, New York: Image Books, 1996.

Nag Hamadi Deutsch: Studienausgabe, herausgegeben von Hans-Martin Schenke, Hans-Gebhard Bethge und Ursula Ulrike Kaiser, Berlin und New York: De Gruiter, 2010.

NEEDLEMAN, JACOB: *Lost Christianity,* Garden City, NY: Doubleday, 1980, Nachdruck: Boston: Element Books, 1993. Die originale und noch immer klassische Studie der verlorenen Weisheitstradition des Christentums.

NICOLL, MAURICE: *The New Man,* 1950, Nachdruck: Boulder, CO: Shambhala, 1981. Eine Interpretation zentraler Gleichnisse und Lehren aus dem neuen Testament aus einer Weisheitsperspektive. Nicoll war ein Student der ersten Generation von G. I. Gurdjieff sowie von C. G. Jung.

Pagels, Elaine: *Beyond Belief: The Secret Gospel of Thomas,* New York: Random House, 2003. Deutsch: *Das Geheimnis des fünften Evangeliums: Warum die Bibel nur die halbe Wahrheit sagt,* dtv 2006. Eine bestens lesbare und überzeugende Studie der Entwicklung des Frühchristentums von einer erfahrungsgeprägten Religion *von* Jesus zu einer glaubensbasierten Religion *über* Jesus.

Pagels, Elaine: *The Gnostic Gospels,* New York: Vintage Books, 1981. Deutsch: Versuchung durch Erkenntnis. Die gnostischen Evangelien, Berlin: Suhrkamp, 2000. Die erste populärwissenschaftliche Studie des Nag-Hamadi-Kodexes und der unterdrückten Weisheitslehren des Christentums.

Palmer, Martin: *Die Jesus-Sutras: Die wiedergefundenen Evangelien und Kultstätten des taoistischen Christentums in China,* München: Econ Ullstein List, 2002. Die Entdeckung eines bislang unbekannten Strangs des Christentum, der von seinem nahöstlichen Ursprung durch ganz Zentralasien getragen wurde und sich mit den traditionellen orientalen Strömungen der *sophia perennis* verband.

Panikkar, Raimon: *Christophany,* Maryknoll: Orbis Books, 2004. Deutsch: *Christophanie – Erfahrung des Heiligen als Erscheinung Christi,* Freiburg i.Br.: Herder, 2006. Eine etwas zähe, aber unvergleichlich brillante und überzeugende Studie über Jesus als Meister der Weisheit in einem universalen mystischen Kontext.

Rahner, Karl: *Schriften zur Theologie,* Einsiedeln, Zürich, Köln: Benziger Verlag, 1967.

Rilke, Rainer Maria: *Briefe an einen jungen Dichter,* Frankfurt: Insel-Verlag, 1963.

The Rule of St. Benedict, Collegeville, MI: Liturgical Press, 1980. Eine prächtige Jubiläumsausgabe der klassischen Regeln des heiligen Benedikts für seine »Schule des Dienstes am Herrn«, auf Latein und auf Englisch und mit ausgiebigen Kommentaren und Anmerkungen. [Deutsche Version der *Benediktsregel:* www.intratext.com/IXT/DEU0017/_INDEX.HTM]

Roberts, Bernadette: *The Path to No-Self,* Boston: Shambhala, 1985.

de Saint-Exupéry, Antoine: *Der kleine Prinz,* Köln: Anaconda, 2019.

Scott, Bernard Brandon: *Hear Then the Parable,* Minneapolis, MN: Fortress Press, 1989. Eine umfassende Studie über das Paradoxe und die Umkehrung in den Gleichnissen Jesu von einem anerkannten neutestamentarischen Gelehrten.

Shapiro, Rami: *The Divine Feminine in Biblical Wisdom Literature,* Woodstock, VT: SkyLight Paths, 2005. Eine sehr gut lesbare Einführung in die Schlüsseltexte jüdischer Weisheit, dem direkten Nährboden der eigenen Weisheitslehren von Jesus.

Sherrard, Philip: *Christianity: Lineaments of a Sacred Tradition,* Brookline, MA: Holy Cross Orthodox Press, 1998. Eine gut gegliederte und überzeugende Neubetrachtung des christlichen Weisheitserbes von einem zeitgenössischen orthodoxen Gelehrten.

Smith, Andrew Philip: *The Lost Sayings of Jesus,* Woodstock, VT: SkyLight Paths, 2006. Ein faszinierendes Kaleidoskop »anderer Ansichten« von Jesus aus der nächsten religiösen Nachbarschaft des Frühchristentums.

Smith, Huston: *Forgotten Truth: The Common Vision of the World's Religions,* San Francisco: HarperSanFrancisco, 1976. Deutsch: *Eine Wahrheit, viele Wege,* Freiburg: Bauer, 1994. Eine erhellende Untersuchung über die gemeinsamen Weisheitsgrundlagen der großen Weltreligionen von einem der weltweit führenden Gelehrten auf dem Gebiet der vergleichenden Religionswissenschaft.

Smoley, Richard: *Inner Christianity: A Guide to the Esoteric Tradition,* Boston: Shambhala, 2002. Eine klare und hilfreiche Einführung in die christliche innere Tradition, einschließlich Theologie und Metaphysik, Geschichte und spiritueller Praxis.

Starbird, Margaret: *The Woman with the Alabaster Jar,* Santa Fe: Bear and Company, 1993. Deutsch: *Die Frau mit dem Alabasterkrug,* Berlin: Ullstein, 2006.

Sutera, Judith: *The Work of God,* Collegeville, MN: Liturgical Press, 1999.

Tomberg, Valentin [anonym publiziert]: *Meditations on the Tarot: A Journey into Christian Hermeticism,* übersetzt von Robert Powell, New York: Tarcher/Putnam, 2002. Deutsch: *Die großen Arcana des Tarot,* Peiting: Meum Vita Verlag, 2020. Diese maßgebliche Studie liefert eine profunde Synthese von christlich-mystischer und innerer Weisheit. Tomberg sammelte Erfahrung auf den Wegen der klassischen Hermetik (heilige Magie und Alchimie) und der Anthroposophie vor seiner Konvertierung zum römischen Katholizismus in den 1940er-Jahren, die den Verlauf seines Lebenswerks veränderte. Obwohl das Buch schwerfällig geschrieben ist und in seinen Behauptungen häufig frustrierend kategorisch daherkommt, ist sein Verständnis der symbolischen und mystischen Weiterungen des christlichen Dogmas schlicht unerreicht.

VERSLUIS, ARTHUR: *Wisdom's Children: A Christian Esoteric Tradition,* Albany, NY: State University of New York Press, 2000. Diese Geschichte der spirituellen Nachfahren von Jakob Böhme ist ebenso eine umfassende Studie über Theorie und Praxis der Weisheit und enthält auch ein bemerkenswertes Kapitel über die Wissenschaft der Vorstellungskraft.

WARD, BENEDICTA [Hrsg.]: *The Sayings of the Desert Fathers,* Kalamazoo: Cistercian, 1984. Das klassische Quellenwerk für die Aussprüche und Lehren der Wüstenväter und -mütter mit einer aufschlussreichen Einführung in die Weisheitsdimension ihrer spirituellen Praxis.

WILBER, KEN: *The Eye of the Spirit,* Boston: Shambhala, 1997. Unter den vielen Werken Wilbers enthält dieses Buch die konzentrierteste Einführung in die »immerwährende Weisheit«.

WILBER, KEN und TREYA KILLAM WILBER: *Grace and Grit,* Boston: Shambhala, 1991.

WILBER, KEN: *Integral Spirituality,* Boston: Shambhala, 2006. Deutsch: *Integrale Spiritualität,* München: Kösel, 2007. Sehr gut lesbare und verständliche Einführung in Wilbers Paradigma des »Integralen« mit neuen Hilfsmitteln zur Klärung metaphysischer Begriffsverwirrungen und zum Ausbruch aus dem religiösen Tunnelblick. Ein grundlegendes Lehrbuch für Studien zur interspirituellen Weisheitstradition.

Über die Autorin

Cynthia Bourgeault ist eine amerikanische zeitgenössische Mystikerin, Leiterin von Einkehrtagen und international bekannte Autorin und Referentin. Die Doktorin der Mediävistik und Priesterin der episkopalen anglikanischen Kirche lebt in einer Einsiedelei auf Eagle Island vor der Küste von Maine und hält weltweit eine große Zahl von Vorträgen und Seminaren zum Thema des christlichen kontemplativen Pfades. Neben ihrer wissenschaftlichen und theologischen Ausbildung studierte sie viele Jahre in einer Gurdjieff-Schule und beschäftigte sich auch intensiv mit dem Sufismus sowie den mystischen Traditionen des Ostens. Sie engagiert sich für den interspirituellen und interreligiösen Dialog und ist eine der führenden Lehrerinnen der Praxis des Gebets der Sammlung (oder des zentrierenden Gebets) nach Thomas Keating, Bruno Barnhart und Richard Rohr, mit denen sie jahrelang eng zusammengearbeitet hat. Cynthia Bourgeault war eine Gründungsdirektorin der Aspen Wisdom School wie auch der Contemplative Society bei Vancouver, Kanada, wo sie lange als Lehrerin und Beraterin tätig war. Sie hat zahlreiche Artikel für internationale Fachmagazine sowie rund ein Dutzend Bücher zur kontemplativen Praxis und zur christlichen Weisheitstradition verfasst.

Weiterführende Informationen unter
www.cynthiabourgeault.org

Register

C

D

E

F

G

H

I

J

K

R

S

Der Chalice Verlag widmet sich
der Publikation von wertvollen Texten
aus verschiedenen spirituellen Traditionen

Unser gesamtes aktuelles Verlagsprogramm sowie
weiterführende Textbeiträge, Audioaufnahmen und Videos
finden Sie auf unserer Webseite

chalice.de

Wie Sie unsere Arbeit unterstützen können

Gute Bücher mit anspruchsvoller Literatur zu machen,
ist heutzutage ein steiniges Unterfangen, besonders
für kleine Verlage, die knappe finanzielle Mittel
mit umso mehr Herzblut wettmachen müssen.
Wir sind ein nicht-profitorientierter Kleinverlag,
arbeiten für weniger als ein Taschengeld und reinvestieren
alle unsere Erträge in neue Buchprojekte

Wenn Sie den Chalice Verlag unterstützen möchten,
freuen wir uns natürlich über jeden Kauf und
jede Weiterempfehlung der von uns verlegten Bücher.
Falls Sie uns eine Zuwendung zukommen lassen möchten,
die uns neue Buchprojekte ermöglichen hilft und
unsere Verlagsarbeit fördert, danken wir Ihnen von Herzen

Unsere Bankverbindung:
Iban DE89 3545 0000 1150 0050 54 · Bic WELADED1MOR

Unser PayPal-Konto: kontakt@chalice-verlag.com

Chalice Verlag

Ist Maria Magdalena die wahre Erbin des spirituellen Vermächtnisses Jesu? Könnte »die Erste unter den Jüngern« uns den Weg weisen zu einer neuen Vision für ein Christentum im einundzwanzigsten Jahrhundert? Cynthia Bourgeault legt hier eine scharfsinnige Analyse und provokante Synthese der neuesten Erkenntnisse und wiederentdeckten Quellenmaterialien zur Figur und Wirkung der »Apostelin der Apostel« vor. Allzu enge feministische Blickwinkel erweiternd, formuliert die Autorin die wirkliche Frohe Botschaft des Weisheitschristentums neu und verständlich. Befreit vom jahrhundertealten Staub eines patriarchalisch-orthodoxen, frauenfeindlichen Narrativs, lernen wir durch Maria Magdalena die Lehren Jesu in neuem Licht als einen Pfad der bewussten Liebe kennen. Aus den drei »gnostischen« Evangelien des Thomas, des Philippus und der Maria eröffnet uns das Buch neue, erhellende Einsichten in zentrale Aspekte wie das österliche Mysterium um die Auferstehung, die Bedeutung und das Potenzial eines Sakraments der Salbung, die Problematik eines falsch verstandenen Zölibats bei der spirituellen Transformation des Eros oder die non-duale Wahrnehmung der Wirklichkeit durch unser Auge des Herzens. Für traditionsverhaftete Kirchengläubige mag die alles integrierende Weisheit von Jesus und Maria Magdalena eine Herausforderung darstellen, für spirituell hungernde »Christen mit gebrochenem Herzen« ist sie eine Offenbarung.

ISBN 978-3-942914-53-6
328 Seiten

Das Gebet der Sammlung (oder das Zentrierende Gebet) ist eine authentische christliche Kontemplations- und Meditationspraxis, die es uns erlaubt, durch das Loslassen unserer Gedanken in der tiefsten inneren Stille unseres Herzens die Gegenwart Gottes und unser Einssein mit der ganzen Schöpfung zu erfahren. Dieses Buch bietet einen sorgfältigen Einführungskurs in diese faszinierende Übung, die in den 1970er-Jahren von einer Gruppe von Mönchen rund um den US-amerikanischen Trappisten Thomas Keating entwickelt wurde und heute von Hunderttausenden in aller Welt praktiziert wird. Die episkopale Priesterin, Theologin und Mystikerin Cynthia Bourgeault ist eine direkte Schülerin Keatings und lehrt die christliche Kontemplation und das Gebet der Sammlung seit vierzig Jahren. Im ersten Teil dieses Buches gibt sie kostbare Praxistipps für den Einstieg und die Vertiefung in die Übung. Der zweite Teil beleuchtet die Bedeutung des Herzens als Zentralorgan der spirituellen Wahrnehmung aus dem Blickwinkel der christlichen mystischen Traditionen sowie die jüngsten Erkenntnisse der Neurowissenschaften über die förderlichen Aspekte einer Resonanz von Gehirn- und Herzaktivität. Im dritten Teil nimmt uns die Autorin mit auf eine fesselnde Entdeckungsreise durch den mittelalterlichen Kontemplationsklassiker *Wolke des Nichtwissens,* der ältesten Quelle des Gebets der Sammlung und einer der frühesten christlichen Texte zur Phänomenologie des menschlichen Bewusstseins.

ISBN 978-3-942914-50-5
256 Seiten

»In meines Vaters Haus sind viele Wohnungen.« Eine Entdeckungsreise durch alle Reiche der Schöpfung, von denen jedes eine besondere Aufgabe im Prozess der Selbsterkenntnis Gottes hat. Zentral ist dabei jener Ort, »wo sich die beiden Meere treffen«: die Welt des Imaginativen zwischen dem Sichtbaren und dem Unsichtbaren, wo sich ein wunderbarer Austausch abspielt. Um dem Sinn unseres Daseins und unserer Verantwortung – als Individuen und als Gemeinschaft – im Rahmen der Evolution gerecht zu werden, müssen wir die Funktion des imaginativen Reichs als Teil der Wirklichkeit verstehen lernen. Das Organ, das uns dazu befähigt, ist das menschliche Herz, dessen Spiegel wir durch die Läuterung unseres Lebenswandels polieren. Und das Gefährt, das uns über diese imaginative Wasserscheide hinaustragen kann, ist die menschliche Seele, die wir uns in diesem irdischen Leben erarbeiten und kräftigen müssen. Auf Basis von non-dualem metaphysischem Kartenmaterial (aus Christentum, Sufismus und den Lehren Gurdjieffs, Teilhard de Chardins und Ken Wilbers) erläutert die Autorin das Wesen des Imaginativen, das mit dem Auge des Herzens gut sichtbar und den mystischen Traditionen bestens vertraut ist. Dabei zeigt sie auf, wie wir unser Herz öffnen und einstimmen können auf die höheren Welten, durch die sich die erhabene Schönheit Gottes ausdrückt in unserer kostbaren Besonderheit als menschliche Individuen wie auch in unserer gegenseitigen Verbundenheit.

ISBN 978-3-942914-48-2
228 Seiten

Das für viele Menschen schwer zu verstehende christliche Dogma der Dreifaltigkeit aus brillanten neuen Perspektiven beleuchtet. Auf Basis der visionären Einsichten der großen Mystiker Jakob Böhme und G.I. Gurdjieff entwickelt die Autorin bahnbrechende Interpretationsmodelle für ein zeitgemäßes, non-duales und fruchtbares Verständnis der Trinität. Dabei erklärt sie das traditionelle Bild von »Vater, Sohn und Heiligem Geist« nicht etwa für obsolet, sondern erweitert es grundlegend von einem erstarrten Standbild zu einem dynamischen Prozess der Transformation, in welchem die Göttliche Liebe sich unablässig entfaltet – bis in den gegenwärtigen Augenblick und darüber hinaus. Mithilfe ihrer ternären Metaphysik beschreibt Cynthia Bourgeault eine Geschichte des Universums, die theologische und naturwissenschaftliche Erkenntnisse miteinander versöhnt, und schreckt auch nicht vor schwierigen Fragen zurück: Wie fing alles an, und was geschah davor? Handelt es sich bei Jesu »Himmelreich« möglicherweise um eine höhere Ebene des Bewusstseins? Wie führt eine neu verstandene Trinität zu einem intelligenten Gleichgewicht der Geschlechter? Welche Ausblicke eröffnet sie auf den individuellen Tod und auf die apokalyptische »Erfüllung der Zeiten« einer globalisierten Welt in der Krise? Die Autorin entzündet einen Hoffnungsschimmer und wirft vielleicht sogar einen Rettungsring aus für ein aufgeklärtes Christentum im einundzwanzigsten Jahrhundert.

ISBN 978-3-942914-45-1
288 Seiten

Was geschieht mit uns, wenn wir sterben? Was bedeutet der Tod für eine Partnerschaft? Dieses aufwühlende Buch erzählt die wahre Geschichte einer außergewöhnlichen Beziehung zwischen einer anglikanischen Priesterin und einem Trappisten-Einsiedlermönch und wie aus ihrer bewussten Liebe eine gemeinsame »vermögendere Seele« erwächst, die zur spirituellen Entwicklung beider beiträgt und es schließlich sogar vermag, die Schwelle des Todes zu überwinden. Mit berührender Offenheit und geistiger Brillanz legt die Autorin ihre profunden Einsichten dar in die großen Menschheitsfragen zu Liebe und Partnerschaft, Altern und Sterben, Tod und Auferstehung. »Wenn wir die ewige Gemeinschaft finden wollen, dürfen wir uns nicht davor fürchten, uns hinauszuwagen auf das dunkle, schwarze Meer dessen, was ein unbeschreibliches Fehlen zu sein scheint«, appelliert sie an unseren Mut zur Selbsterkenntnis. Dabei hinterfragt sie die teils unstimmigen, teils einschläfernden Antworten der Sonntagsschultheologie mit einem Weckruf, der auf den überraschenden inneren Lehren basiert, wie sie in der christlichen Tradition von Jakob Böhme, G.I. Gurdjieff, Boris Mouravieff oder Ladislaus Boros vertreten werden, und lässt auch ihre »metaphysischen« Lieblingspoeten T.S. Eliot, John Donne, Rainer Maria Rilke und William Shakespeare zu Wort kommen. »Der Tod eines Geliebten bedeutet nicht das Ende einer Beziehung, sondern einfach eine neue und subtilere Phase des Miteinandergehens.«

ISBN 978-3-905272-55-0
232Seiten

Ein weises Wort besagt: Die dunkelste Stunde liegt kurz vor der Morgendämmerung. Ebenso wissen wir: Alles Leben beginnt im Dunkel. Warum also fürchten wir die Dunkelheit und versuchen so angestrengt, sie zu meiden? Könnte es sein, dass wir große Möglichkeiten vertun, wenn wir den dunklen Aspekten und Phasen unseres Lebens um jeden Preis zu entfliehen versuchen? Noch bevor Licht war, war Gott. Tatsächlich erschuf Er alles – das Universum, die Welt und uns als Sein Abbild, Sein Gleichnis und Seinen Atem – aus der tiefsten Dunkelheit heraus. In diesem geistreichen und ermutigenden Buch untersucht der Mystiker, Priester, Theologe und Psychologe Paul Coutinho, weshalb selbst gläubige Menschen sich vor Zeiten des Dunkels, des Schmerzes, der Veränderung und des Sterbens fürchten, wo wir doch alle wissen müssten, dass ohne Dunkelheit auch kein Licht auf unseren Lebensweg fallen und uns nach Hause leiten könnte. Mit seinem undogmatischen östlichen Blick auf eine gelebte christliche Spiritualität und anhand eindrücklicher Geschichten aus seiner eigenen Lebens- und Berufserfahrung in Indien und den USA zeigt uns der Autor, wie wir unsere Angst vor diesem Dunkel überwinden und gestärkt aus persönlichen Krisen hervorgehen können. Indem wir die wichtige Rolle der Dunkelheit auf unserer spirituellen Reise verstehen lernen, vermögen wir die Göttliche Liebe an Orten und zu Zeiten zu erfahren, wo wir sie am wenigsten vermuten.

ISBN 978-3-905272-25-3
148 Seiten

Ein mutiger Glaube erfordert einen großen Gott. In welche beschränkten Vorstellungen und Konzepte haben Sie das Göttliche eingesperrt? Falls Ihre Beziehung zu Gott distanziert oder beiläufig und Ihre Erfahrung des Göttlichen im Leben lau oder berechenbar geworden sind, lädt Paul Coutinho Sie ein, daran zu glauben, dass Gott größer ist – viel, viel größer! Jenseits von theologischem Dogmatismus und konfessioneller Schrebergärtnerei ist dieses Buch eine grandiose Aufforderung, in unserem Glauben tiefer zu leben und stärker zu wachsen, indem wir einen Gott umarmen, Dessen Liebe wahrhaftig keine Schranken kennt. Der aus Indien stammende und in den USA lehrende Priester, Psychologe und Theologe begeistert mit seinen Schriften und Vorträgen, die sich – mit einem östlichen Blick auf unsere westliche Spiritualität – der unermüdlichen Suche des Herzens nach dem Göttlichen widmen und unserem Verlangen, das Leben in seiner ganzen Fülle zu erfahren. *Wie groß ist dein Gott?* ist ein wunderbarer Wegweiser aus engen Bachläufen hinaus in den Fluss des Lebens und ins offene Meer des Göttlichen. Der Autor ermutigt uns mit aus dem Leben gegriffenen Geschichten, einer guten Prise Humor und wertvollen Inspirationen für unseren persönlichen Alltag, Herz und Verstand zu gebrauchen, sodass wir die unermessliche Weite Gottes erfahren können. Wir beginnen zu erkennen, dass eine immer tiefere Beziehung mit dem Göttlichen der wahre Zweck jeglicher Religion ist.

ISBN 978-3-942914-24-6
172 Seiten

Das Johannesevangelium ist einer der bekanntesten und schwierigsten Texte des Neuen Testaments und hat mit seiner poetischen Schönheit und tiefen Spiritualität schon sehr viele Interpreten beschäftigt. Von besonderer Kraft und klarer Vision ist die Deutung von Johannes Scotus Eriugena, des irischen Weisen aus dem neunten Jahrhundert. Seine *Homilie* über den Prolog dieses Evangeliums, die im Mittelalter sehr einflussreich war, ist eines der frühesten Zeugnisse der keltisch-christlichen Mystik und deutet die Schrift außergewöhnlich originell und inspiriert. Auf den Schwingen des Adlers (dem traditionellen christlichen Symbol für Johannes) trägt uns Eriugena empor und lässt uns den Ursprung des Universums und unser eigenes Wesen aus einer Perspektive schauen, die weit über die Welt der Erscheinungen hinausgeht. Für Eriugena ist Gott transzendent in Seinem unerschaffenen Wesen und gleichzeitig immanent in Seiner erschaffenen Natur. Diese hat sich im Anfang von Gott entfremdet und ist nun aufgefordert, zu Ihm zurückzukehren. Jesus, das Fleisch gewordene Wort, erinnert den Menschen an sein wahres Wesen und seine Bestimmung zur Rückkehr in die Einheit allen Seins.

Dieses Buch erschließt die Homilie Eriugenas in der wunderbaren Übersetzung und mit den ausführlichen Reflexionen von Christopher Bamford, dem renommierten Autor und Herausgeber auf dem Gebiet der westlichen Spiritualität.

ISBN 978-3-905272-86-4
228 Seiten

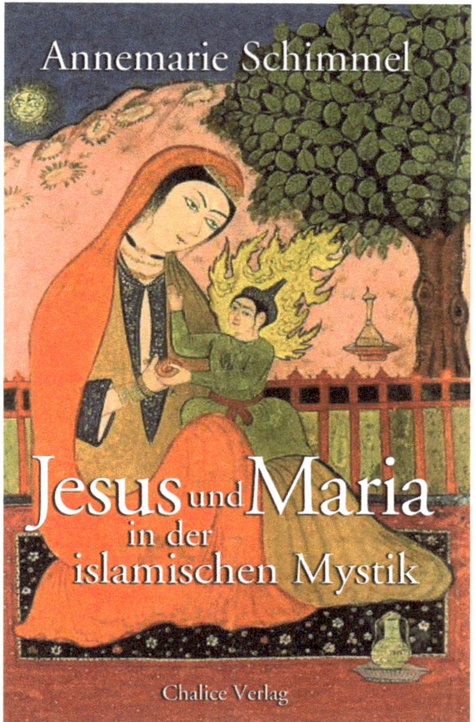

Nur wenige Christen wissen, dass Jesus in 15 Suren und 93 Versen des Korans erwähnt wird und Maria gar die einzige darin namentlich genannte Frau ist. Jesus gilt im Islam als der letzte Prophet vor Mohammed und als ein großer Gesandter, ja sogar als »Geist und Wort Gottes«. Auch wenn sie die christliche Vorstellung der Gottessohnschaft nicht teilen können und die Geschichte der Kreuzigung anders erzählen, bezeugen viele Muslime, so wie es auch Mohammed getan hat, ihren großen Respekt vor der Jungfrau Maria und ihrem Sohn Jesus, der nach islamischem Verständnis am Jüngsten Tag wiederkehren, den Antichristen besiegen und die Menschen zum wahren Glauben führen wird. Dabei eröffnen die insbesondere im Sufismus verbreiteten, höchst interessanten Interpretationen der Verkündigung, der Empfängnis und der Geburt Jesu, seiner Wundertätigkeit und seiner Funktion und Bedeutung als *Rūḥ Allāh* überraschende Einblicke, die für manchen Christen sehr inspirierend sein dürften. Die weltbekannte Orientalistin Annemarie Schimmel präsentiert hier die religiösen, volkstümlichen und literarischen Bilder und Erzählungen der islamischen Welt über Jesus und Maria in einer umfassenden Darstellung und mit einer großen Auswahl wundervoll übersetzter und lehrreich kommentierter Textstellen. Damit veranschaulicht sie, von welch immenser Bedeutung diese beiden zentralen Gestalten für einen verständnisvollen und fruchtbaren christlich-islamischen Dialog sind.

ISBN 978-3-942914-30-7
164 Seiten

Sex ist eine der machtvollsten Kräfte in unserem Leben, und doch vermögen nur die wenigsten Menschen, ihn ganzheitlich zu betrachten. Weit über Fortpflanzung und Vergnügen hinaus kommt ihm besondere Bedeutung für die spirituelle Transformation des Menschen zu. Suchenden, denen sich zu diesem Thema schwierige Fragen stellen, bietet dieses Buch neue Denkanstöße und überraschende Blickwinkel auf eines der größten Wunder und tiefsten Rätsel der Schöpfung. In den hier zusammengestellten Auszügen aus seinen Vorträgen behandelt der Naturwissenschaftler, Philosoph und spirituelle Lehrer Bennett Themen wie den Ursprung der Sexualität, ihr Verhältnis zur Liebe, die Bedeutung des Geschlechtsakts, die komplementären Rollen von Mann, Frau und Kind, Ehe und Partnerschaft, Fortpflanzung, Elternschaft, Kreativität, »negativen Sex« sowie psychologische und gesellschaftliche Aspekte.

»Die innere Spaltung des Menschen ist die Trennung seiner geistigen und materiellen Hälften. Sie führt zur Unzufriedenheit und Suche, die seine Transformation erst ermöglichen. Die wirkliche Freude am Sex liegt weder in gedanklicher Stimulation noch in emotionaler Erregung, sondern in verbesserter Klarheit, Kraft und Stärke der Erfahrung auf allen Ebenen. Im Geschlechtsakt können wir wahrhaft wir selbst sein, und dies sollte uns in Sachen Sex sehr feinfühlig machen.«

ISBN 978-3-942914-06-2
120 Seiten

Ein Schatz tiefer Einsichten aus spiritueller Perspektive in das große Mysterium des Atems. Inspirierende Vorträge, praktische Übungsanleitungen und eine Auswahl poetischer Texte aus unterschiedlichsten Traditionen laden uns ein, den Atem als Wunder auf vielen Ebenen zu erforschen.

Was ist dieser Atem? Welche Bedeutung liegt in diesem Leben spendenden Geheimnis? Wie wichtig ist das bewusste Atmen für echte spirituelle Transformation? Was sagt uns die Tatsache, dass unser Leben all seine Möglichkeiten zwischen einem Einatmen und einem Ausatmen entfaltet? Wie hängt das alles mit dem Rhythmus des Universums und der Zeit zusammen? Welche Rolle spielt der Atem im »Werden des Seins« aus dem immerwährenden »Schoß des Augenblicks«? Wie können wir Nahrung einatmen und sie ins alchimistische Exilier destillieren, das wir für die nachhaltige Verwandlung unseres Lebens brauchen? Wie können wir ausatmen, um die Atmosphäre in einem Raum oder in einer Situation zu verändern, in Verantwortung für unsere Mitmenschen und für die »kommende Welt«? Was könnte es bedeuten, dass Jesus »auf dem Wasser wandelte« und dass »Atem und Geist eins sind«? Welches ist die esoterische Beziehung zwischen Maria, Jesus, dem Geist Gottes, *Rūḥ Allāh,* und Christus?

Vor dem Hintergrund seines lebenslangen Studiums der inneren Essenz der Sufi-Lehren liefert uns der Autor Gedankenanstöße und praktische Tipps zur Atemarbeit in unserem Alltag.

ISBN 978-3-942914-09-3
172 Seiten

Was ist das Wesen des Kindes? Was bedeutet Kind*heit* als Archetyp, als spirituelles Ideal und lebendige Wirklichkeit? Wie können wir Kindern helfen, das zu werden, was zu sein sie von der Schöpfung gedacht sind? Was können wir von ihnen lernen, da wir doch aufgerufen sind, zu werden wie sie? Wie können wir ihnen in liebender Achtsamkeit begegnen und ihnen die Art von Nahrung verschaffen, die sie in unserer Zeit brauchen? Dieses Lesebuch bietet Denkanstöße, Erfahrungsberichte und Verhaltensvorschläge aus dem Weisheitsschatz der mystischen Überlieferungen der verschiedenen Religionen wie auch von maßgeblichen Wegbereitenden einer neuen ganzheitlichen Pädagogik. Nicht nur Eltern, Betreuende und Erziehende sind hier angesprochen, sondern alle, die die »versöhnende Kraft des Kindes« (Gurdjieff) verstehen möchten, die »Achtung haben vor den Geheimnissen und den Schwankungen der schweren Arbeit des Wachsens« (Janusz Korczak) und die es sich zur Aufgabe machen, das Kind als »lebendiges menschliches Bild der Wahrheit zu umsorgen« (Bülent Rauf). Und weil letztlich »alle Bildung Selbstbildung ist« (Edith Stein), geht es dabei immer auch um unser »inneres« Kind, das, »wenn die Zeit reif ist, in uns geboren wird« (Reshad Feild). Dieses Buch kann uns helfen, zu verstehen und unsere Kinder zu lehren, was Gott zu jeder und jedem Einzelnen von uns sagt: »Du bist Mein Schmuck; du bist Meine Schönheit; du bist Meine Vollkommenheit; du bist Mein Name« (al-Dschīlī).

ISBN 978-3-942914-34-5

480 Seiten

Guter Geschmack will gelernt sein: *Le bon-goût s'apprend.* Das gilt insbesondere für das spirituelle Schmecken der Einheit des Seins. In dieser einzigartigen Anthologie beschreiben liebestrunkene Sufis, wahrheitshungrige Gnostiker, erkenntnisdurstige Geisterseher und verschmitzt-weise Skandalgurus, hingebungsvolle Brotbäcker, humorbegnadete Geschichtenerzähler, ägäisverzauberte Lebensreisende und extremfastende Meisterspione Möglichkeiten und Wege, das Feine vom Groben zu unterscheiden, das Obere mit dem Unteren zu verbinden und so die scheinbare Trennlinie zwischen dem Körperlichen und dem Spirituellen zu überwinden. Wenn wir die ›Küchenarbeit an uns selbst‹ in der richtigen, nämlich dienenden Haltung angehen, kultivieren wir in uns diesen guten, feinen Geschmack für die Nähe Gottes. Bewusstes Kochen und Gekochtwerden lässt uns die Heiligkeit in der Transformation von Äußerem und Innerem entdecken.

Neben Ausgesuchtem von Dschalāl ad-Dīn Rūmī, Bahauddin Walad, Hafis, Khalil Gibran, Bülent Rauf, Reshad Feild, Muzaffer Ozak, G.I. Gurdjieff, P.D. Ouspensky, Idries Shah, Osho, Scotus Eriugena, Emanuel Swedenborg oder Henry Miller finden sich hier zum ersten Mal auf Deutsch vorliegende Trouvaillen von Annemarie Schimmel, Muḥyīddīn Ibn ʿArabī, John G. Bennett, Christopher Bamford und Paul Dukes.

ISBN 978-3-942914-20-8
324 Seiten